本书为教育部人文社会科学研究青年基金项目（项目批准号：18YJC790190）、国家自然科学基金青年项目（项目批准号：11601524）、中南财经政法大学中央高校基金科研业务费专项基金项目（项目批准号：2722019JCG070、2722019JCG015）成果，由以上项目与中南财经政法大学统计与数学学院共同资助出版

计量经济学反思
——计量方法的误用与局限

【澳】伊马德·A.穆萨（Imad A. Moosa）

徐娟　彭哲　刘寅（译）

图书在版编目(CIP)数据

计量经济学反思:计量方法的误用与局限/(澳)伊马德•A.穆萨著;徐娟,彭哲,刘寅译.—武汉:武汉大学出版社,2019.12
ISBN 978-7-307-21335-7

Ⅰ.计… Ⅱ.①伊… ②徐… ③彭… ④刘… Ⅲ.计量经济学—研究 Ⅳ.F224.0

中国版本图书馆 CIP 数据核字(2019)第 265583 号

Econometrics as a Con Art
By Imad A. Moosa
Copyright © 2017 by Edward Elgar Publishing Ltd.
Published by arrangement with Big Apple Agency, Inc, TMF Trust Labuan Limited.
Simplified Chinese translation copyright © 2019 by Wuhan University Press
All rights reserved.
本书原名为 Econometrics as a Con Art,作者 Imad A. Moosa。
本书中文简体版由 Edward Elgar Publishing Ltd 出版公司通过大苹果事业有限公司(Big Apple Agency, Inc, TMF Trust Labuan Limited)授权武汉大学出版社出版。
版权所有,盗印必究。

责任编辑:唐 伟　　责任校对:李孟潇　　整体设计:马 佳

出版发行:**武汉大学出版社**　(430072　武昌　珞珈山)
(电子邮箱:cbs22@whu.edu.cn　网址:www.wdp.com.cn)
印刷:武汉图物印刷有限公司
开本:720×1000　1/16　印张:18.5　字数:330 千字　插页:2
版次:2019 年 12 月第 1 版　　　2019 年 12 月第 1 次印刷
ISBN 978-7-307-21335-7　　　定价:50.00 元

版权所有,不得翻印;凡购我社的图书,如有质量问题,请与当地图书销售部门联系调换。

作者简介

徐娟，中南财经政法大学统计与数学学院讲师，硕士生导师，张培刚优秀博士论文获得者。主持教育部人文社科基金，参与国家自科基金、全国优秀博士论文专项资助基金。主要从事面板数据计量经济学及环境经济学方面研究，在《经济研究》《经济学（季刊）》《数量经济技术经济研究》、*Journal of Choice Modelling*等国内外期刊发表论文多篇。

彭哲，加拿大Wilfrid Laurier University金融学博士在读，研究方向为资产定价和计量经济学。在*Emerging Markets Finance and Trade*等期刊发表论文数篇。翻译《经济思想简史：从重商主义到货币主义（修订版）》《货币革命——后危机时代的经济博弈》等译著多部。

刘寅，中南财经政法大学统计与数学学院讲师。主持国家自然科学基金一项，参与国家自然科学基金、湖北省自然科学基金多项。主要从事计量经济学及生物统计学、抽样调查设计等方面的研究，在 *Journal of Computational and Applied Mathematics*、*Computational Statistics and Data Analysis*、*Biometrical Journal*、*Statistical Papers*等国际期刊发表论文多篇。

献给尼斯林、丹尼和瑞安

序

我修读经济学学士学位时，正值20世纪70年代初。当时，我决定把计量经济学作为选修课。我被问到会不会对矩阵求逆，证明"我会"之后，我获允成为为数不多的（能进行矩阵求逆等运算的）、能够选修计量经济学的学生。而那之后发生的变化可谓翻天覆地：计量经济学成为了经济学研究者的必备，其重要性已然超越经济统计学、经济思想史、经济史和应用经济学。自此，计量经济学从一种手段变成了目的。据我了解，至少有一所重点高校设有计量经济学系。[①] 我们已然迈入了这样一个阶段：相对于理论、直觉和常识，我们对计量估计和检验的结果更有信心。对于经济学这门"沉闷科学"的研究而言，这肯定不是个好的发展。[②]

开始修读计量经济学课程后，我被告知：计量经济学由经济理论、数学和统计学三大要素组成——经济理论居于首位。但那以后，经济理论变得微不足道，计量经济学的重点转移到了计量方法的发展和纯粹的数学抽象上。计量方法被说成是"为处理经济数据而提出的统计方法"。这看似合理，但问题是，统计方法是为分析实验数据而设计的。计量经济学家认为，他们能够设计出一些计量方法，用之处理经济和金融历史数据的相关问题，其中包括测量误差和不可观测变量。这无异于幻想，或者说是痴人说梦。

我在投资银行界工作的十年里，曾经两次用到计量经济学知识。第一次是用美元有效汇率的变化对利率和经济增长作简单最小二乘（OLS）回归，希望能够解释20世纪80年代上半期美元的异常强势。第二次是用一系列OLS回归分析来揭示特定国家的汇率制度，目的是利用各种套利机会。这两次得到的结果都被证实是有用的。而这两次练习，不过是进行简单的回归，再把结果（用英

[①] 高校一般只开设经济学系，较少开设计量经济学系。至少有一所重点高校设有计量经济学系，意味着计量经济学非常重要——译者注。

[②] "沉闷科学"（the dismal science）是苏格兰哲学家托马斯·卡莱尔（Thomas Carlyle，1795—1881）对经济学的蔑称——译者注。

文文字，而不是用计量语言）报告给高管。我还记得，其中一项研究的结果后来被用来设计一套可以获利的交易策略。而这项研究依据的是相关分析，属于简单的统计学，并不是计量经济学。

20世纪90年代初，我做出了投身学术圈的勇敢决定。我必须在教学和研究上认真对待计量经济学。随着时间的推移，我对计量经济学的有用性越发怀疑。后来我意识到，计量经济学家想让我们相信的东西，与现实有很大的差距。我意识到，计量方法在发展过程中取得的进步，与我们对经济和金融市场运行的理解并不相称。更有甚者，我越来越确信，计量经济学为人们提供了生成各种结果来支持先验信念的手段。最终，我走到了这一步：我开始相信，计量经济学的兴起并不利于经济学的进步。于是我决定撰写本书，以此揭露计量经济学的局限和滥用，说明计量经济学是一套可用来证明任何事情的骗术。

本书的撰写离不开我的家人、朋友和同事给予的帮助和鼓励。我十分感谢我的妻子、儿女和孙子（阿法芙、尼斯林、丹尼和瑞安），他们是我的欢乐之源。阿法芙一如既往地协助我完成手稿，为我提供了各种技术支持，尤其是在绘图方面。我还要感谢我的同事和朋友，其中包括：约翰·瓦兹（John Vaz）、凯利·彭斯（Kelly Burns）、维卡什·拉米亚（Vikash Ramiah）、迈克·登普西（Mike Dempsey）、拉里·李（Larry Li）、利亚姆·伦滕（Liam Lenten）和布里恩·麦克唐纳（Brien McDonald）。感谢索梅亚·阿尔-阿拉米（Somaiya Al-Alami）提供了一些用于实证说明的数据。

在准备手稿的过程中，与"14号桌讨论组"成员们的思想碰撞令我获益良多。① 为此，我要感谢鲍勃·帕森斯（Bob Parsons）、格雷格·奥布莱恩（Greg O'Brien）、格雷格·贝利（Bill Breen）、比尔·布林（Bill Breen）、保罗·鲁尔（Paul Rule）、彼得·墨菲（Peter Murphy）、鲍勃·布朗李（Bob Brownlee）和托尼·帕里冈诺（Tony Paligano）。本书的部分内容是我在科威特的海湾科技大学访学期间撰写的。在那里，我得到了多位学者的帮助。为此，我要感谢萨拉赫·阿尔-沙汗（Salah Al-Sharhan）、菲达·卡拉姆（Fida Karam）、托尼·西蒙提拉斯（Tony Simintiras）、苏雷曼·阿尔-阿布尔贾德（Sulaiman Al-Abduljader）、哈娜·德巴斯（Hana Derbas）和希巴·谢哈布（Hiba Shehab）。

我还要感谢远在千里之外，但通过电讯方式为我提供帮助的朋友和前同事，其中包括凯文·多德（Kevin Dowd，他为我提供了智力支援）、拉扎克·巴

---

① "14桌讨论组"是一个非正式讨论组，因讨论地点设在墨尔本乐卓博大学（La Trobe University）员工俱乐部的第14号桌而得名——译者注。

蒂（Razzaque Bhatti）、罗恩·瑞颇（Ron Ripple）、鲍勃·塞奇威克（Bob Sedgwick）、肖恩·霍利（Sean Holly）、丹·海明斯（Dan Hemmings）和伊恩·巴克斯特（Ian Baxter）。最后，我要感谢爱德华·艾尔加出版社（Edward Elgar）的编辑部主任阿莱克斯·佩蒂弗（Alex Pettifer），他鼓励我撰写了本书。

当然，本书的一切错误与疏漏均由我一己承担。谨以本书献给我的女儿尼斯林，我的儿子丹尼和我的孙子瑞安。

伊马德·A. 穆萨
2017 年

目　　录

1. 计量经济学的本质与演变 ………………………………………… 1
   1.1 是计量经济学，还是经济学技巧 …………………………… 1
   1.2 其他定义 ……………………………………………………… 3
   1.3 计量经济学的早期岁月 ……………………………………… 6
   1.4 后续发展 ……………………………………………………… 7
   1.5 宏观计量、微观计量与金融计量 …………………………… 9
   1.6 最新进展 ……………………………………………………… 11
   1.7 计量经济学的所谓成功 ……………………………………… 14
   1.8 向抽象迈进 …………………………………………………… 16
   1.9 可以证明一切的工具——计量经济学 ……………………… 18
   1.10 结束语 ………………………………………………………… 19

2. 计量经济学的组成部分、功能与相关学科 ……………………… 32
   2.1 计量经济学的组成部分与功能 ……………………………… 32
   2.2 计量经济学中的数据 ………………………………………… 33
   2.3 相关学科与交叉学科 ………………………………………… 36
   2.4 使用经济数据的风险 ………………………………………… 40

3. 作为科学的计量经济学 …………………………………………… 45
   3.1 经济学：看上去很科学 ……………………………………… 45
   3.2 争论 …………………………………………………………… 48
   3.3 作为一项科学努力的计量研究 ……………………………… 51
   3.4 经济学的数学化 ……………………………………………… 53
   3.5 经济学数学化的衍生后果 …………………………………… 59
   3.6 结束语 ………………………………………………………… 61

4. 经济学定律与科学定律 ········ 63
4.1 经济学定律：总的考虑因素 ········ 63
4.2 特殊的经济学定律 ········ 65
4.3 作为经济学定律的有效市场假说 ········ 72
4.4 科学定律 ········ 74
4.5 科学定律与经济学定律 ········ 78
4.6 结束语 ········ 80

5. 计量分析：缺陷与漏洞 ········ 85
5.1 引言 ········ 85
5.2 经济学和金融学中的数量模型 ········ 85
5.3 漏洞与缺陷 ········ 91
5.4 经济学在微观经济和社会政策的应用 ········ 97
5.5 应用于宏观经济学的计量经济学 ········ 99
5.6 结束语 ········ 100

第6章 凯恩斯、利默、卢卡斯和奥地利学派对计量经济学的批判 ········ 102
6.1 引言 ········ 102
6.2 凯恩斯对计量经济学的批判 ········ 103
6.3 利默的批判 ········ 107
6.4 卢卡斯批判 ········ 114
6.5 奥地利学派对计量经济学的批判 ········ 115
6.6 结束语 ········ 116

7. 作为骗人把戏的翻炒回归 ········ 119
7.1 前言 ········ 119
7.2 翻炒与计量经济学 ········ 120
7.3 资本结构研究中的翻炒回归 ········ 124
7.4 一个例子 ········ 128
7.5 结束语 ········ 134

8. 协整分析：原则和谬误 ········ 136
8.1 引言 ········ 136

8.2　协整、误差矫正与因果性 …………………………………… 137
　　8.3　相关性与协整 ………………………………………………… 142
　　8.4　作为伪相关性检验的协整 …………………………………… 148
　　8.5　线性吸引子与非线性吸引子 ………………………………… 151
　　8.6　结束语 ………………………………………………………… 153

9.　协整分析：应用与说明 …………………………………………… 155
　　9.1　引言 …………………………………………………………… 155
　　9.2　市场整合及其相关问题 ……………………………………… 155
　　9.3　配对交易 ……………………………………………………… 167
　　9.4　购买力平价 …………………………………………………… 170
　　9.5　抛补利率平价 ………………………………………………… 172
　　9.6　宏观经济变量的协整 ………………………………………… 174
　　9.7　结束语 ………………………………………………………… 176

10.　实证结果的敏感性和不敏感性 …………………………………… 185
　　10.1　导论 …………………………………………………………… 185
　　10.2　瓦格纳定律 …………………………………………………… 186
　　10.3　奥肯定律 ……………………………………………………… 189
　　10.4　J曲线效应 …………………………………………………… 192
　　10.5　结果的不敏感性：套期保值比率 …………………………… 194
　　10.6　结束语 ………………………………………………………… 199

11.　预测的惨败 ………………………………………………………… 201
　　11.1　引言 …………………………………………………………… 201
　　11.2　米斯-罗格夫之谜 …………………………………………… 202
　　11.3　动态模型预测：骗子伎俩？ ………………………………… 208
　　11.4　用远期价格和期货价格进行预测 …………………………… 212
　　11.5　预测与协整 …………………………………………………… 215
　　11.6　一个例子 ……………………………………………………… 219
　　11.7　结束语 ………………………………………………………… 222

12. 总结性思考 …… 224
12.1 概括 …… 224
12.2 现状的专横独断 …… 227
12.3 通往未来之路 …… 229
12.4 计量经济学是一门骗术 …… 231

参考文献 …… 233

译后记 …… 283

1. 计量经济学的本质与演变

1.1 是计量经济学，还是经济学技巧

在20世纪40年代，"计量经济学"（econometrics）还是个新生词汇。"计量经济学"由oikonomia和metron两个希腊词组成，前者的意思是管理或经济学，后者的意思是测量，参见蔡特（Chait，1949）。在英文里，"计量经济学"的字面意思是"经济测量"，尽管计量经济学的功能并没有明确地包含测量。而今，计量经济学的关注点已经超越了测量。对此持怀疑态度的人士认为，计量经济学本质上是一种"经济技巧"或"经济学技巧"，即经济学家用以证明他们想要证明的东西的一系列"技巧"。就连计量经济学的爱好者也会提到计量经济学中的技巧，参见范里安（Varian，2014）。而麦卡利尔等人（McAleer et al.，1985）在其文章开头提到了如下轶事：著名计量经济学家卡尔·克莱斯特（Carl Christ）新聘的打字员，的确把"计量经济学"打成了"经济技巧"——对于持怀疑态度的人士而言，这名打字员确然观察力敏锐，并且有前瞻性。这里，让我们把这种讥诮计量经济学的观点抛到一边，转而从历史的角度来考察计量经济学这门学科的关注点。

尽管计量经济学技术被业界人士和学者广泛使用，计量经济学却没有广为接受的定义。这便是廷特纳（Tintner，1953）所说的"定义计量经济学的难题"。为此，廷特纳率先给出了一个"初步定义"。他先是给出了经济学的定义，确定了计量经济学的前身，为数量经济学（大致包含计量经济学）下了定义，并追溯了"计量经济学"一词的起源。这之后，他才提出了计量经济学的恰当定义。廷特纳倾向于把计量经济学定义为经济学、数学和统计学的组合。而这三者被普遍认为是计量经济学的三大支柱或三大组成部分。廷特纳的理由是：计量经济学的定义有一定的重要性，但在某种程度上这种定义却颇为随意。接着，廷特纳把计量经济学与经济学的联系比作心理测量学之于心理学，社会测量学之于社会学，以及生物测量学之于生物学。而通常人们在定义计量经济学

时，倾向于确定这一学科的细分(或分支)、支柱(或组成部分)，以及可以用计量经济学技术来执行的任务(或功能)。

计量经济学已经成为了一个脍炙人口的词汇。《柯林斯词典》(www.collinsdictionary.com)就收录了"计量经济学"一词，并且强调它是单数。《柯林斯词典》给出的定义是："数理和统计技术在经济问题和经济理论中的应用。"这个简短的定义，与采用定量技术的诸多关联学科(如数理经济学、运筹学等)的定义有所重叠。无论如何，只要去描述"计量经济学是什么"，就会引出计量经济学与相近学科如何区分的问题。这些相近学科包括：数理经济学、统计学、经济统计学、数理统计学、统计经济学、数量经济学、解析经济学、实证经济学、实证计量经济学和运筹学。鉴于不少作者把计量经济学一词当作"econometric"的复数，柯林斯词典强调，"计量经济学"(econometrics)一词是单数。例如，巴尔塔基(Baltagi, 2002)在1.4节里写到，"过去五十年里，计量经济学有了惊人的发展"，其中"有了"一词用了 have。① 而笔者认为，"计量经济"(econometric)这个词是个形容词，而形容词没有复数形式。②

在学术和业界文献中，可以找到大量对计量经济学所下的定义——这些定义具有共同的元素，并且在一定程度上揭示了计量经济学的本质。例如，广受欢迎的网站 Investopedia(www.investopedia.com)是这样定义计量经济学的：

> 计量经济学是统计学和数学理论在经济学中的应用，其目的是检验各种假设、预测未来的趋势。计量经济学运用经济学模型，并用统计实验对这些模型进行检验，再把结果与实际例子进行比较和对照。计量经济学可以分为两大类：理论计量经济学和应用计量经济学。

这个定义体现了计量经济学的两个特点。第一个特点是，计量经济学包括计量方法(理论计量经济学)和应用计量经济学。理论计量经济学侧重于提出估计、检验和模型评价的流程，而应用计量经济学侧重于计量经济学方法在经济问题上的应用。稍后我们会看到，计量方法和计量方法的应用是同步发展的。第二个特点是，设计计量方法的目的是进行假设检验或进行预测，而这两个功能是相关的。这一定义确定了计量经济学的各个分支(方法与应用，或理

---

① 英文原句是"econometrics have experienced phenomenal growth in the past 50 years"，谓语助词用的是 have 而非 has——译者注。

② 事实上，形容词作名词用时默认表示复数含义——译者注。

论与应用），以及可以使用计量经济学技术来完成的功能（假设检验与预测）。不过，"与实际例子进行比较和对照"的含义并不清楚——这或许是指，用模型进行预测时，应把预测值和对应的实际（观察到的）数据做比较，以此评估模型的预测力。

计量经济学的另一个定义见于 lexicon.ft.com：

> 计量经济学是用数据来检验各种经济理论的科学兼艺术。具体而言，可以认为计量经济学采用数学和复杂的统计模型来检验经济或金融理论，预测各种情境下经济或金融因素的变化带来的影响……计量经济学是跨学科的，它使用数据、经济理论、数学、统计方法和其他量化技术，力图理解经济和金融行为。

这一定义虽然把计量经济学描述为科学兼艺术，但却没有告诉我们，计量经济学是更像艺术，还是更像科学。这个问题十分重要，后面我们会继续探讨。我们还将指出，计量经济学和经济学均不是科学——至少与物理学这门科学不是一回事。上述定义还强调，假设检验和预测是计量经济学的主要功能，并把经济理论、数学和统计学确立为计量经济学的组成部分。然而，"其他量化技术"一词，会把计量经济学扩展到其天然的边界之外。用于解决调度、运输和网络分析等管理问题的一些定量运筹学技术，就是一例。通常，这些技术并不在计量经济学的范畴内。这意味着，并不是所有的定量技术都会被计量经济学家采用。这是另一个会在后面探讨的问题。

1.2 其他定义

汉森（Hansen，2011）认为，要定义计量经济学，最好的办法是回溯本源，回顾计量经济学"创始人"拉格纳·弗里希（Ragnar Frisch，1895—1973）的言论。拉格纳·弗里希是计量经济学会的三名主要创始人之一，也是《计量经济学》（*Econometrica*）的第一任主编，并在 1969 年与他人一同获得首届诺贝尔经济学奖。在《计量经济学》创刊号的社论中，弗里希（Frisch，1933a）写道：

> 是时候对计量经济学一词略作解释了。《计量经济学会章程》第一部分的范围声明里，隐约给出了计量经济学的定义："计量经济学会是一家国际组织，其宗旨是推进与统计及数学相关的经济理论……

其主要目标应当是，推进把理论数量方法和实证数量方法与经济问题结合起来的研究。"①

这个定义认为，经济理论、数学和统计学是计量经济学的组成要素。弗里希认为，这三个要素都是必要的，单独一个要素都不能让人们真正理解现代经济生活中的各种数量关系。因此，他得出结论：这三个要素的结合构成了计量经济学。汉森(Hansen, 2011)认为，"尽管一些术语在用法上发生了变化，但这个定义在今天仍然成立"。汉森进一步把计量经济学定义为"经济模型、数理统计和经济数据相结合的研究"，他认为，计量经济学涵盖的子分支和专门领域包括：(1)计量经济理论，涉及工具和方法的提出；(2)应用计量经济学，涉及提出数量经济模型，使用经济数据，把计量方法应用到经济模型中去。汉森在其定义中，把数据增列为计量经济学的组成要素，而把统计和数学合并为"数理统计"一词。

一些著名计量经济学家给出了其他定义。例如，哈维默(Haavelmo, 1944)把计量经济学定义为"经济理论与实际测量的结合，以统计推断的理论和技术作为基石"。萨缪尔森、库普曼斯和斯通(Samuelson, Koopmans & Stone, 1954)指出："计量经济学可以定义为，以理论和观察的同时发展为基础，通过适当的推断方法，对实际经济现象进行定量分析。"斯帕诺思(Spanos, 1986)则把计量经济学定义为：使用观测数据，对经济现象进行的系统性研究。

格威克等人(Geweke et al., 2006)对计量经济学学科做了一项全面调查。在这项调查中，他们根据计量经济学的目标，给计量经济学下了更宽泛的定义："为经济关系赋予实证内容，用以检验经济理论、进行预测、制定决策，并对决策或政策进行事后评估。"他们还提出，"计量经济学要求把经济学中的测量和理论结合起来"，这颇具吸引力，因为单独依靠"理论"或是"计量"，都不足以增进我们对经济运行的理解。

对计量经济学更为详细的描述，可以在《国际社会科学百科全书》(*International Encyclopaedia of the Social Sciences*，网址是 www.encyclopedia.com)中找到。该书是这样描述计量经济学的：

> 计量经济学的简明定义是：从经济学理论与统计学、数学联系的角度，对经济理论所做的研究。其基本前提是，经济理论可以用数学

---

① 原书英文有缺失，此段系根据弗里希原文译出——译者注。

来表述，通常可以用一个可能包含随机变量的关系系统来表示。一般认为，经济观测值是从经济理论所描述的空间中抽取的一个样本。计量经济学家试图用观测值和统计推断方法，来估计构成经济理论的各种关系。接着，根据估计的统计性质、对未来观测值的预测能力，对这些估计进行评价。而估计的质量、预测误差的性质，又会作为反馈，反映到理论的修正中。也就是说，理论决定了观测值如何排列，理论是对假想空间的数值特征进行推断的基础。可见，理论的形成与实证的估计和检验之间，存在着相互作用的关系。明确使用数学和统计推断，是计量经济学的显著特征。不涉及数学的理论化和纯粹的描述性统计，则不属于计量经济学。

这一延伸定义指出，经济理论、数学和统计学是计量经济学的组成部分。这一定义认识到了观测值(数据)的本质，即：使用观测值的目的，是估计和检验经济学中的函数关系。这一定义(描述)还指出了"经济理论可以用数学表述"的"基本前提"，但这并不被人们普遍接受。而把不涉及数学的理论排除在计量经济学之外，则意味着：数理经济理论(数理经济学)是计量经济学的一部分。被排除在外的还有"纯粹的描述性统计"，这大概是指经济统计学。这个百科词条明确指出，"过去常说的计量经济学是数理经济学理论，只是差了实证研究"，"还有一些所谓的计量经济学，是对先验关系的统计估计，而这些先验关系的经济理论基础十分薄弱"。这一定义的隐含意义是：用图表来展示经济理论并与观测数据进行比对，并不属于经济计量分析。这一定义有没有隐含"描述性经济学理论和经济统计学不够复杂，从而无用"的意思，并不清楚。不过，很多计量经济学家和数理经济学家，似乎都持这种想法。①

或许，理解"计量经济学是什么"的最佳办法，是用计量经济学的各个分支(计量方法和应用计量经济学)、功能(假设检验和预测)及其组成部分(经济理论、数学和统计学)来描述计量经济学。但是，稍后我们会看到，即使是这样的描述，也与相关学科有不少重合的地方。计量经济学的演化，使其侧重点转移到了计量方法上。提出新的计量方法变成了目的，而不再是达到目的的手段。由此，计量经济学偏离了经济理论，更靠近纯数学和统计学。澳大利亚的某所大学可能是世界上唯一一所设有单独的计量经济学系的大学。该系的学者

---

① 即用图表展示经济学理论，将之与观察数据做比较的思路——译者注。

时常吹嘘，他们根本不用真实的数据。① 如果真是如此，那么计量经济学测量的，又是什么呢？

1.3 计量经济学的早期岁月

附表 1A.1 给出了计量经济学演化发展的时间表，最早可以追溯到耶尔（Yule，1895）和胡克（Hooker，1901）的著作。1910 年，帕维尔·琼帕（Paweł Ciompa）首次使用了"计量经济学"一词。② 不过，我们现在所谓的计量经济学，其建立要归功于拉格纳·弗里希（Ragnar Frisch；见 Bjerkholt，1995）。计量经济学的前身是经济学中的定量研究，其起源至少可追溯到 16 世纪政治算术学派学者们的研究。当时，这些学者在税收、货币和国际贸易的研究中使用了数据。格威克等人（Geweke et al.，2006）认为，政治算术学派的两名学者威廉·配第（William Petty）和格雷戈里·金（Gregory King）提出了最早的经济学量化与理论相结合的方法。17 世纪后期，威廉·配第出版了《政治算术》（*Political Arithmetic*）一书。即使以现代的眼光来看，这本著作采用的也是计量经济学的方法论框架。

熊彼特（Schumpeter，1954）认为，"政治算术学派学者的著作，完美地阐述了计量经济学是什么，以及计量经济学家们要做什么"。查尔斯·达芬南（Davenant，1698）指出，格雷戈里·金是使用线性函数的第一人，他用玉米的歉收量来拟合玉米价格的变化，实际估计出了玉米的过度需求函数。格威克等人（Geweke et al.，2006）认为，格雷戈里·金等人的早期实证研究，"似乎发现了经济学的'定律'，这与物理学和其他自然科学的情形十分类似"。但后来人们发现，经济学并不存在定律；让经济学看起来像物理学的愿望，可能源于经济学家深重的自卑情结。实事求是地说，经济学中存在定律的说法是荒唐可笑的(详细内容请参阅第 3 章和第 4 章)。

在经济学中使用数学，要早于在经济学中使用统计学——例如，1711 年意大利工程师乔瓦尼·塞瓦（Giovanni Ceva）就提倡在经济理论中使用数学。不过，为现代数理经济学打下基础的是法国经济学家里昂·瓦尔拉斯（Leon Walras），他提出了边际价值理论和一般均衡理论。尽管他的研究不能直接进

---

① 即澳大利亚的莫纳什大学，该校设有计量经济学与商务统计系——译者注。

② 帕维尔·琼帕（Paweł Ciompa，1967—1913），波兰经济学家，曾任教于弗罗茨瓦夫商业大学（Wrocławska Wyższa Szkoła Handlowa）——译者注。

行统计应用,但他提出了一套经济变量(包括货币)之间关系的综合系统,用以解释生产交换的商品和资本品,其价格和数量是如何互相决定的。

19世纪后期诞生的现代统计学,对计量经济学的兴起可谓至关重要,因为计量方法的本质是:为了处理经济关系而修正的统计方法。耶尔和胡克在经济学中最早应用了简单的相关性分析。其中,耶尔(Yule, 1895)研究了贫困化(普遍和极端的贫困)与提供救济的方法之间的关系,胡克(Hooker, 1901)则研究了结婚率和经济繁荣程度之间的关系。亨利·摩尔(Henry Moore, 1914, 1917)率先把经济关系的统计估计放到了经济学定量分析的中心位置,并对经济周期、工资决定、特定商品的需求进行了计量研究(参见 Stigler, 1962)。

舒尔茨(Schultz, 1938)、艾伦和鲍利(Allen & Bowley, 1935)、怀特(Wright, 1915, 1928)、沃金(Working, 1927)、丁伯根(Tinbergen, 1930)和弗里希(Frisch, 1933b)把摩尔的工作向前推进了一步。他们研究了需求的测量、家庭支出,以及识别问题。路易·巴舍利耶(Louis Bachelier, 1900)进行了早期的金融实证研究。他指出,股票价格具有随机游走的特性,这最终催生了有效市场假说。有效市场假说是尤金·法玛(Eugene Fama)在20世纪60年代末和70年代初提出的。在宏观经济学领域,克里门特·朱格拉(Clément Juglar, 1819—1905)发现了朱格拉周期,即约长7—11年的投资周期。这一发现最终促成了米切尔(Mitchell, 1928)、伯恩斯和米切尔(Burns & Mitchell, 1947)对经济周期的研究。

1.4 后续发展

如今所说的计量经济学,伴随着计量经济学会和考尔斯委员会(Cowles Commission)的建立,诞生于20世纪三四十年代。建立计量经济学会的目的是:用理论经济学来解决现实问题,把经济学理论与统计学、数学联系起来,推动经济学理论的发展(Fisher, 1933)。1932年,商人兼经济学家阿尔弗雷德·考尔斯(Alfred Cowles)在科罗拉多斯普林斯市设立了考尔斯经济研究委员会。[①] 1939年,考尔斯委员会迁至芝加哥大学。1943年,雅各布·马尔沙克(Jacob Marschak)成为考尔斯委员会主席。他本人于1939年离开牛津大学,移居美国。直到1948年,马尔沙克的职位才由佳林·库普曼斯(Tjalling Koopmans)接替。在马尔沙克的领导下,考尔斯委员会开始深入研究联立方程

---

① 科罗拉多斯普林斯(Colorado Springs)系美国科罗拉多州第二大城市——译者注。

组的估计和识别问题。1948年，库普曼斯担任考尔斯委员会主席。库普曼斯在联立方程组估计方法的发展上，发挥了重要作用。联立方程组的研究成果发表在三本专著中：《动态经济模型的统计推断》(*Statistical Inference in Dynamic Economic Models*, Koopmans, 1950)，《1921—1941年间美国的经济波动》(*Economic Fluctuations in the United States*, 1921—1941, Klein, 1950)，以及《计量经济学方法研究》(*Studies in Econometric Method*, Hood & Koopmans, 1953)。

20世纪50年代，芝加哥大学经济系对考尔斯委员会的反对之声不断高涨。这促使考尔斯委员会于1955年迁至耶鲁大学。在耶鲁，考尔斯委员会变身为考尔斯基金会(Cowles Foundation)。然而，某些经济变量联立或同时决定的观点，遭到了多方人士一定程度的抵制，其中最著名的是沃尔德(Wold, 1949)。沃尔德认为，多个方程的计量模型应按递归方式来设定，即每个方程的输入项，应由之前的方程预先确定。换言之，在一个递归方程组中，第n个内生变量的解，只由前n个方程决定。沃尔德认为，对经济事件的真实描述必须按时间顺序进行。因此，他拒绝接受联立性(simultaneity)，即所有事件同时发生的概念。

最初，人们把重心放在计量经济学方法的发展上。从概率论的角度对回归分析进行合理化，构成了现代计量经济学的基础。库普曼斯(Koopmans, 1937)和哈维默(Haavelmo, 1944)推进了这项研究。哈维默(Haavelmo, 1944)是概率论方法的捍卫者。他认为，仅当数据生成过程能用概率论模型来表示，用统计测量指标(如均值、标准误和相关系数)进行推断才是合理的；经济研究中通常遇到的非独立、非同质的观测值，不宜用概率论方法进行分析。丁伯根(Tinbergen, 1937)认为，计量经济学家的作用是被动的，因为他们根据经济学家先验设定的经济关系来估计参数(然而现在要区分谁是经济学家，谁是计量经济学家，谁两者都是，并不是很清楚)。虽然丁伯根讨论了时滞项的决定、趋势、结构稳定性和函数形式选择等问题，但他并没有提出系统性解决这些问题的方法。

凯恩斯(Keynes, 1939)对计量经济学提出了批评。他主要针对的是把统计方法应用到经济数据上的技术困境，强调模型误设、多重共线性、函数形式、动态设定、结构稳定性，以及理论变量在测量上的困难。针对凯恩斯对丁伯根研究的批评，哈维默(Haavelmo, 1943)认识到，要应对这些批评，需要一个统计学上的总体框架。这意味着，通过规范的概率论模型，可以解决凯恩斯提出的技术问题。然而，凯恩斯因其对计量经济学的大胆批评，而被某些计量经济学家妖魔化了。

格威克等人(Geweke et al., 2006)认为,哈维默的贡献标志着"计量经济学新纪元的肇始",为计量经济学的快速发展铺平了道路。计量经济学的具体发展包括:(1)结构参数的识别;(2)联立方程模型的估计与推断;(3)时间序列计量经济学的发展。在结构参数的识别方面,库普曼斯、鲁宾和莱普尼克(Koopmans, Rubin & Leipnik, 1950)、韦格(Wegge, 1965)和曼斯基(Manski, 1995)作出了重要贡献。这些贡献包括为联立线性方程组中的单个方程的识别设置秩条件和阶条件。同时,计量经济学的应用亦即应用计量经济学也有了发展。

1.5 宏观计量、微观计量与金融计量

20世纪70年代,全球经济环境发生了重大变化,这主要由布雷顿森林体系解体和石油价格暴涨四倍所引发。这些变化对计量方法和应用的研究方向产生了影响。主流宏观计量模型的建立和检验出现在20世纪五六十年代。当时,能源价格稳定、汇率固定,经济持续处于稳定状态。而到20世纪70年代,大型宏观计量模型的声望急转直下。这些模型的预测表现,通常远逊于自回归移动平均(Autoregressive Moving Average, ARMA)类模型。ARMA是一类简单的无条件时间序列模型,由博克思和詹金斯(Box & Jenkins, 1970)在20世纪70年代推广开来。波洛克(Pollock, 2014)对这一现象做了解释,他认为:与ARMA模型不同的是,各种宏观计量模型的方程,连线性动态系统的简单规律都无法解释。

20世纪70年代和80年代早期,处理宏观计量模型的识别及估计的"考尔斯委员会方法"遭到了卢卡斯(Lucas, 1976)、卢卡斯和萨金特(Lucas & Sargent, 1981)以及西姆斯(Sims, 1980)的质疑。而对"卢卡斯批判"的回应,是把卢卡斯所强调的结构变化,视作一个潜在的计量问题。同时,计量经济学的研究也从宏观模型转向了微观计量。而研究的侧重点,也从给定的、严格参数化设定的估计和推断,逐渐转向诊断检验、寻找设定、模型的不确定性、模型的验证、参数变化、结构突变,以及半参数和非参数估计。[①] 上述发展削弱

[①] 严格参数化,英文为tightly parameterized,指的是参数之间有严格的限制关系(如限制取值范围、符号等);VAR模型属于非严格参数化的模型,因为通常不对模型的系数施加范围或符号限制——译者注。

了经济理论的作用,因为侧重点从发明新的计量方法,转到了高级数理统计上。

卢卡斯对主流宏观计量建模的批判,引出了一些计量经济学家的疑虑,特别是西姆斯(Sims,1980,1982)。他们质疑考尔斯委员会计量模型识别方法的有效性。而替代的方法,是西姆斯建议使用的向量自回归(Vector Autoregressive,VAR)模型。在"结构VAR"(Structural Vector Autoregressive,SVAR)方法中,结构冲击被假设为是正交的,结构模型的识别则是使用长期识别限制和短期识别限制的组合。结构VAR文献侧重于脉冲响应分析和预测误差的方差分解,其目的是:估计货币政策冲击、油价冲击或技术冲击对产出、通货膨胀的影响如何随时间发生变化。

一方面是对宏观计量时间序列研究的不满,另一方面,微观数据和计算服务越来越容易获得,人们的研究兴趣由此转向了微观数据分析。例如在住房、交通运输、劳动力市场、能源等领域,家庭和企业的重要微观数据集唾手可得。这些数据集包括:各种追踪调查,如密歇根大学的收入动态追踪调查(Panel Study of Income Dynamics)、俄亥俄州立大学的国家追踪研究调查(National Longitudinal Surveys),对家庭支出的横截面调查,以及对人口和劳动力的调查。① 微观数据可得性的日益提高,不仅为研究开辟了新的可能,也因为这类数据的性质,引出了一些新的计量问题。微观计量文献考虑的模型和问题十分广泛,包括固定效应和随机效应面板数据模型(如Mundlak,1961,1978),logit和probit模型及其多项式扩展,离散选择或量子响应模型(Manski & McFadden,1981),连续时间久期模型(Heckman & Singer,1984),以及计数数据的微观计量模型(Hausman et al.,1984;Cameron & Trivedi,1986)。②

对有效市场假说(Efficient Market Hypothesis,EMH)的研究,为在金融学领域应用时间序列计量方法提供了动力(所谓的"金融计量"由此兴起)。EMH建立在巴舍利耶(Bachelier,1900)的研究基础上,由20世纪60年代萨缪尔森(Samuelson,1965)提出的资产价格随机游走理论发展而来。到20世纪70年代初,金融经济学家已经达成共识:随机游走模型能够很好地近似股票价格,

---

① 原文误作"俄亥俄州的国家追踪研究调查",这里根据相关资料修改——译者注。
② 量子响应模型(quantal response model)源于博弈论中的量子响应均衡(quantal response equilibrium,也译作"手滑反应均衡")。在均衡时,参与者不会以概率1做出最佳响应,而是以较高概率去选择支付(payoff)较高的策略。此时,可以用logit模型对选择概率进行建模和估计——译者注。

股票价格的变化基本上是不可预测的。金融计量的进一步发展包括：均衡资产定价模型，资产收益波动的建模(Engle, 1982; Bollerslev, 1986)，高频日内数据的分析，以及市场微观结构。不幸的是，这些发展并未让我们预测到金融危机，也没有让我们制定出可以获利的交易策略。事实上，对 EMH 的研究导致了错误的政策和全球金融危机的到来。认识到贪婪引发的欺诈会带来金融问题，并不需要金融计量；认识到放松管制会引发金融灾难，也不需要金融计量；认识到用"大而不倒"的借口，对倒闭的金融机构进行外部(或者内部)救助会引发道德风险，导致金融危机连绵不绝，更不需要金融计量。①

1.6 最新进展

计量经济学近年来的研究，主要集中在提出新的估计方法和检验方法，但在经济和金融体系运行的实证研究上，并未取得相应的进展。1982 年，罗伯特·恩格尔(Robert Engle)提出用 ARCH(autoregressive conditional heteroscedasticity, 自回归条件异方差)模型来解释波动集聚，这为 ARCH 类模型的滚滚洪流开启了闸门。波勒斯列夫(Bollerslev, 2008)认为, "罗伯特·恩格尔 1982 年发表在《计量经济学》上，使他荣膺诺贝尔经济学奖的文章"，激起了一场虚拟的"军备竞赛"：人们竞相提出"新的、更好的"方法，对金融市场的时变波动进行模拟和预测。恩格尔认为，这个"产业"的产出是"用乱炖一般令人困惑的首字母缩写词，来描述这些年发展起来的、令人眼花缭乱的模型和方法"。就续集的数量而言，电影《大白鲨》(Jaws)、《洛奇》(Rocky)、《第一滴血》(Rambo)和《虎胆龙威》(Die Hard)加起来，也比不过 ARCH。至于这些"更好"的模型，其各种扩展和替代形式并没有明显的优势——除了让学生拿到博士学位，让科研人员获得晋升，它们已经沦为了毫无意义的联欢会演。对 ARCH 进行简单的微调，而得到其他版本的波动模型，正是博勒斯莱夫(Bollerslev, 2008)所指的"军备竞赛"，这是对脑力完完全全的浪费。在过去的大约三十年间，这些模型主导了计量经济学的发展。图 1.1 展示了 ARCH 模型及其各种衍生模型(不过，该图并没展示所有的 ARCH 模型)。毫不夸张地说，这幅图看起来十分荒谬。

---

① 外部救助的英文是"bail out"(也译作"纾困")，意思是政府救助金融机构；内部救助的英文是"bail in"(也译作"自救")，指的是金融机构把损失转嫁给投资者，例如对某些账务违约，导致投资者蒙受损失——译者注。

1. 计量经济学的本质与演变

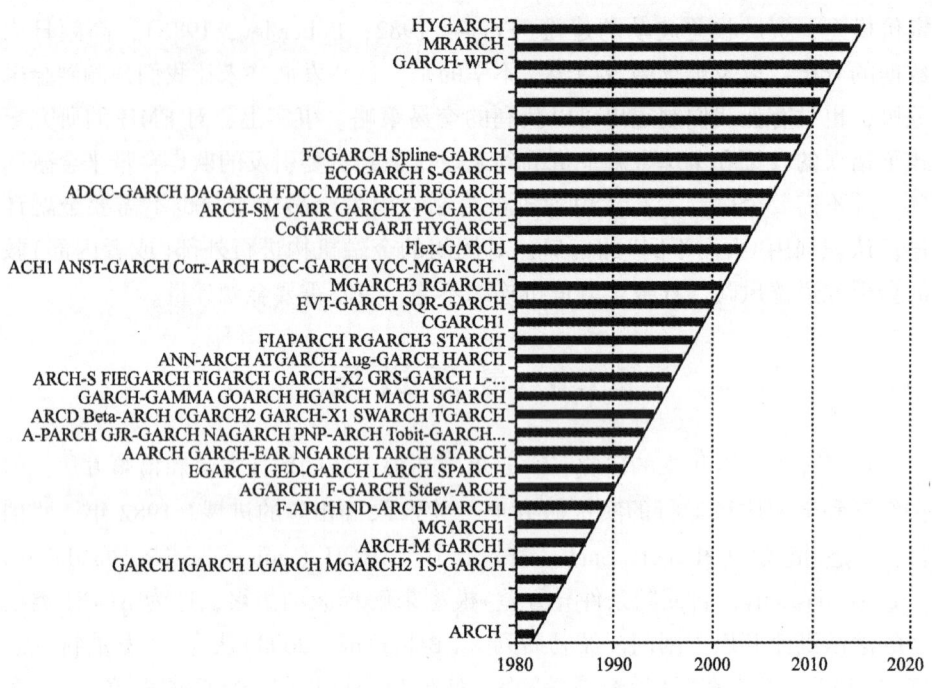

图 1.1 ARCH 产业的增长

译者注：这里按各模型出现的时间顺序（从上到下），给出了各缩写的中文。详细定义请参阅蒂姆·博勒斯莱夫（Tim Bollerslev）编写的《ARCH（GARCH）词汇表》(*Glossary to ARCH（GARCH）*)。

双曲线 GARCH(HYGARCH)

混合 GARCH(MGARCH；原文作 MRARCH，疑有误)

收益服从 GARCH 时的价格加权贡献(GARCH-WPC)

灵活系数 GARCH(FCGARCH)，样条 GARCH(Spline-GARCH)

指数连续 GARCH(ECOGARCH)，简化的 GARCH(S-GARCH)

非对称动态条件相关 GARCH(ADCC-GARCH)，动态非对称 GARCH(DAGARCH)，灵活动态条件相关(FDCC)矩阵指数 GARCH(MEGARCH)，极差指数 GARCH(REGARCH)

随机均值 ARCH(ARCH-SM)，条件自回归极差(CARR)，带截面波动性的 GARCH(GARCHX)，主成分 GARCH(PC-GARCH)

连续 GARCH(CoGARCH)，广义自回归条件跳跃强度(GARJI)，双曲线 GARCH(HYGARCH)

灵活 GARCH

自回归条件风险(ACH1)，非对称非线性平滑转移 GARCH(ANST-GARCH)，相关 ARCH(CorrARCH)，动态条件相关 GARCH(DCC-GARCH)，可变条件相关 GARCH(VCC-

12

1.6 最新进展

MGARCH)

混合 GARCH(MGARCH3),随机 GARCH(RGARCH1)

极值理论 GARCH(EVT-GARCH),平方根 GARCH(SQR-GARCH)

成分 GARCH(CGARCH1)

分形单整幂 GARCH(FIAPGARCH),根式 GARCH(RGARCH3),结构 ARCH(STARCH)

人工神经网络 ARCH(ANN-ARCH),非对称门限 GARCH(ATGARCH),扩展的 GARCH(Aug-GARCH),异质 ARCH(HARCH)

ARCH-SM(随机均值 ARCH;原文作 ARCH-S,疑有误),分形单整指数 GARCH(FIEGARCH),分形单整 GARCH(FIGARCH),带滞后项不定次幂的 GARCH(GARCH-X2),广义区制转换 GARCH(GRS-GARCH)

标的资产服从 GARCH 分布时期权的 GAMMA(GARCH-GAMMA),GQARCH HGARCH MACH SGARCH

自回归条件密度(ARCD),非对称不定幂次 ARCH(Beta-ARCH),复合 GARCH(CGARCH2),多元 GARCH-X(GARCH-X1),区制转换 ARCH(SWARCH),门限 GARCH(TGARCH)

非对称幂 ARCH(APARCH),幂 ARCH(PARCH),格罗森-贾甘纳森-朗克尔 GARCH(GJR-GARCH),非线性非对称 GARCH(NAGARCH),部分非参数 ARCH(PNP-ARCH),Tobit-GARCH

扩展的 ARCH(AARCH),指数自回归 GARCH(GARCH-EAR),非线性 GARCH(NGARCH),门限 ARCH(TARCH),结构 ARCH(STARCH)

指数 GARCH(EGARCH),广义误差分布的 GARCH(GED-GARCH),线性 ARCH(LARCH),半参数 ARCH(SPARCH)

非对称 GARCH(AGARCH1),因子 GARCH(F-GARCH),标准差 ARCH(Stdev-ARCH)

因子 ARCH(F-ARCH),NM-ARCH(正态混合 ARCH;原文作 ND-ARCH,疑有误),修正的 ARCH(MARCH1)

多元 GARCH(MGARCH1)

均值 ARCH(ARCH-M),t 分布 GARCH 模型(GARCH-t)

广义自回归条件异方差(GARCH),单整 GARCH(IGARCH),杠杆 GARCH(LGARCH),乘数 GARCH(MGARCH2),泰勒-施沃特 GARCH(TS-GARCH)

自回归条件异方差(ARCH)

估计和检验方法的联欢会演仍在继续——过去,我们使用工具变量法;而今,我们有了"刀切法工具变量估计"。① 另一些新的估计方法包括:用过度

---

① 刀切法的英文为 jackknife,通常直接使用英文名称。其基本思想是:计算估计方程或统计量时,剔除一个或多个观察值,从而达到降低误差的效果——译者注。

识别不等式的矩条件进行估计,动态离散模型的贝叶斯估计,双变量 Tobit 模型的半参数估计,带固定效应的动态面板数据的分位数回归,非参数工具变量回归,局部广义矩 GMM 估计等。① 就检验方法而言,近期的发展包括:低频变异性模型的检验,单位根分位数回归的检验,参数动态条件分位数的设定检验,以及条件异方差共同因子的检验。即使是协整,一个有用性存疑的概念,也有了一些新发展。实际上,《计量经济学杂志》(*Journal of Econometrics*) 在 2010 年 9 月出版了一期协整专刊,主要讨论了"不存在分形协整"的似然检验,这是对分位数协整回归和结构非参数协整回归的后续研究。然而,这些发展除了作为联欢会演,在增进我们对经济学和金融学的理解上,可谓毫无贡献。

1.7 计量经济学的所谓成功

计量经济学家通常把计量经济学的演化誉为"大获成功"。例如,格威克等人(Geweke et al., 2006)认为:"计量经济学在相对较短的时间内,已经获得了长足的发展。"他们列出了计量经济学获得成功的指标:(1)经济学的各个领域,几乎都有计量方法的应用;(2)计量模型已被政府机构、国际组织和商业企业广泛使用;(3)世界上几乎所有国家都建立了宏观经济模型,其复杂程度和规模各异;(4)不论是理论还是实践,计量经济学都远远超出了其创始人的设想。计量经济学获得成功的其他指标还包括:数学和统计理论几乎渗透到了当今应用经济学的所有领域,包括经济史。帕甘(Pagan, 1987)宣称,计量经济学获得了"令人瞩目的成功",因为计量理论研究已经成为了"经济调查和经济学家训练过程的一部分"。而计量经济学成功的另一个指标,是对训练有素的计量经济学家的过度需求。

这些言论不过是自夸之词,但最过分的是,有人认为 ARCH 的发现或发明堪比青霉素的发现或发明,应当获得诺贝尔奖。计量经济学的泛滥并不代表其成功,一如毒品的泛滥并不能代表社会的成功。在经济学几乎所有领域应用计量方法,并不等于计量经济学增强了我们对经济学各个领域潜在问题的理解。这只能说明,计量经济学不再是达到目的的手段,而是成了目的本身。政府机构使用计量模型,并没有改善政策的制定,因为我们经历了一个又一个危机。而为世界上几乎所有国家建立模型,并没有减轻贫困,也没有解决反复出现的经济问题。

计量经济学理论成为经济学家训练过程的一部分,以及对训练有素的计量

---

① 双变量 Tobit 模型的半参数估计,原文误作"超参数估计"——译者注。

经济学家的过度需求，远远不是衡量计量经济学成功的标准。课程设置中统计和数学的材料越来越多，等于挤占了其他理论和应用课程（请回顾"机会成本"的概念）。核心的微观经济学和宏观经济学课程得以保留，但是学生们没有太多的选修课，去学习劳动经济学、福利经济学、公共经济学、能源经济学、经济政策案例研究等课程。由于计量经济学所谓的成功，经济史和经济思想史等课程几乎从课程设置中消失了。计量经济学所谓的成功，产生了大量的经济学毕业生，他们或许擅长数学计算，但却对人类面临的各种经济问题知之甚少。如今，世界上有多少大学开设了应用经济学课程呢？

进行复杂的计量研究与追寻真相毫无关系，更多的是为了让论文被接受，而这往往涉及"确认偏误"。一般来说，使用计量经济学和定量方法，已经成为了顶尖学术期刊接受论文的最低要求。布洛姆斯坦（Blommestein，2009）认为，"这种量化的溢价带来了严重的不良后果，其中包括经济学研究精力的错误分配"。如今，一篇典型的经济学论文会遵循一个高度程式化的结构，先是以数学的形式提出理论，接着是构建实证模型，然后是对实证结果进行讨论。而这些结果能否帮助我们理解经济理论，则是另外一回事——实际上，这完全是不相干的事。

计量经济学所谓的成功带来了负面后果，首先是社会上的人才流失，物理学家、数学家和工程师转到了经济学和金融学，尤其是到金融领域寻找赚钱的工作。一些原本在科技行业工作、有创新意识的人士，并没有从事提高内燃机燃油效率的研究，而是用其技能进行剥削他人的活动，沉迷于金融产品的开发，并把这些产品包装成低风险、高回报的证券售出。与此同时，一些优秀的经济学家或是离开，或是提前退休，因为他们无法应对计量经济学的成功。另一方面，没有从事计量经济学的优秀经济学家则被权威所忽视。例如，不相信有效市场假说的理查德·波斯纳（Richard Posner）在卡西迪（Cassidy，2010）对他的采访中，就对这一假说提出了一些批评意见。而卡西迪在采访有效市场方面的专家尤金·法玛时，法玛对波斯纳的言论颇为愤怒，他说波斯纳不是"经济学家"，而是"法与经济学专家"。这意味着，如果你的分析不涉及"复杂的定量研究"，那么你就不是经济学家；如果你的分析挂上了方程的幌子，你就是个好的经济学家。事实上，正是法玛所信奉的经济学风格（像物理学一样的经济学），导致了我们如今的困境。而波斯纳所信奉的经济学风格，才有望使我们摆脱困境。

计量经济学的成功，或许可以用颁给计量经济学家诺贝尔奖的数量来衡量。获得诺贝尔奖的计量经济学家越来越多了，他们发明了 ARCH、协整、因果性、广义矩法（GMM）等各种计量方法。然而，诺贝尔经济学奖（还有同类的诺贝尔和平奖)没有任何意义。汤普森等人(Thompson et al., 2006)指出,诺贝尔奖颁给了荒谬的想法,尤其是获得诺贝尔奖的金融学研究。伯格曼(Bergmann,1999)认为:"经济学家们应该睁眼看看,诺贝尔经济学奖的存在令经济学界显得荒谬可笑。"她进一步指出,这种尴尬来自于要向公众解释最新获奖者的所谓成就。她举例说,经济学家们得奖的原因是告诉我们:"政客和官僚按自身的利益行事","人们想方设法地以最佳方式行事",以及"人们在生命的不同阶段积累储蓄及消耗储蓄"。诺贝尔奖甚至还颁给过一名得出有悖伦理结论的经济学家,他认为奴隶制是件好事,至少对有鞭子的人来说。①

我们不能忘记,诺贝尔奖又一次颁给了大规模杀伤性武器的发明,即有效市场假说及其他用来合理化放松管制的理论。虽然伯格曼的文章标题是《废除诺贝尔经济学奖》,但她认为,除了废除诺贝尔经济学奖,还有另外一种选择:不用每年颁发,而是等推动经济学这门实证科学的研究出现时才颁发。不过,只要新古典经济学还占据主流地位,这种情况就不太可能发生。因为研究的成果无非是用可获得的计量检验工具,把复杂的现象提炼成令人愉悦的、最优过程的简化表述(Bergmann,1999)。计量经济学并没有因为诺贝尔奖颁给了计量经济学家而获得成功。

1.8 向抽象迈进

计量经济学已经变得太过抽象,已不再是经济学中的测量了。"计量经济学"一词的含义得到了扩展,通常涵盖数理经济学;而"计量经济学家"一词则指经济学家,或是熟练掌握数学应用并对之感兴趣的人。而这里的数学应用,可以指数理统计学、博弈论、拓扑学或是测度论。巴尔塔基(Baltagi,2002)认为,经济学和计量经济学研究不仅越来越抽象,而且高度数学化,缺乏应用的前景和实践的动机。然而在大多数情况下,数学化并无必要。能用图形表示的简单想法被弄得十分复杂,连普通经济学家都无法理解,更不用说决策者了。

赫克曼(Heckman,2001)认为,如果计量经济学能帮助经济学家利用经济数据,开展并解释实证研究,那么它才是有用的。与巴尔塔基一样,赫克曼警告说:在过去二十年里,计量理论和实证应用之间的差距增大了。他认为,用

---

① 这里指的是芝加哥大学教授罗伯特·威廉·福格尔(Robert William Fogel),他于1993年获得诺贝尔经济学奖。——译者注。

其他领域的方法和思想来改进经济学的实证研究,不仅没什么错,而且具有潜在的价值。但是,他也警告说,不加批判地套用统计学家的方法和思维,是有风险的。由统计学改编来的计量方法,对经济学家开展的不少研究活动并无用处。证明定理的格式,并不适合用来分析经济数据,因为分析经济数据需要综合、解释和实证调查方面的技能。统计方法提供的指导,只是实证研究所需的一部分,有时甚至是很小的一部分。

计量经济学研究逐步抽象化的趋势,可以从《计量经济学》(*Econometrica*)期刊的内容窥得一二。表 1.1 列出的标题,是从 1936 年、1945 年、1946 年、2012 年、2013 年和 2016 年的《计量经济学》期刊中遴选而来。在 20 世纪三四十年代,《计量经济学》发表的经济学论文涉及靴子的需求等微观经济问题,还有平衡预算的乘数效应等宏观经济问题。而最近的几卷里,大部分论文都十分抽象,既没有使用数据,也没有提供可以用于实证研究的新计量方法。博弈论领域的论文频率之高令人侧目,尽管博弈论应当是数学的一个分支。最近几期的《计量经济学》则被某一类文章所占据。这类文章曾被学术圈某个悲观的经济学家称作"不需要数据的数学自慰",并说这不是他的"启蒙来源"(Mason et al., 1992)。① 这也是下面这则笑话的来由:罗马尼亚在尼古拉·齐奥塞斯库(Nicolai Ceausescu)统治期间,政府禁止了所有的"西方经济学"期刊——《计量经济学》是唯一的例外,因为它与经济学毫无关系。

表 1.1　　　《计量经济学》(*Econometrica*)期刊内容的变化

年份	标　　题
1936	《物价水平和国民收入对鞋靴需求的影响》 《帕累托社会学》 《需求曲线的垂直移动与水平移动》
1945	《平衡预算的乘数效应》 《通过对风险的反应来测量边际效用》 《大型制造业企业的流动性偏好(1921—1939 年)》
1946	《企业与投资理论》 《资本扩张、增长率与就业》

---

① Mason 等(1992)一文并未给出这名经济学家的姓名;原文是:"无数据的数学自慰并不是我首选的启蒙来源。我怀疑,平均每篇文章的读者不到一个,即使是在学者当中……"——译者注。

续表

年份	标　题
2012	《随机噪声博弈》 《带最少理性知识的声誉讨价还价》 《再谈判与高消息成本的机制设计》 《时机与自控》 《不完全信息同时博弈中交互效应的符号推断》 《匹配和串谋形成中稳定性与偏好的协同》 《可定义可协商契约》
2013	《马尔可夫式私人信息博弈的效率》 《校准的激励性契约》 《无稳定纳什均衡的贴现随机博弈》
2016	《声誉讨价还价与截止日期》 《连续时间稳健契约》 《人口博弈中的随机学习动态机制与收敛速度》

计量经济学的所谓成功，带来了另一个不良后果：我们成了计量经济学的奴隶，笃信其力量，盲从实证结果的含义。即使结果不合情理，我们也不会拒绝结果，哪怕常识告诉我们要拒绝，我们也会努力寻找结果的解释。例如，穆萨(Moosa, 2016a)指出，如果以牺牲常识为代价而去相信实证检验的结果，那么我们就会认为，科技支出会引发更高的自杀率，消费人造奶油有利于离婚。这些情况之所以发生，是因为经济理论在实证研究中的作用日益减弱。

1.9　可以证明一切的工具——计量经济学

计量经济学只在有限意义上取得了成功，即：它几乎可以用来证明一切。笔者对研讨会的陈述者一直存在质疑：如果我拿到他们的数据，我就能把结果颠倒过来，得出不同的结论。如果要证明预设的信念，或是希望找到结果，来支持受意识形态所驱动的假设，计量经济学都是十分有用的。以英国脱欧(Brexit)为例，有人支持，有人反对。支持者和反对者都分析了英国脱离欧盟对英国经济的影响，但实证的结果却五花八门，带有明显的意识形态偏见。例如，英国工业联合会(Confederation of British Industry, 2013)是反对脱欧的，据其估计，英国保持欧盟成员国身份的净收益是 GDP 的 4%～5%，即每年 620 亿英镑到 780 亿英镑。相反，康登(Congdon, 2014)的研究表明，英国保持欧盟成员国身份的成本为 GDP 的 10%，产生这一成本的原因是监管和资源配置不当。康登的估计是为英国独立党(UKIP)准备的，而该党持强烈的反欧立场。

最后，计量经济学还被用来宣布离谱的声明，证明严苛的经济政策是合理的。计量经济学被用来证明不平等是合理的，被用来捍卫收入最高的那 1%的群体。计量经济学被用来证明，给富人减税是合理的，从而为涓滴效应(trickle-down effect)提供支持，而这与富人欺压穷人无异。计量经济学被用来支持所谓的"大缓和"(Great Moderation)，证明大规模放松金融管制的政策是合理的，而放松管制正是导致贫困日益加剧的原因。想为富人减税的罗纳德·里根(Ronald Reagan)就雇用了一群经济学家，他们炮制结果，说明为富人减税对穷人有益，但这无论如何都是滑稽的。小布什也萧规曹随，尽管一些顶尖经济学家表示反对，认为事情并不是小布什及其顾问所设想的那样。

在某种意义上，计量经济学取得了成功——其成功之处在于，作为一种骗术，它让所有人能够证明所有事。公允地说，计量经济学的存在是件幸事，它为获得博士学位、学术晋升提供了途径。这正是理查德·波斯纳在接受卡西迪(Cassidy, 2010)的采访时，对有效市场假说的评论：

> 有一种可能是，他们什么都没学会……对学术市场而言，市场的校正工作进展缓慢。教授们有教职。他们有很多在读研究生需要拿到博士学位。他们有熟谙的技术，用起来得心应手。要让他们脱离习惯的行事方法，是十分费劲的。

难怪理查德·波斯纳这样的人不被认为是经济学家，因为他们并不使用计量经济学。按照这种逻辑，亚当·斯密(Adam Smith)和约翰·梅纳德·凯恩斯也不是经济学家，因为他们都没有使用计量经济学。

1.10 结　束　语

我们痴迷于计量经济学的成功，以至于会去检验不可检验的东西。例如，已经有很多检验抛补利率平价(Covered Interest Parity, CIP)的研究，但得到的结果却莫衷一是。① 如果结果不支持 CIP，研究者就去寻找解释，找到为何偏离 CIP 的一系列原因，如交易成本、税收、市场不完美、政治风险等。但事实是，CIP 是个不可检验的假设。它是一个定义式，银行家根据这一恒等式所表示的机

---

① 抛补利率平价(CIP)是指：若两个国家的资本充分流动，那么在货币市场上，两种货币的利率之差等于远期汇率与即期汇率之差——译者注。

制，向客户报出远期汇率。计量经济学家不必去检验 CIP，而是可以询问银行家，远期汇率的决定机制是什么。银行家会告诉他，远期汇率是对即期汇率进行调整计算得到的，调整因子反映了利率的差异，问题就这样解决了。然而并没有。我们必须"检验、检验、再检验"，因为计量经济学的重点就是检验。

计量经济学要做的，就是提出假设、获取数据、检验假设、得到预测。听上去越复杂越好。不过，就加深我们对经济和金融市场运行的认识而言，计量经济学的贡献至多为零，甚至为负。从 ARCH 到 GARCH，再到 IGARCH、MGARCH、TS-GARCH、F-ARCH、AGARCH、LARCH、SPARCH、AARCH、QTARCH、STARCH、NAGARCH、PNP-ARCH，我们从这些进展中学到了哪些金融市场运行的知识了吗？① 诚然，计量经济学取得了十分了得的成功，但它只是一种骗术罢了。

◎ 附录

表 1A.1　　　　　　　　计量经济学发展的时间线

年份	发　　展	作　　者
1895	相关分析在经济学中的应用	Yule(1895)
1900	股价的随机游走特征	Bachelier(1900)
1901	相关分析在经济学中的应用	Hooker(1901)
1907	在经济学中使用多元回归	Benini(1907)
1913	识别问题	Lenoir(1913)
1914	统计经济学的基础	Moore(1914, 1917)
1915	识别问题	Wright(1915, 1928)
1927	识别问题	Working(1927)

---

① ARCH 是指自回归条件异方差模型，GARCH 即广义自回归条件异方差模型；IGARCH 即单整 GARCH，MGARCH 可以指多元 GARCH(MGARCH1)、乘积 GARCH(MGARCH2)或者混合 GARCH(MGARCH3)，TS-GARCH 指泰勒-施沃特 GARCH，F-ARCH 指因子 GARCH，AGARCH 可以指非对称 GARCH(AGARCH1)或绝对值 GARCH(AGARCH2)，LARCH 指线性 ARCH，SPARCH 指半参数 ARCH，AARCH 指扩展的 ARCH，QTARCH 指定性阈值 ARCH，STARCH 指结构 ARCH，NAGARCH 指非线性非对称 GARCH，PNP-ARCH 指部分非参数 ARCH；具体定义请参阅蒂姆·博勒斯莱夫(Tim Bollerslev)编写的《ARCH(GARCH)词汇表》(*Glossary to ARCH (GARCH)*)——译者注。

续表

年份	发　展	作　者
1928	经济周期分析	Mitchell(1928)
1929	识别问题	Tinbergen(1930)
1930	分布滞后模型	Fisher(1930)
1933	识别问题	Frisch(1933b)
1935	家庭支出分析	Allen & Bowley(1935)
1937	从概率角度合理化回归分析	Koopmans(1937)
1937	算术分布滞后模型	Fisher(1937)
1938	需求的理论和测量	Schultz(1938)
1941	工具变量(IV)法的提出	Reiersol(1941,1945)
1944	从概率角度合理化回归分析	Haavelmo(1944)
1944	识别的充要条件	Haavelmo(1944)
1945	束图分析法①	Stone(1945)
1947	经济周期分析	Burns & Mitchell(1947)
1947	宏观计量模型的构建	Klein(1947,1950)
1948	经济时间序列的自相关模式	Orcutt(1948)

---

① 根据威尔弗雷德·科莱特(Wilfred Corlett)在《帕尔格雷夫计量经济学》中的解释，束图分析法(bunch map analysis)是由弗里希(Frisch,1934)提出的，其最初目的是解决"汇流分析"(confluence analysis)问题。"汇流分析"是针对一组变量的研究；对其中一些变量进行回归，回归方程是有意义的；但对某些变量回归，由于变量之间的关系并不唯一，回归方程可能无意义。如果一组变量可以分成两部分——与其他变量相关的系统性成分，以及与其他变量都无关的扰动成分，那么就可以用束图分析来确定一组变量，使得系统性成分和扰动成分之间存在一个线性关系，并且这个线性关系是唯一的。弗里希的束图分析法并没有流行开来，一是因为汇流分析的不确定性，二是因为用概率论来合理化回归分析更受学者们的青睐。束图分析的具体做法如下。首先对变量进行标准化，使其离差平方和为 1。接着，取第 i、j、k 个变量，对数据的相关矩阵(correlation matrix)计算 x_i、x_k 的余子式(cofactor) r_{ik} 和 x_j、x_k 的余子式 r_{jk}。第三步，把 r_{ik} 画在横坐标上，把 r_{jk} 画在纵坐标上，连接坐标原点与 (r_{ik},r_{jk})，得到一个"束线"。第四步，改变 i、j 的取值，绘制出一系列"束线"，得到了一组"束图"。束图分析法通常用来比较两个变量集，前一个包含 N 个变量，后一个包含这 N 个变量再加上另外的一个变量。如果加入变量后，束图更为发散，那么引入的新变量就是有害的——译者注。

续表

年份	发 展	作 者
1949	有限信息极大似然(LIML)	Anderson & Rubin(1949)
1949	工具变量(IV)法	Geary(1949)
1949	误差项的自相关	Cochrane & Orcutt(1949)
1949	递归型联立方程组	Wold(1949)
1950	识别的秩条件和阶条件	Koopmans(1949)
1950	完备信息极大似然(FIML)	Koopmans et al.(1950)
1950	残差的自相关检验	Durbin & Watson(1950, 1951)
1952	习惯持续假说	Brown(1952)
1954	两阶段最小二乘法(2SLS)	Theil(1954, 1958)
1954	几何分布滞后模型	Koyck(1954)
1956	恶性通货膨胀下的货币需求	Cagan(1956)
1957	两阶段最小二乘法(2SLS)	Basmann(1957)
1957	消费行为的计量分析	Friedman(1957)
1958	广义工具变量估计量(GIVE)	Sargan(1958)
1958	K类估计量	Theil(1958)
1958	蛛网现象建模	Nerlove(1958a)
1958	部分调整模型	Nerlove(1958b)
1958	删失回归模型	Tobin(1958)
1960	几何分布滞后模型的推广	Solow(1960)
1960	伪回归	Champernowne(1960)
1960	结构突变建模	Chow(1960)
1961	非嵌套模型的选择检验	Cox(1961, 1962)
1961	面板数据模型	Mundlak(1961, 1978)
1962	三阶段最小二乘法(3SLS)	Zellner & Theil(1962)
1962	似无关回归①	Zellner(1962)
1963	部分调整模型	Eisner & Strotz(1963)

---

① 似无关回归，也译作"似不相关回归"——译者注。

续表

年份	发展	作者
1964	误差修正模型	Sargan(1964)
1965	识别问题的其他解决办法	Wegge(1965)
1965	算术分布滞后模型的推广	Almon(1965)
1966	识别问题的其他解决办法	Fisher(1966)
1966	几何分布滞后模型的推广	Jorgenson(1966)
1969	因果性	Granger(1969)
1969	一般性设定检验	Ramsey(1969)
1970	迭代工具变量(IIV)	Lyttkens(1970)
1970	自回归单整移动平均(ARIMA)模型	Box & Jenkins(1970)
1970	随机系数模型	Swamy(1970)
1971	迭代工具变量(IIV)	Brundy & Jorgenson(1971)
1971	迭代工具变量(IIV)	Dhrymes(1971)
1971	系统 K 类估计量	Srivastava(1971)
1971	多变量灵活加速模型	Treadway(1971)
1972	因果性	Sims(1972)
1972	因果性	Engle et al.(1983)
1972	比例风险模型	Cox(1972)
1973	系统 K 类估计量	Savin(1973)
1973	一般性设定检验	Wu(1973)
1974	伪回归	Granger & Newbold(1974)
1975	半参数估计法	Manski(1975,1985)
1976	卢卡斯批判	Lucas(1976)
1978	经济理论与计量经济模型的关系	Leamer(1978)
1978	一般性设定检验	Hausman(1978)
1979	单位根检验	Dickey & Fuller(1979,1981)
1979	删失回归模型	Buckley & James(1979)
1979	自助法(bootstrap)	Efron(1979)

续表

年份	发展	作者
1980	向量自回归(VAR)模型	Sims(1980, 1982)
1980	诊断检验	Breusch & Pagan(1980)
1981	离散选择或量子响应模型	Manski & McFadden(1981)
1982	广义矩方法(GMM)	Hansen(1982)
1982	非均衡模型	Quandt(1982)
1982	模型评价标准	Hendry & Richard(1982)
1982	诊断检验	Godfrey & Wickens(1982)
1982	自回归条件异方差(ARCH)模型	Engle(1982)
1983	非线性联立方程组的估计	Amemiya(1983)
1983	揭露计量经济学中的欺诈行为	Leamer(1983)
1983	外生性	Engle et al.(1983)
1983	非均衡模型	Maddala(1983, 1986)
1983	小样本理论	Phillips(1983)
1983	半参数估计法	Cosslett(1983)
1984	小样本理论	Rothenberg(1984)
1984	贝叶斯 VAR 模型	Doan et al.(1984)
1984	连续时间久期模型	Heckman & Singer(1984)
1984	计数数据的微观计量模型	Hausman et al.(1984)
1984	最小绝对偏差(LAD)估计量	Powell(1984, 1986)
1985	贝叶斯 VAR 模型	Litterman(1985)
1985	模型评价标准	McAleer et al.(1985)
1985	伪面板的计量分析	Deaton(1985)
1985	动态多重指标多重原因(DYMIMIC)模型	Engle et al.(1985)
1985	自适应条件异方差	McCulloch(1985)
1986	伪回归	Phillips(1986)
1986	计数回归模型	Cameron & Trivedi(1986)
1986	协整	Granger(1986)

1.10 结束语

续表

年份	发　　展	作　　者
1986	广义自回归条件异方差(GARCH)模型	Bollerslev(1986)
1986	单整 GARCH(IGARCH)模型	Engle & Bollerslev(1986)
1986	对数 GARCH(Log-GARCH)模型	Geweke(1986)
1986	乘数 GARCH(MGARCH2)模型	Geweke(1986)
1986	泰勒-施沃特 GARCH(TS-GARCH)模型	Taylor(1986)
1987	协整	Engle & Granger(1987)
1987	均值 ARCH(ARCH-M)模型	Engle et al.(1987)
1987	t 分布的 GARCH(GARCH-t)模型	Bollerslev(1987)
1988	拍卖定价的计量模型	Hendricks & Porter(1988)
1988	协整	Johansen(1988, 1991)
1988	多元 GARCH(MGARCH1)模型	Bollerslev et al.(1988)
1989	结构突变建模	Nyblom(1989)
1989	泰勒-施沃特 GARCH(TS-GARCH)模型	Schwert(1989)
1989	结构 VAR(SVAR)模型	Blanchard & Quah(1989)
1989	时间序列的结构模型	Harvey(1989)
1989	因子 ARCH(F-ARCH)模型	Diebold & Nerlove(1989)
1989	N 维因子 ARCH(N-dimensional factor ARCH)模型	Diebold & Nerlove(1989)
1989	修正的 ARCH(MARCH1)模型	Friedman et al.(1989)
1989	模拟矩法(MSM)	McFadden(1989)
1989	模拟矩法(MSM)	Pakes & Pollard(1989)
1990	完全修正的普通最小二乘法(FM-OLS)	Phillips & Hansen(1990)
1990	非对称 GARCH(AGARCH1)模型	Engle(1990)
1990	因子 GARCH(F-GARCH)模型	Engle et al.(1990)
1990	标准差 ARCH(Stdev-ARCH)模型	Schwert(1990)
1991	协整	Phillips(1991)
1991	指数 GARCH(EGARCH)模型	Nelson(1991)

续表

年份	发 展	作 者
1991	广义误差分布的 GARCH(GED-GARCH)模型	Nelson(1991)
1991	线性 ARCH(LARCH)模型	Robinson(1991)
1991	半参数 ARCH(SPARCH)模型	Engle & Gonzalez-Rivera(1991)
1992	扩展的 ARCH(AARCH)模型	Bera, Higgins & Lee(1992)
1992	指数自回归 GARCH(GARCH-EAR)模型	LeBaron(1992)
1992	非线性 GARCH(NGARCH)模型	Higgins & Bera(1992)
1992	定性阈值 ARCH(QTARCH)模型	Gourieroux & Monfort(1992)
1992	结构 ARCH(STARCH)模型	Harvey et al.(1992)
1993	结构突变建模	Andrews(1993)
1993	非对称幂 ARCH(APARCH)模型	Ding et al.(1993)
1993	格罗森-贾甘纳森-朗克尔 GARCH(GJR-GARCH)	Glosten et al.(1993)
1993	非线性非对称 GARCH(NAGARCH)模型	Engle & Ng(1993)
1993	部分非参数 ARCH(PNP-ARCH)模型	Engle & Ng(1993)
1993	Tobit-GARCH	Kodres(1993)
1993	VGARCH1	Engle & Ng(1993)
1993	弱 GARCH	Drost & Nijman(1993)
1994	自回归条件密度(Autoregressive Conditional Density, ARCD)	Hansen(1994)
1994	β-ARCH(Beta ARCH)	Guégan & Diebolt(1994)
1994	复合 GARCH(CGARCH2)	den Hertog(1994)
1994	GARCH-X1	Lee(1994)
1994	区制转移 ARCH(SWARCH)	Cai(1994)
1994	门限 GARCH(TGARCH)	Zakoïan(1994)
1995	拍卖定价的计量模型	Laffont et al.(1995)
1995	DSGE 模型	Kim & Pagan(1995)
1995	GARCH-Γ(GARCH Gamma)	Engle & Rosenberg(1995)

续表

年份	发 展	作 者
1995	广义二次 ARCH(GQARCH)	Sentana (1995)
1995	亨切尔 GARCH(HGARCH)	Hentschel (1995)
1995	移动平均条件异方差(Moving Average Conditional Heteroskedastic,MACH)	Yang & Bewley (1995)
1995	稳定 GARCH(SGARCH)	Liu & Brorsen (1995)
1996	宏观时间序列中的结构断点	Stock & Watson (1996)
1996	ARCH 平滑工具(ARCH-Smoothers)	Nelson (1996)
1996	分整指数 GARCH(FIEGARCH)	Bollerslev & Mikkelsen (1996)
1996	分整 GARCH (FIGARCH)	Baillie et al. (1996)
1996	GARCH-X2	Brenner et al. (1996)
1996	广义区制转移 GARCH(GRS-GARCH)	Gray (1996)
1996	水平 GARCH(Level-GARCH)	Brenner et al. (1996)
1996	周期 GARCH(PGARCH1)	Bollerslev & Ghysels (1996)
1996	VSGARCH (Volatility Switching GARCH)	Fornari & Mele (1996)
1997	人工神经网络 ARCH(ANN-ARCH)	Donaldson & Kamstra (1997)
1997	非对称门限 GARCH(ATGARCH)	Crouhy & Rockinger (1997)
1997	扩展的 GARCH(Aug-GARCH)	Duan (1997)
1997	异质 ARCH(HARCH)	Müller et al. (1997)
1998	结构突变与预测失灵	Clements & Hendry(1998,1999)
1998	结构突变建模	Bai & Perron(1998)
1998	自回归条件久期(ACD)模型	Engle & Russell(1998)
1998	分形单整非对称幂 ARCH(FIAPARCH)模型①	Tse(1998)
1998	根式 GARCH(RGARCH3)模型	Gallant & Tauchen(1998)
1998	平滑转移 GARCH(STGARCH)模型	Gonzalez-Rivera(1998)

---

① 原文全称有误,应作 FIAPARCH(Fractionally Integrated Asymmetric Power ARCH)——译者注。

续表

年份	发　　展	作　　者
1999	成分 GARCH(CGARCH1)模型	Engle & Lee(1999)
2000	极值理论 GARCH(EVT-GARCH)模型	McNeil & Frey(2000)
2000	平方根 GARCH(SQR-GARCH)模型	Heston & Nandi(2000)
2001	非嵌套模型的选择检验	Pesaran & Weeks(2001)
2001	混合 GARCH(MGARCH3)模型	Wong & Li(2001)
2001	随机 GARCH(RGARCH1)模型	Nowicka-Zagrajek & Weron(2001)
2002	弱工具变量问题	Stock et al.(2002)
2002	自回归条件风险(ACH1)模型	Hamilton & Jordá(2002)
2002	非对称非线性平滑转移 GARCH(ANST-GARCH)模型	Nam et al.(2002)
2002	相关 ARCH(CorrARCH)模型	Christodoulakis & Satchell(2002)
2002	动态条件相关 GARCH(DCC-GARCH)模型	Engle(2002a)
2002	可变条件相关 GARCH(VCC-MGARCH)模型	Tse & Tsui(2002)
2002	双门限 ARCH(DTARCH)模型	Li & Li(1996)
2002	广义正交 GARCH(GO-GARCH)模型	van der Weide(2002)
2002	乘积误差模型(MEM)	Engle(2002b)
2002	稳健 GARCH(RGARCH2)	Park(2002)
2002	结构 GARCH(Structural GARCH)模型	Rigobon(2002)
2002	面板单位根检验	Levin et al.(2002)
2003	协整 VAR 的模型不确定性	Garratt et al.(2003, 2006)
2003	动态随机一般均衡(DSGE)模型	Smets & Wouters(2003)
2003	灵活 GARCH(Flex-GARCH)	Ledoit et al.(2003)
2003	面板单位根检验	Im et al.(2003)
2004	条件自回归在限价值(CAViaR)模型	Engle & Manganelli(2004)
2004	连续 GARCH(COGARCH)模型	Klüppelberg et al.(2004)
2004	广义自回归条件跳跃强度(GARJI)模型	Maheu & McCurdy(2004)
2004	双曲线 GARCH(HYGARCH)	Davidson(2004)
2005	结构突变建模	Pesaran & Timmermann(2005, 2007)

续表

年份	发 展	作 者
2005	动态随机一般均衡(DSGE)模型	Christiano et al.(2005)
2005	随机均值 ARCH(ARCH-SM)模型	Lee & Taniguchi(2005)
2005	条件自回归极差(CARR)模型	Chou(2005)
2005	带截面波动性的 GARCH(GARCHX)模型	Hwang & Satchell(2005)
2005	主成分 GARCH(PC-GARCH)模型	Burns(2005)
2006	随机系数模型	Hsiao & Pesaran(2006)
2006	协整 VAR 中的模型不确定性	Strachan & van Dijk(2006)
2006	非对称动态条件相关 GARCH(ADCC-GARCH)模型	Cappiello et al.(2006)
2006	动态非对称 GARCH(DAGARCH)模型	Caporin & McAleer(2006)
2006	灵活动态条件相关(FDCC)模型	Billio et al.(2006)
2006	广义动态条件相关(GDCC)模型	Cappiello et al.(2006)
2006	矩阵指数 GARCH(Matrix EGARCH)模型	Kawakatsu(2006)
2006	极差指数 GARCH(REGARCH)模型	Brandt & Jones(2006)
2007	指数连续 GARCH(ECOGARCH)模型	Haug & Czado(2007)
2007	简化的 GARCH(S-GARCH)模型	Harris et al.(2007)
2007	区制转换检验	Cho & White(2007)
2007	最小二乘模型平均法	Hansen(2007)
2008	样条 GARCH(Spline-GARCH)模型	Engle & Rangel(2008)
2008	动态分位数模型	Gourieroux & Jasiak(2008)
2008	低频变异度模型的检验	Müller & Watson(2008)
2009	灵活系数 GARCH(FCGARCH)模型	Medeiros & Veiga(2009)
2009	用过度识别不等式矩条件进行估计	Moon & Schorfheide(2009)
2009	使用协变量进行单位根分位数自回归检验	Galvao(2009)
2009	函数系数协整模型	Xiao(2009a)
2009	分位数协整回归	Xiao(2009b)
2009	结构非参数协整回归	Wang & Phillips(2009)
2009	动态离散选择模型的贝叶斯估计	Imai et al.(2009)

续表

年份	发　　展	作　　者
2009	多重均衡模型的分位数方法检验	Echenique & Komunjer(2009)
2010	参数动态条件分位数的设定检验	Escanciano & Velasco(2010)
2010	混合采样频率的回归模型	Andreou et al.(2010)
2010	基于似然的分形协整检验	Lasak(2010)
2010	离散结果的工具变量模型	Chesher(2010)
2011	时变协整模型中的贝叶斯推断	Koop et al.(2011)
2011	双变量 Tobit 模型的半参数估计	Chen & Zhou(2011)
2011	矩条件下的工具变量估计	Okui(2011)
2011	带固定效应的动态面板数据的分位数回归	Galvao(2011)
2011	非参数工具变量回归	Darolles et al.(2011)
2012	带条矩限制的局部 GMM 估计模型	Gospodinov & Otsu(2012)
2012	核加权 GMM 估计量	Kuersteiner(2012)
2012	多重突变模型的选择	Castle et al.(2012)
2012	非参数协整回归中的动态误设	Kasparis & Phillips(2012)
2012	带不动点约束的结构模型的序贯估计	Kasahara & Shimotsu(2012)
2012	函数差分法①	Bonhomme(2012)
2013	完备子集回归(CSR)②	Elliott et al.(2013)
2013	无正值约束的 GARCH 模型	Francq et al.(2013)
2013	贝叶斯半参数多元 GARCH 模型	Jensen & Maheu(2013)
2013	存在多因子误差结构的面板单位根检验	Pesaran & Smith(2013)

---

① 函数差分法(functional differencing)是去除动态面板中冗余参数(incidental parameter)的一种方法——译者注。

② 完备子集回归(Complete Subset Regression, CSR)的基本思路是：假设要用 P 个变量来预测某个变量 y；如果用于预测的变量之间高度相关，那么就会出现多重共线性问题；如果待预测的变量 y 包含较大的噪声，那么就会存在过度拟合的问题，因为拟合的是噪声而不是信号。为了降低预测误差，可以选择预测变量的一个子集。但 CSR 方法并不是穷尽所有可能的子集，而是找到包含 p 个变量($p<P$)的所有子集，得到每个子集上 y 的预测值；接着，对这些预测取均值，得到最终的预测值——译者注。

续表

年份	发 展	作 者
2013	条件异方差共同因子的检验	Dovonon & Renault(2013)
2013	随机系数二元选择模型的非参数估计	Gautier & Kitamura(2013)
2014	多元旋转 ARCH(Multivariate rotated ARCH)模型	Noureldin et al. (2014)
2014	协整回归的单积修正最小二乘法(IM-OLS)①	Vogelsang & Wagner(2014)
2014	动态回归模型的时变稀疏性	Kalli & Griffin(2014)
2014	半强识别下的条件矩模型②	Antoine & Lavergne(2014)
2015	带固定效应的面板非参数回归	Lee & Robinson(2015)
2015	双曲线 GARCH(Hyperbolic GARCH)模型	Li et al. (2015)
2015	自回归分布滞后(ARDL)模型中的分位数协整	Cho et al. (2015)
2015	函数线性模型的工具变量估计	Florens & van Bellegem(2015)
2015	工具变量的刀切法估计	Bekker & Crudu(2015)
2015	VAR 模型中协整关系假设的自助检验	Cavaliere et al. (2015)
2015	带联立性的非参数模型的估计	Matzkin(2015)
2016	多元 GARCH 模型中的协方差突变	Jin & Maheu(2016)
2016	混频数据的连续时间模型	Chambers(2016)
2016	多元和多重置换检验	Chung & Romano(2016)
2016	面板数据的平滑分位数回归	Galvao & Kato(2016)
2016	带结构突变的异质面板	Baltagi et al. (2016)

---

① 单积修正最小二乘法(Integrated Modified OLS,IM-OLS)是对协整回归进行"部分和变换"后进行的最小二乘估计——译者注。

② 这里补充各种识别类型的定义。根据 Andrew & Cheng(2012,Econometrica)的定义,对于序列 $\boldsymbol{\beta}_n$(假设 $\boldsymbol{\beta}_n$ 为 d 维),无法识别(unidenfied)指的是 $\boldsymbol{\beta}_n = \boldsymbol{0}$, $\forall n \geqslant 1$;弱识别(weakly identified)指的是 $\boldsymbol{\beta}_n \neq \boldsymbol{0}$, $n^{1/2}\boldsymbol{\beta}_n \to \boldsymbol{b} \in \mathbb{R}^d$, 即 $\|\boldsymbol{\beta}_n\| = O(n^{1/2})$;半强识别(semi-strongly identified)指的是 $\boldsymbol{\beta}_0 \to \boldsymbol{0}$, $n^{1/2}\|\boldsymbol{\beta}_n\| \to \infty$;强识别指的是 $\boldsymbol{\beta}_n \to \boldsymbol{\beta}_0 \neq \boldsymbol{0}$——译者注。

2. 计量经济学的组成部分、功能与相关学科

2.1 计量经济学的组成部分与功能

对计量经济学的大多数定义和描述，都把经济理论、统计学和数学视为计量经济学的组成部分，不过也有其他说法。在某些地方（Brown，2010），理论（可能指经济理论）、统计学和数据被视为计量经济学的组成部分；在另一些地方，数学则被数理经济学所代替。

通常认为，计量经济学的功能是假设检验和预测。布朗（Brown，2010）把估计也列为计量经济学的首要功能；不过，估计应当是假设检验和预测之前的步骤。有时候，计量经济学的功能被表述为：(1)计量模型的构建与设定，(2)模型的估计与检验，以及(3)模型的应用。施奈德（Schneider，1952）提出，计量经济学研究的三个组成部分是：(1)构建变量间的数量关系(构造模型)；(2)设定方程并决定系数的数值；(3)假设检验。虽然预测没有明确地出现，但我们可以假定"模型的应用"中包含了预测。但在施耐德对计量经济学功能的表述里，他既没有明确提到预测，也没有暗示。对计量经济学的功能，计量经济学家的侧重点各不相同——例如，布朗（Brown，2010）认为预测"可能是计量经济学产生的主要原因"；而韩德瑞（Hendry，1980）则强调检验，他认为"计量经济学的三大黄金准则是检验、检验、再检验"。

有时，"测量"(measurement)涵盖了预测。例如，巴尔塔基（Baltagi，2002）认为，计量经济学给出了需求的价格弹性、收入弹性的定量估计，以及生产的规模收益、技术效率、货币流通速度的估计。这意味着，测量来源于模型估计和假设检验。巴尔塔基补充道，计量经济学"给出了对未来的利率、失业率或国民生产总值增长率的预测"。可见，计量经济学的预测功能，同样源于估计和假设检验。然而，在假设检验上表现良好的模型(在假设检验中，所估系数的显著性和诊断检验十分重要)，在预测上的表现却不一定良好。在预测上有好的表现，不仅需要有较小的预测误差，还需要预测变化的方向。例

如，穆萨和瓦兹(Moosa & Vaz, 2016a)考察了平稳性与预测误差大小之间的关系。他们发现，协整(属于一个假设检验问题)与预测准确性的关系不大。穆萨和瓦兹(Moosa & Vaz, 2016b)在另一篇论文中指出，预测力较弱，并不能归咎为存在协整但没有考虑协整(即直接用一阶差分模型进行预测，而不是用误差修正模型)。

"经济学理论"是计量经济学的组成部分，但蔡特(Chait, 1949)并没有使用"经济学理论"一词，而是把"政治经济学"作为计量经济学的经济学成分。政治经济学是经济学的旧称，它研究的是生产组织的各种条件。亚当·斯密、大卫·李嘉图和卡尔·马克思的著作，研究的就是这类问题。政治经济学与经济学理论的区别在于：政治经济学分析的是政治学与经济学之间的联系，其中涵盖了经济学原理与法学的联系，以及政治学与社会科学的联系。传统上，经济学理论侧重于市场决策，而政治经济学侧重于市场未能产生预期结果的情况。从某种意义上说，这也是实证经济学(是什么)和规范经济学(应该是什么)之间的区别。

2.2 计量经济学中的数据

对于数据，无论其是否被明确列为计量经济学的组成部分，它都是计量分析的输入项，并且大多数问题都由数据引发。数据也是计量经济学不被视作一门科学的主要原因。进行实证研究时，计量经济学家或经济学家使用的数据，可能是时间序列数据、截面数据或混合截面数据。时间序列数据是同一变量在后续时间内的重复观测值。截面数据是特定时点上，某个变量在不同行为人(如国家、企业、市场、消费者等)上取得的观测值。① 混合截面数据则同时包含时间序列数据和截面数据。

面板数据(panel data)是混合截面数据的一个特例，它包含同一组行为人在不同时间点上的观测值。混合截面数据是多个截面上的时间序列数据，但每个截面中的观测值不一定指向同一截面单元。另一方面，面板数据是同一截面单元在多个时间点上的观测值。面板数据的观测值可以用 x_{it} 来表示，其中 i 表示截面单元，t 表示时间，$i=1,\cdots,N$，$t=1,\cdots,T$。平衡面板(balanced panel)包含了 i 从 1 到 N，t 从 1 到 T 各期的记录；而非平衡面板则存在缺失值。

---

① 行为人(agent)，后文也作"截面单元"(cross-sectional unit)或"单元"(unit)——译者注。

实验数据

在自然科学中,研究人员通过实验(如检验玻意耳定律的实验)和其他科学流程(如测量地球到某个星系的距离或是山的高度)得到测量值。而在经济学中,经济体本身就会产生大量的数据。从本质上说,经济学家使用的是核算资料,这些数据表示的是有记录的交易和活动。① 但核算资料并不是按照计量经济学家的意愿而特意收集的。由于计量经济学家完全不能掌控非实验数据,这就产生了各种问题。然而,计量经济学却被用来处理或解决各种问题,如测量误差等;但处理得是否恰当,又是另一回事。例如,国际收支必须用"错误和遗漏项"来平衡,而在国际收支的各项统计数字里,这一项的数值通常较大。由于"错误和遗漏项"的存在,资本流动无法精确度量。因此,在涉及资本流动的回归中,计量经济学该如何处理"错误与遗漏项"尚不明确。解决这一问题的最佳方法是提高数据质量,降低"错误和遗漏项"的数值大小。但这并不是计量经济学的功能,而是经济统计学的功能。这意味着:计量经济学的兴起和经济统计学(作为一门学科)的消亡,并不是个好的发展。

统计方法是为实验数据而设计的。因此,说"计量方法是统计方法的改造,目的是处理经济函数关系的特殊性质",可能并不恰当。计量经济学家还宣称,鉴于计量研究中使用的数据是非实验数据,因此,经济理论应根据数据的缺乏进行调整(Brown,2010)。然而,经济理论往往遭到忽视;大多数计量经济学家虽然在数理统计方面训练有素,在经济理论上却训练不足。此外,对截面数据的研究并不依赖任何理论模型,这正是利默批判的重点。利默呼吁,应该把骗术从计量经济学中清除出去(Leamer,1983)。还有观点认为,尽管计量经济学家使用的数据是非实验数据,但为了应用计量方面的研究而去收集数据,类似于天文学家在不进行实验的情况下收集数据。这种说法十分牵强:天文学家可以用顶尖技术的仪器来测量地球到行星和星系的距离;而计量经济学家面对存在巨额"错误与遗漏项"的国际收支数据,必须知足。

经济数据的"坏处"

巴尔塔基(Baltagi,2002)认为,对于时下的经济问题,为应用计量方面的研究而收集的数据并不理想。因为收集这些数据是为了满足法律的要求,或是遵从管理机构的规定。格瑞利奇斯(Griliches,1986)对这种状况做了如下描述:

---

① 核算资料,英文为 accounting data,也可以直译为"会计数据"——译者注。

2.2 计量经济学中的数据

> 计量经济学家对经济数据的态度十分含糊。一方面,"数据"是我们想要解释的东西,是经济学家标榜要弄清的基本事实。另一方面,数据是所有烦恼的来源。数据的不完美令我们的工作举步维艰,时常无法开展……我们似乎忘记了,我们的合理性一开始就是拜这些不完美所赐……鉴于数据的"坏处"为我们提供了生计,我们对改进数据、设计并收集原始数据集这类脏活毫无兴趣,一点也不奇怪。我们的大部分研究都依赖"已发现的"数据,而这些数据是他人收集的,收集的目的通常也大相径庭。

格瑞利奇斯对数据问题的叙述,听上去像是用手段来证明目的的合理——也就是说,我们处理受污染的、不准确的数据(手段),是为了生存(目的)。这或许解释了,计量经济学为何扼杀了经济统计学。格瑞利奇斯所描述的情况意味着:计量经济学家不仅抵制数据的改进,还认为数据问题可以通过开发"新颖的"计量方法来解决。充其量,这是用正当的理由来做错误的事。"合理性"(legitimacy)一词毫无道理。

巴尔塔基(Baltagi,2002)发现,经济学家参与数据收集的情况越来越多,对变量的度量也更精确了。然而,这并不符合事实,理论计量经济学虽然发展迅速,但收集、展示数据的经济统计学却走向了衰亡。如今,计量经济学已成为经济学学位课程的重中之重,而作为一门学科的经济统计学却几近消失。更糟糕的是,人们认为,优秀的计量经济学家不应该去处理数据,而应该专注于提出各种方法。这些方法最终会出现在 Eviews 中,供"工人阶级",即从事实证工作的一般经济学者使用。

格瑞利奇斯(Griliches,1986)接着说,要做科学家做的事:

> 计量经济学家与数据的相遇令人沮丧、令人不满至极,一是因为计量经济学家对数据要求过高,故而对结局感到失望;二是因为数据不完整、不完美。有一部分是我们的错:吃得越多,胃口越大。得到更大的样本后,我们会继续增加变量、扩展模型,直到在边际上,我们又回到了同样的不显著水平。

由于数据不完美,经济理论与计量经济学之间总是存在对立。在经济理论中,模型可以用线性方程 $y_t = a + bx_t$ 来表示;但在套用数据时,上述关系就会变成 $y_t = a + bx_t + \varepsilon_t$。其中,$y$ 和 x 之间的关系被假设成一条直线,误差项 ε 表示数据点对这条直线的偏离。计量经济学关注的是误差项的行为，由误差项的性质可以判断所估模型的质量优劣。

不可观测变量和不可测量变量

请别忘记，计量模型中出现的一些变量是不可观测且不可测量的。例如，把 y 同 x 联系起来的模型可以表示为 $y_t = a + bx_{t+1} + \varepsilon_t$，其中，$x_{t+1}$ 是 x 在下一期的值，在 t 时点上无法观测到。① 这意味着，x_{t+1} 必须通过估计得到，而估计的方法通常较为随意。因此，模型的估计结果将是五花八门的。斜率系数 b（用来度量弹性，或是 y 对 x 变化的反应）可能显著为正、显著为负，或是在统计上不显著。解释变量 x 可能是不可测量的，如消费者情绪；在这种情况下必须使用代理变量，但这又会产生一系列不同的结果。另一方面，变量 x 可能是可测量的，但定义方式各异，计量经济学家可以选择自己喜欢的一组结果。金融资产价格的新息模型（news model）就是个特殊例子。在这一模型中，x 可以用自回归过程等模型单独建模；y 则被设为 x 中未预期的成分的函数；自回归过程的残差则作为代理变量，表示"新息"。实际上，未预期的成分只能用"实现值"与"前期预期值"之差来度量，而前期预期值要通过民意调查来获得。

令人沮丧的情形

计量经济学家必须忍受测量误差引发的严重问题，但这个问题通常被人忽视。科学家可以使用仪器，以较高的精度来测量珠穆朗玛峰的高度；计量经济学家却没有这种"奢侈"。此外，经济数据无法复制，也缺乏足够的变化来区分两个相互竞争的理论。如果错误的数据表明，增加枪支会减少谋杀案件（这一说法会令枪支游说团体感到高兴），或是给收入最高的1%的人群减税对整个社会有利，谁又会在乎呢？

2.3 相关学科与交叉学科

从计量经济学这门学科的定义出发，我们并不清楚它包含或不包含哪些内容。例如，运筹学中使用的模型是计量模型吗？计量模型必须是实证模型吗？计量经济学与其他定量学科有何区别？

廷特纳（Tintner, 1953）认为，要把计量经济学与数量经济学、统计经济学

---

① 原文作"x_{t+1} 是 x 的期望值"——译者注。

和数理经济学区分开来,并不是件容易的事。但他认为,计量经济学与数量经济学并不是完全相同的。对于"量化"(quantification)的含义,米尔斯(Mills, 1940)给出了如下观点:(1)使用各种观测技术,如列举或测量;(2)在观测时,使用客观、有效的工具,使得不同观测者之间的结果能够相互验证;(3)建立翔实的知识体系,包括使用定量术语来定义各种实体和关系;(4)使用定量术语来表述结论;(5)通过数值比较,得出检验结论。蔡特(Chait, 1949)对这一观点表示肯定,但他也指出:

> 严格地说,计量经济学是数量经济学。但与其他词汇一样,这个说法并不完全达意。计量经济学的含义更丰富,也更精确。要全面了解计量经济学,我们应该记住,计量经济学是四个学科的综合,即政治经济学、数理经济学、统计分析和数学分析。这些学科中的任何一个,都可以用来解决实际问题中的具体困难。

这一描述并没有清楚地告诉我们,数理经济学和数学分析之间有什么区别——毕竟,计量经济学涉及经济理论的估计和检验,这使得"数学分析"显得多余。

弗里希、巴尔塔基和廷特纳的观点

弗里希(Frisch, 1933a)指出,经济学的定量方法有多个方面,单独哪个方面,都不应同计量经济学混为一谈。弗里希认为,可以对计量经济学做如下概括:(1)计量经济学不同于经济统计学;(2)计量经济学不同于一般的经济学理论,哪怕这套经济学理论具有相当程度的定量特性;(3)计量经济学不应被视作数学在经济学中的应用(即数理经济学)。根据这些限定条件,巴尔塔基(Baltagi, 2002)指出,计量经济学家是"受过经济学训练的、经验丰富的数学家和统计学家"。但是这个表述并不令人信服——大多数计量经济学家所受的训练,都不是经济学家的训练。事实上,如今的"计量经济学家"一词,暗指某个人对计量方法十分了解,却对经济学知之甚少(一些计量经济学家对此感到自豪)。通常,在合作研究实证问题时,经济学家负责提出一个可检验的假设,计量经济学家进行数值计算,得到的结果再由经济学家进行解释。这些年里,经常有人在宣讲论文时说:"本文涉及的计量问题,应该去问我的合作者,但他并不在场。"

廷特纳(Tintner, 1953)认为,计量经济学既不是经济统计学,也不是数量

2. 计量经济学的组成部分、功能与相关学科

经济学或数理经济学。他指出，计量经济学的定义应当是：使用数学、经济学和统计学进行的研究；计量经济学不同于数量经济学中不使用数学的调查研究。他认为，数理经济学是定量的，而非实证的；数理经济学不使用统计，因此不是计量经济学。计量经济学不同于统计学的理论研究；统计学涉及数学（因此称作数理统计学），但大体上不涉及经济理论。廷特纳(Tintner, 1953)还提到了"综合经济学"(synthetic economics)，他将之称作"计量经济学更直接的先驱"。他认为，"综合经济学"是指：(1)使用联立方程来表达对交换、生产、资本化和分配的共识；(2)对数理综合进行扩展，将之应用到经济学的动态机制中，把问题中的所有变量视作时间的函数；(3)进一步扩展数理综合，给出各个方程的具体统计形式。

相关学科

附录表 2A.1 给出了计量经济学及其相关学科的定义。这些相关学科包括：经济理论、统计学、数学、经济统计学、数理统计学、应用数学、金融计量、数理经济学、数量经济学、实验经济学、实证经济学、运筹学、金融建模与管理科学。

经济统计学涉及数据的收集和展示，而不涉及数据分析。如前所述，经济统计学的衰亡是一种倒退。尽管计量方法标榜可以解决测量误差问题，但如果数据存在缺陷，并没有哪个复杂的计量技术可以提供有用的信息。这里，应用数学十分重要，因为经济理论越发数学化了。而推动经济理论数学化的观点是：经济学与普通力学和物理学一样，都属于应用数学，而不是社会科学的一个分支。

金融计量的产生，仅仅是因为一些计量经济学家想要转到金融学——如果金融计量的存在是合理的，那么也应该有劳动计量、国际计量、福利计量等。金融学，或者说金融经济学，是经济学的一个分支。这意味着，金融学不应该有自己的计量经济学分支。数量经济学和计量经济学之间的区别似乎是模糊的——目前，世界计量经济学会(Econometric Society)的刊物有《计量经济学》(*Econometrica*)和《数量经济学》(*Quantitative Economics*)，这两本刊物上发表的文章大致相似。虽然实证经济学等同于应用计量经济学，但运筹学和管理科学同计量经济学是有区别的。

人们似乎认为，计量经济学和数理经济学的不同之处在于：计量经济学关乎测量，即计量方法的提出是为了分析经济数据；另一方面，数理经济学是对经济理论的抽象，不需要数据。如今，很难把世界计量经济学会《计量经济

学》(*Econometrica*)期刊上的文章同《数理经济学杂志》(*Journal of Mathematical Economics*)或者《经济理论杂志》(*Journal of Economic Theory*)上的文章区分开来。浏览这些刊物的近几期内容,可以证实这一点(见表 2.1)。马达拉(Maddala,1999)指出:"近年来,《计量经济学》只刊登了少数几篇计量经济学(即经济学中的统计方法)论文,其余都是关于博弈论和数理经济学的。"他补充道:"浏览世界计量经济学会的会士名单会发现,只有一两个是计量经济学家,其余的人都是博弈论学者和数理经济学家。"而博弈论学者可谓声名狼藉,因为当"人类行为人"的行为不符合特定博弈的均衡策略时,他们会去指责"人类行为人"(Murphy,2002)。

表 2.1　　各期刊的内容样例

《计量经济学》	《经济理论杂志》	《数理经济学杂志》
连续时间稳健契约	图型势博弈	带折现差异和私人监管的重复双人零和博弈
伯克-纳什均衡:用误设模型对行为人进行建模的框架	带品味异质性的知情卖家	关系契约与一阶方法
声誉讨价还价与截止日期	带准几何折现的连续马尔可夫均衡	分散定价及纳什与瓦尔拉斯均衡的等价性
带多个先验的功利主义偏好	全局博弈的共同信念基础	转移效用博弈中的对偶性和反对偶性在各种解、公理和公理化中的应用
依赖于菜单的随机可行性	受限域中序数贝叶斯激励相容性	锦标赛设计的一种包络方法
共同基金注意力分配的理性理论	贝叶斯博弈中内生信息的获取	带 Selden/Kreps-Porteus 偏好的基于格的储蓄单调比较静态分析
种群博弈中的随机学习动态与收敛速度	不完全信息的非合作讨价还价理论:可验证的类型	不完全信息的讨价还价:有限种群的演化稳定性
异质信息的资产市场	有限理性深度及其完全信息实现	行为人部分注意到他人信号时的不完全信息博弈
带一名大股东的要约收购中的信息	贝叶斯劝说与异质先验	有限选择背景下菜单偏好的加法表示

续表

《计量经济学》	《经济理论杂志》	《数理经济学杂志》
带持久私人信息的关系激励契约	自控与讨价还价	加总偏好的有限反应
逆向选择搜索	重复博弈中均衡支付集合的收敛速度有多快	贝叶斯纳什均衡与变分不等式

2.4 使用经济数据的风险

本书的主要观点是：计量经济学可以通过滥用数据来支持一切假设。在这个小节里，我们会对后续内容稍做介绍。首先，我们展示如何使用经济数据来展示并支持受意识形态驱动的信念。

不久前，我参加了一名右翼经济学家主讲的讲座。这名经济学家对"全球金融危机后，必须进行财政刺激"的观点提出了质疑。他告诉听众，凯恩斯对任何事情都一无所知，而他认识的某个人证实了这一点。接着，他展示了某份研究报告中的一张图。撰写这份报告的经济学家认为，财政刺激是有效的。这张散点图根据二十余个国家的横截面数据，绘制了某个财政刺激度量指标对国内生产总值（GDP）增长率的影响。该图显示，这两个变量呈正相关关系。这名主讲人说：这幅图是有偏误的，因为它没有包含世界上的所有国家。因此，他把样本扩大到了世界上的所有国家。不出所料，扩充样本后，两个变量之前的相关性几乎为零。他进一步解释说，财政刺激并不会奏效，因为接受政府资金的人把钱花到文身上。①

对于这场讲座，我的反应是：这是一个骗局。首先，两个宏观经济变量之间的散点图说明不了任何事情，因为各经济体之间千差万别。这意味着，一个关系虽然适用于某种程度上同质的一组国家，但很可能不适用于所有国家。前一名学者的散点图更合理，因为它只包含了经合组织（OECD）各国。问题的关键是，如果政府把资金花在基础设施这类依靠本地原材料、劳动力的事项上，财政刺激就会奏效——这一命题无需用实证证据来支持。当然，在坦克和枪支的进口上增加政府支出，并不会刺激国内经济，但会刺激坦克和枪支原产国的

---

① 原文为"spend their money on tattoos"，引申含义是把钱花在没有生产意义的事情上。

经济(同时增加军火商获得的佣金)。即使把一部分资金在文身上,财政刺激仍然奏效,因为文身师会花钱(或花一部分钱)购买商品和服务,进而增加他人的收入,如此种种。这样的推理不仅合理,也不需实证证据的支持,即便需要,实证证据也很容易获得。

一个例证

有选择性地使用经济数据,人们就有了支持或揭穿一切命题的手段。图2.1是两个变量的散点图。显然,观察该图,我们会得到"两个变量不相关"的结论。不过,我们可以从整体样本中挑选出不同观测值的集合,得到我们想要的结论。图2.2所示的散点图,是从图2.1的整体样本中挑选出的四个子样本绘制而成的。选取的子样本不同,可以得出两个变量具有正相关、负相关或非线性关系的结论,而非线性关系可以用U形曲线或倒U形曲线表示。我们总是可以冠冕堂皇地说,我们选择的数据集是唯一可得的数据集。

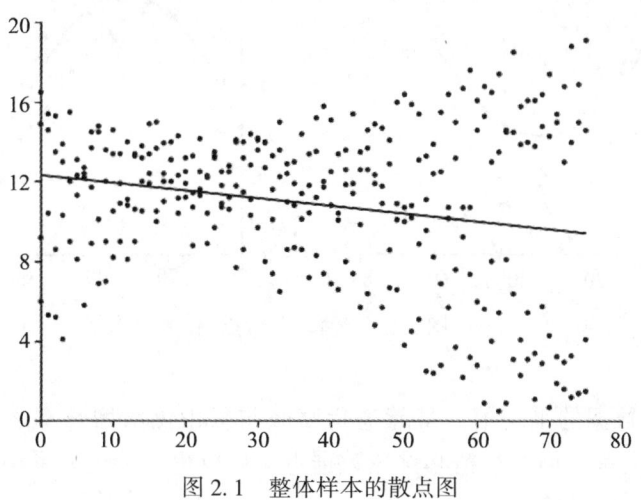

图2.1 整体样本的散点图

或者,我们可以选择一个普遍成立(平均而言)的关系,然后挑选出一个子样本,让这个关系不能按预想的那样成立。例如,货币数量论给出了货币供给的增长率与通胀率之间的关系,其中,通胀率用消费者物价指数(CPI)来衡量。对各个国家的环比或同比数据,这一关系不一定成立;但是对多年的平均值,上述关系往往是成立的。图2.3给出了147个国家的数据,这些国家分布在各大洲,处在不同的发展阶段。相应的数字是1990—

2. 计量经济学的组成部分、功能与相关学科

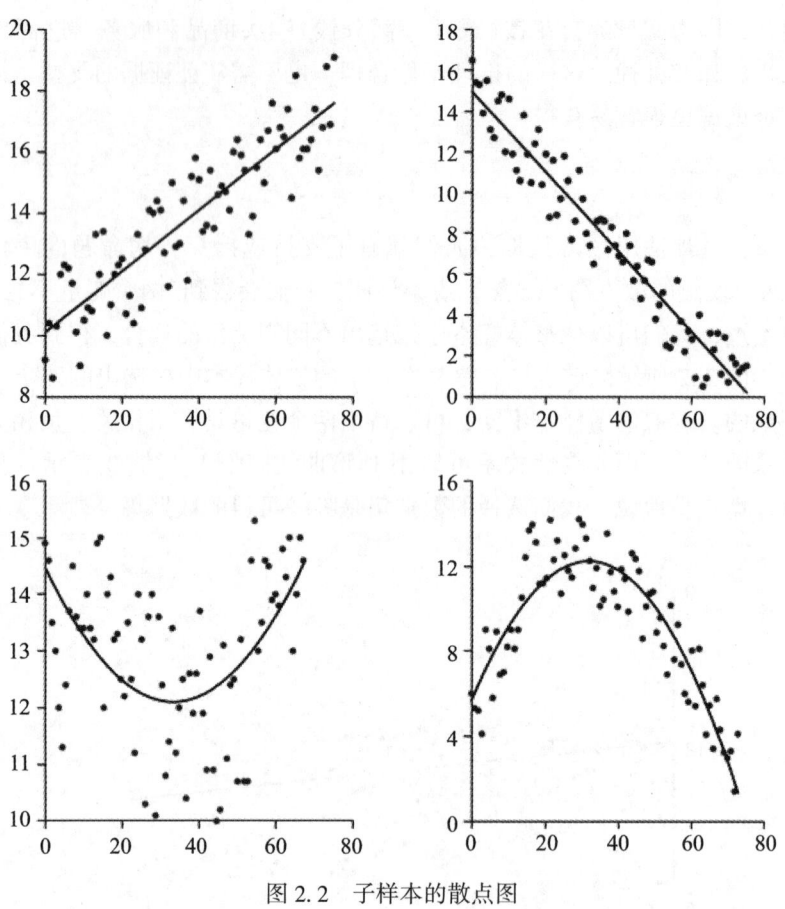

图 2.2 子样本的散点图

2003 年年度数据的平均值。虽然通货膨胀与货币供给增长率之间有十分明显的正相关关系，但通过精心挑选数据点，可以得出上述关系不成立，或是呈负相关关系的结论。

　　这个故事告诉我们，经济数据可用来传达研究者想要传达的任何信息。对于这个论断，计量经济学的爱好者可能会说：两个变量之间的关系无法推断，应当"控制"其他决定性变量，进入多元线性回归的领域。然而，多元回归强化了我们滥用数据获得预期结果的能力。例如，我们会看到：多元回归被用来证明枪支和谋杀之间存在负相关关系；而用同一个数据集，可以证明两个相互矛盾的理论。欢迎来到计量骗术的世界。

2.4 使用经济数据的风险

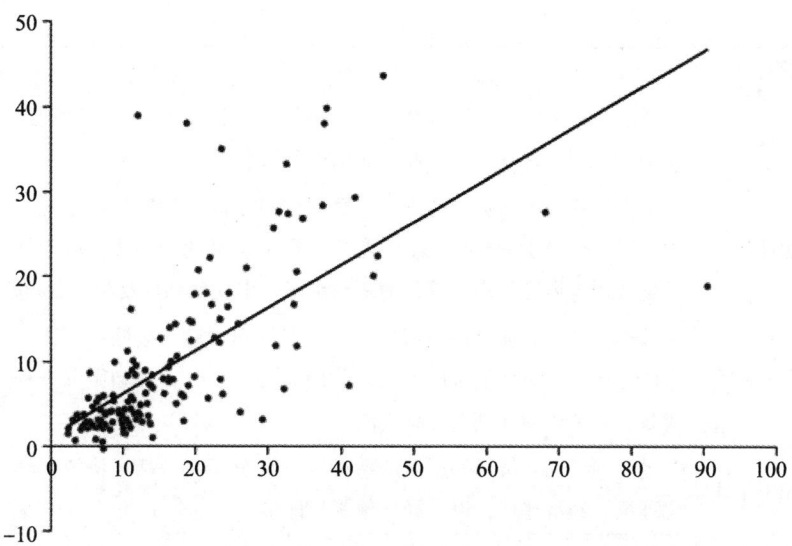

图 2.3 通货膨胀率与货币供给增长率的散点图

◎ 附录

表 2A.1　　　　　　　　　　计量经济学及其相关学科的描述

学科	描　　述
计量经济学	用数学来表述经济理论所建议的模型，然后用统计方法进行估计和检验，再用模型进行预测
经济理论	经济理论依赖于数量经济模型；而数量经济模型包含"其他条件不变"（ceteris paribus）的假设，即除了要考虑的变量外，其他解释变量保持不变
统计学	数值数据的收集、分类、分析及解释。用概率论对不尽相同的元素施加顺序和正则性假设
数学	使用数字和符号来研究各种数量和集合的测度、关系和属性。算术、代数、几何和微积分都是数学的分支
经济统计学	经济和金融数据的收集、分析、解释、展示和组织。经济数据或经济统计量是指描述真实经济体的数据（定量的测量），可以通过调查来收集
数理统计	数学在统计学中的应用，包括数学分析、线性代数、随机分析、微分方程，以及基于测度论的概率论

2. 计量经济学的组成部分、功能与相关学科

续表

学科	描 述
应用数学	数学的一个分支，涉及数学方法在科学、工程、商业、计算机科学和工业上的应用，是数学科学和专业知识的结合
金融计量	计量方法在金融数据上的应用。金融计量不同于一般的计量经济学，因为它通常侧重于分析在流动性竞争市场上交易的金融资产的价格。金融计量被用于风险管理，其目的是确定未来出现糟糕投资结果的频率
数理经济学	用数学方法来表述经济学理论，分析经济学问题。按照惯例，应用方法指的是超出简单几何学的方法，如微积分、差分方程和微分方程、矩阵代数、数学规划和其他计算方法
数量经济学①	对经济现象和经济问题所做的数理和统计分析，包括经济统计学、最优化理论、经济建模，以及经济预测与评估
实验经济学	运用实验方法研究经济问题，通过实验收集的数据来检验经济理论的合理性
实证经济学	运用计量和统计学方法，填补经济理论与观测数据之间的空白。涉及统计和计量分析、政策模拟、战略建模、实验研究和定性分析
运筹学	一门涉及高级解析方法应用的学科，目的是帮助人们更好地制定决策。涵盖一系列解决问题的技术和方法，如：模拟、数学优化、排队论和其他随机过程模型、马尔可夫决策过程、计量方法、数据包络分析、神经网络、专家系统、决策分析，以及层次分析法。② 这些技术通过构建数学模型来描述某个系统
金融建模	构建模型，(以简化方式)来展示金融资产、资产组合、项目或其他投资的表现
管理科学	对企业组织中问题的解决和决策的制定所做的广泛的、跨学科研究，与经济学、商学、工程及其他科学联系紧密。涉及的分析方法包括：数学建模、统计学和数值算法，目的是提高企业执行理性、有意义的管理决策的能力，面对复杂的决策问题，实施最优或接近最优的解决方案。

---

① 在中国，数量经济学(quantitative economics)是数理经济学(mathematical economics)和计量经济学(econometrics)的合称——译者注。

② 层次分析法(Analytic Hierarchy Process，AHP)是定性决策与定量决策的结合；它根据人们的思维、判断和心理，把决策过程系统化、层次化、数量化——译者注。

3. 作为科学的计量经济学

3.1 经济学：看上去很科学

"计量经济学是一门科学"的观点，可能源于如下的观察：研究计量问题（尤其是计量理论）的论文与发表在物理学期刊上的论文，似乎有同样的"科学性"。请看下面两个等式：

$$\overline{Z}_{jk}(y) = \sqrt{s_j}\int Z_j(y,x)\,\mathrm{d}F_{Xk}(x) + \sqrt{s_k}\,G_k(F_{\gamma j} \mid X_j(y\mid\cdot)) \qquad (3.1)$$

$$Q(\lambda,\gamma) = \int_{-\infty}^{+\infty}\frac{\mathrm{d}x}{2\pi}\exp\left[ix\{V_\gamma(\varGamma)\} - \frac{x^2}{2}\sigma^2 u_\gamma(\varGamma)\right] \qquad (3.2)$$

其中一个等式取自《计量经济学》(*Econometrica*)，另一个取自《实验物理与理论物理杂志》(*Journal of Experimental and Theoretical Physics*)。你能判断它们分别取自哪里吗？事实上，式(3.1)取自《计量经济学》，式(3.2)取自《实验物理与理论物理杂志》(对应的文章分别是 Chernozhukov et al. (2013) 和 Avetisov et al. (2009))。虽然计量经济学应当是经济学(其结果由人类行为决定)的测量，而物理学研究的是自然规律，但这两个等式看起来十分相似。

这种情况并不限于上述两个等式。如果浏览近期(近25年)发表在《计量经济学》上的任意一篇论文，你会发现：这本期刊上的一个典型版面，与物理学期刊甚至是纯数学期刊上的一个典型版面，并没什么区别。有人会说，既然计量经济学是对经济问题进行的严谨的定量研究，那么计量经济学之于经济问题，应当如物理学之于自然现象；由此，计量经济学应当与物理学一样，也是一门科学。顾名思义，计量经济学是关于测量的学科，因此它必定是一门科学。

毕竟，开尔文勋爵(Lord Kelvin, 1824—1907)曾强调，测量是衡量是否具有科学性的一个标准。① 他说：

---

① 开尔文的本名是威廉·汤姆森(William Thomson)——译者注。

3. 作为科学的计量经济学

  我时常说，如果你能够测量你所说的事，并用数字表达出来，那么说明你对这件事确实知晓一二；如果你不能测量，没法用数字表达出来，那么说明着你的理解是浅薄的，不能令人满意。①

  对于光速、音速、重力加速度及喷气发动机推力的测量，开尔文的看法是对的——这正是科学上所说的测量。另一方面，计量经济学家测量（至少是不准确地测量）的则是经济增长对失业率的影响，以及一些离奇的东西，例如关闭管理机构会导致生产率上升，赋予公民持枪权会导致谋杀案数量下降（这属于反事实）。②

科学与艺术的元素

  真正的信徒们声称，"计量经济学是一门科学"，因为计量经济学看似是"科学的"。果真如此吗？请回顾第 2 章讨论过的数据问题，这关系到计量经济学究竟是科学还是艺术。探讨数据问题很容易发现：计量经济学缺少科学所具有的精确性。一些计量经济学家对计量经济学具有科学性这点，甚至都不以为然。例如，巴尔塔基（Baltagi, 2002）指出，尽管计量经济学以科学原理（数学的运用）为基础，但它仍然保留了一定的艺术元素。马兰佛（Malinvaud, 1966）认为，计量经济学的艺术性在于：找到一组适当并且足够具体的假设，使我们能够最大限度地利用可获得的数据（这些数据通常质量不佳，且存在测量误差）。而物理学家无需担心一组实验数据的质量，因为这些数据很容易复制；但计量经济学家必须想出一些方法来处理测量误差。戴维斯（Davis, 1941）认为，经济现象是可以测量的，因为经济现象适用于大量个体构成的集合。但他也承认，对经济现象的测量并不像物理学里的那么精确；相反，他认为，对经济现象的测量是"在一定误差范围内可以证实的确定值"。总之，埃尔巴（Ehrbar, 2000）认为，"人们不能因为计量经济学涉及数据，就指望它自动成为一门科学"，"这种观点属于本体谬误，即假设世界的本体构成必然会产生正确的科学方法"。③

---

  ① 资料来源：https://en.wikiquote.org/wiki/William_Thomson。
  ② 反事实（counterfactual）是指对已经发生的事情作相反的假设，探讨这种情况下会发生什么——译者注。
  ③ 本体谬误（ontic fallacy），更通俗的说法是：认为科学研究不独立于现实，但否认科学具有社会属性——译者注。

不少杰出的经济学家对"计量经济学能够产生精确的预测"持怀疑态度。瓦西里·里昂惕夫(Wassily Leontief,1971)在美国经济学会的主席发言里,就对计量研究作了如下概括:

> 竭尽所能广泛使用日益复杂的技术,以弥补现有数据库明显缺陷的尝试。不仅精致的理论模型越积越多,同样晦涩的统计工具也层出不穷。其目的是把少得可怜的事实扩展到极限。

科学的一项严格要求,是用精确的数学形式来表述观点。丁伯根(Tinbergen,1951)对计量经济学的描述是:"一个科学领域的名称,它同时应用了数理经济研究与数理统计研究。"他指出:

> 计量经济学构成了两个科学分支的交界地带,因此兼具二者的优缺点。其优点是,引入全新的组合通常能够开辟新的视角;其缺点是,进行计量领域的研究,需要同时掌握两个领域的知识。这需要花费很多时间;否则就会导致学生在两个领域中的任何一个上,都缺乏足够的训练。

不过,米切尔(Mitchell,1937)认为:"对于定性分析框架下的问题,就其现有形式来说,定量分析基本不可能解决。"计量经济学的诞生,似乎是为了让经济学像物理学一样具有科学性。然而,这既无必要,也不现实。物理学有定律,而经济学无定律——充其量,计量经济学只能提供经验规律或是典型事实。第4章将继续讨论这一点。

科学程序

"科学包含计量研究"这一观点的理由是:计量经济学用数学形式来表述经济理论,接着用统计方法进行估计和检验,看起来与波义耳定律(Boyle's Law)的表述和检验一样。如果用观测数据估计出的模型与理论预测相矛盾,那么就拒绝该理论;反之,则不能拒绝。这的确是一套科学程序。然而,科学程序在计量经济学中的应用,却并不是直接明了的。

通常情况下,可以获得的数据要么样本不足,要么质量欠佳。这意味着,我们无法第一时间检验理论,或者检验的结果是有缺陷的,基本上没什么价值。更糟的是,如果根据这些有缺陷的结果来制定政策,势必造成严重后果。

3. 作为科学的计量经济学

由于存在多重共线性，检验可能无法进行，这就需要用主成分分析法来处理。然而，这套程序相当于是用人工生成的数据来做检验，就连一些计量经济学家（例如 Pagan，1984）都不赞成这么做。此外，还有设定误差、测量误差、识别和加总等问题存在。更重要的是，检验某个经济理论，得到的结果可能五花八门——即所谓的"混装袋"（mixed bag）问题，而科学并不存在这种情况。

即便是计量经济学的表述，也与科学的表述有差异。例如，波义耳定律是用气体体积与气体压强之间存在的精确关系来表述的，而奥肯定律（Okun's Law）则是用一个带误差项的随机方程来表示的。计量经济学主要关注的是误差项的各种性质和行为，这也是计量经济学家能够提供一整套估计方法的原因所在。但对科学而言，误差项并不存在，用普通最小二乘法（OLS）进行简单的曲线拟合就够了。此外，科学中并不存在多重共线性问题，因为两个变量之间的关系（如气体体积和气体压强）不受其他变量（如温度）的影响。这比计量经济学家为多重共线性问题提供的解决办法要好多了。

3.2 争　　论

对于已有的评论，福尔克（Falk，1995）认为："在奠定经济学的科学地位方面，计量经济学并没有作出什么贡献。"虽然科学家们没有宣称，其所有理论都能进行实证检验，但与计量经济学家的研究相比，科学家的研究结果更精确、更一致。经济学是一门社会科学，行为人（agent）的行为不单取决于经济因素，还受社会因素和心理因素的影响，而这些因素无法进行计量检验。正因为如此，没有哪个经济理论能够在任何时间、任何地点都成立；正因为如此，经济理论的实证检验结果可能是五花八门的；也正因为如此，计量经济学家会使用时变参数的估计方法，来解释被估参数的值随时间的变化；还是因为如此，为了得到想要的结果，可以采用各种估计方法。另一方面，在物理学里，物体在重力作用下运动的加速度是 32 英尺每二次方秒——无论何时、何地都是成立的。① 还是在物理学里，我们能够准确预测出任何大气压强下水的沸点。

与物理学家不同的是，经济学家的目的是得到预期的结果，他们拥有一系列来自计量理论的工具作为辅助。如果计量经济学家没有得到预期结果，他们可以尝试不同的函数形式、滞后结构和估计方法，或是沉迷数据挖掘，直到获

---

① 这个结论也不尽然，地球上有南北极的加速度要大于赤道上的加速度。

得想要的结果为止。如果实证研究的目的是为了撰写学术论文，那么学者们就会去寻找足够"有趣"的结果，确保能够发表；或者，寻找结果去证实正统理论或潜在审稿人的研究。通常，这些结果是无法复制的。物理学家则没有这份奢侈——操控数据（通过主成分分析法或各种转换方法）得到推翻波义耳定律的读数是不太可能的，而且很容易被查证出来。而经济学家研究的是消费者、企业和政府的行为，把经济理论搬到现实中时，期望和不确定性会起到关键作用。这些不确定性意味着，计量建模无法得到经济运行的准确表述。

回应

热心计量经济学的卡恩斯（Kearns，1995）则持辩解态度，他并不赞同福尔克（Falk，1995）的主张。他把科学定义为"获得公允、成体系知识的任何研究模式"。这一定义足以驳斥"经济学实证研究是一项科学努力"的主张，因为通过实证分析获得的知识，既不是公允的，也不成体系。首先，计量经济学已经沦为服务意识形态的一项工具。例如，想给富人减税的政府会说：此类政策能够刺激经济增长，因为减税会让富人获得额外的收入，他们会用这笔额外收入去投资项目、雇用穷人，带动经济增长。因此，给富人减税不仅不会扩大财政赤字，反而会使财政赤字减小，因为经济增长会带来更高的税收收入。这类主张并不需要实证检验，因为我们知道，这与实际不符。虽然富人的税后收入会提高，但这笔钱会流向股票市场，或是流入巴拿马等避税天堂。然而，某位计量经济学家总能找到证据来支持如下假说：低税率会促进经济增长和财政平衡。毫无疑问，这名计量经济学家也能找到证据来反驳上述假说，只是不会把证据报告出来。另一方面，在物理学上，没人能得到违反波义耳定律的结果。科学的动机是追寻真理，而计量经济学的动机则是为了证明预设的信念。这就意味着，任何不支持预设信念的证据，都会被掩盖起来。

冯·米塞斯（Von Mise，1978）和熊彼特（Schumpeter，1978）认为，一门科学学科应具有两大特征。冯·米塞斯指出，科学方法必须用大量数据集来验证同一主张，这些数据集要涉及各种充分可比的情况。熊彼特（Schumpeter，1978）指出，要检验一门科学是否实现了其目的，正确的预测（correct prediction）是最好的或者说是唯一的检验办法。这意味着，面对未来的不确定性，在合理的预期范围内得到正确的预测，是某一学科具有科学地位的前提。卡恩斯（Kearns，1995）认为，计量经济学具备冯·米塞斯和熊彼特提出的科学学科的两大特征。韩德瑞（Hendry，1980）主张，可以用"经严格检验的模型"来验证各种结果，这些模型"足以描述现有的数据，它们吸纳了既有的研究成果,由合理的理论推导而来,可以极大地佐证任何科学性的主张"。这不无道理,但计量检验的现实结果却与韩德瑞的观点相去甚远。虽然我们可以验证某个假说,但是,使用不同的数据集、计量工具或是模型设定,同一假说可能会被拒绝。在经济学或金融学里,还没有哪个假说是被普遍支持或是被普遍拒绝的。看看经济学任何领域的文献综述,你会很快得出结论:这些领域的结果可谓五花八门(试试购买力平价或是 J 曲线效应)。①

货币数量论与波义耳定律

货币数量论(the quantity theory of money)可以用 $MV=PY$ 的精确等式来表示。尽管这看上去很像物理定律,但在大多数情况下,实证检验并不完全支持这一等式。事实上,在检验货币数量论时,这个等式通常会用一个带误差项的随机方程来表示,外加一些隐含假设。例如,可以假设货币流通速度(V)保持不变,产出(Y)处在长期自然产出水平,从而二者的比率(V/Y)是一个常数。这样一来,数量货币论就简化成了价格水平(P)和货币供给量(M)之间的一个比例关系。如果用随机方程表示,并对之进行实证检验,那么,只有在恶性通货膨胀这一极端条件下,上述等式才能得到比较强的支持;即便如此,价格水平(P)和货币供给量(M)之间也未必是比例关系。相反,波义耳定律始终成立:不论检验是在欧洲还是在亚洲进行的,不论是冬天还是夏天,不论是在恶性通货膨胀的国家还是在其他国家。

此外,货币数量论与波义耳定律不同的地方是,其完整形式不能用 M、V、P 和 Y 这四个变量的数据来进行检验。这是因为,货币流通速度 V 是不可观测的,通常由其他三个变量计算而来。相反,波义耳定律中的两个变量,即气体体积和气体的压强,都是可观测的,并且很容易测量。不管在什么地方检验这两个变量的关系,得到的结果都是一样的——也就是说,波义耳定律恒成立。没有哪个政客可以雇用到这样的物理学家:出于某种原因,这名物理学家可以把气体体积和压强的关系表示成斜率为正的直线。

是科学还是巫术?

至于预测,扫一眼经济学中有关汇率的文献就会发现:计量预测实在是糟

---

① J 曲线效应是指:一国货币贬值后,该国的经常账户收支状况会先恶化再改善,呈现出字母 J 的形状,故称 J 曲线效应——译者注。

糟！我们能够准确预测出下落物体何时着地，抛射出去的物体会落在何处，但却无法在合理的置信区间内，预测出失业率公布时，货币会升值还是贬值——就是说，我们连汇率变化的方向都无法预测，更别说汇率变化的幅度了。我必须承认，经济学家（或者应用计量经济学家）很擅长给失业率公布时货币的升值或贬值找原因——当然，这是马后炮。这完全取决于研究者想要证明什么；如果实际情况不符合预期，他们就会寻找解释，为什么没出现这种情况；有时，他们会怪罪计量经济学本身（例如检验的势太低）。这可不是科学——这是巫术。

3.3 作为一项科学努力的计量研究

科苏扬尼斯（Koutsoyiannis，1977）提出，计量模型具有一些合意的性质。这可以作为一个论据，来支持"计量经济学是一项科学努力"的主张。这些合意性质包括：(1)理论上的合理性，即模型必须充分描述潜在的经济现象；(2)具有一定的解释力，即模型应能够解释真实世界的观测结果；(3)模型参数估计的准确性，即参数应尽可能收敛到模型参数的真实值（也就是说，估计量应当是有效、一致和无偏的）；(4)预测力，即模型对因变量未来值的预测应当令人满意；(5)简单，即模型应当用最简单的形式来表示各种经济关系。

不论是谁，只要找到一个满足上述五个条件的计量模型，就应该获得诺贝尔经济学奖（不过这说明不了什么，因为这个奖是颁给谬论的）。但是，我十分怀疑有人真能提出这样的计量模型。与此同时，表述物理学上任意一个定律的模型，都能满足上述五个条件。描述抛射体运动轨迹的模型便是一例。从与水平面成一定夹角的方向抛射物体，抛射体会上升至最高点，并发生水平方向的位移。相应的模型能够十分精确地预测出抛射体的运动时间、水平位移和最高点的高度。同样，在某个高度以一定初始水平速度抛射物体，抛射体落地的轨迹应当是一个抛物线。描述这一轨迹的模型，同样会给出精确的预测。但是，有哪个计量模型能够以上述模型的一部分精度，预测出经济增长率上升1%，失业率会下降多少吗？对于通货膨胀和失业率的关系是同向还是反向，经济学家们尚未达成统一看法——要视情况而定！

卡恩斯（Kearns，1995）认为，计量模型具有预测力，但预测的准确性受限于进行预测的计量经济学家以及模型的理论基础。这是个充满陷阱的"如果，但是"问题，而且"如果"的问题通常较大。只有在计量经济学家足够优秀，并且理论适用的条件下，模型才能给出准确的预测结果。韩德瑞

(Hendry，1980)认为，"计量经济学很容易产生虚假的结果，好比炼金术一般；但计量经济学的科学地位体现在此类骗局能够被检验出来"。然而，计量经济学家虽然一直强调，协整能够区分虚假的关系和真正的关系，事实却并非如此(见 Moosa, 2016a)。总之，不少现有的计量模型并没有理论基础。不仅如此，计量经济学家不会通过寻找更好的理论来提高模型的预测能力——相反，他们会诉诸老把戏，(在缺乏理论依据的情况下)加入因变量的一个滞后项。

与科学模型不同的是，计量模型通常无法解释真实世界发生的事，更不用说去预测可能会发生或者将会发生的事了。布洛姆米斯坦(Blommestein, 2009)提到："常见的情况是，对类似问题进行不同研究，得到的实证结果和结构参数值往往五花八门。"(至于为何如此，并没有清晰、令人信服的解释。)他指出，"在物理学上，这种情况是不可思议、也不能接受的"。如果一名物理学家在解决同一问题时得到了不同的结果，就会立即引发科学上的争论，直到结果的差异能够得到解释。布罗姆米斯坦认为："与科学家不同的是，经济学家哪怕上刀山下火海，也会坚持自己最喜欢的理论和模型，即使有大量的证据，也不能撼动他们。"

计量经济学不是一门科学

计量经济学并不是一门科学，因为经济学不是一门科学，至少与物理学是一门科学的含义不一样。经济学把计量经济学和经济理论拔高到科学层面的愿望，可能出于某种自卑情结。对此，里萨兹(Ritholtz, 2009)强调说："上个世纪，经济学在真正的科学面前有自卑情结，是情有可原的。"对经济学进行类似科学的量化，为经济学界制造进入壁垒，阻碍了经济学与其他社会科学的融合，阻碍了经济学向这些学科学习的努力。这导致一些优秀但不擅长量化的经济学家离开经济学界；这吸引了一批原本从事科学和工程学的人士进入经济学界，造成这些学科人才流失；而"经济科学家"(scientific economists)则盲目遵从实证分析，不时造成严重的负面后果(在全球金融危机前，这完全不是问题)。所有这些都是徒劳的，因为经济学的过度量化并没有增进我们对经济和金融市场的了解。毕竟，为数不多的、警告我们危机即将来临的经济学家，以及预测到危机并因此大发横财的交易者，都不是什么科学人士。例如，鲁里埃尔·鲁比尼(Nouriel Roubini)就曾警告，房地产市场可能会崩盘，危机迫在眉睫。但他并未被认真对待，因为他没有在分析中使用方程式。

3.4 经济学的数学化

如果数学是科学的语言,并且经济学能被数学化,那么就可以推出:数学是经济学的语言;既然数学让经济学成为了一门科学,那么计量经济学也是一门科学。早在计量经济学之前,数理经济学就已存在。数理经济学发端于杰文斯(W. S. Jevons)、卡尔·门格尔(Carl Menger)和里昂·瓦尔拉斯(Leon Walras)等经典经济学家的著作。欧文·费雪(Irving Fisher, 1892)认为,杰文斯的著作《政治经济学的通用数学理论》(*A General Mathematical Theory of Political Economy*),是在经济学中采用数学方法的开山之作。在这本书里,杰文斯给出了理由,认为经济学是一门与数量相关的科学,因此必然是数理的——为此,他提出了边际效用价值论。卡尔·门格尔则推翻了由亚当·斯密、大卫·李嘉图等古典经济学家提出的生产成本论,为边际效用论的发展作出了贡献。里昂·瓦尔拉斯独立于杰文斯和门格尔提出了边际价值论,是发展一般均衡理论的先驱。

数量经济学的演变

不久前,德布鲁(Debreu, 1991)用每年"本领域顶尖期刊"的页数,来衡量数理经济学的发展。他最开始使用的是《计量经济学》(*Econometrica*)和《经济研究评论》(*Review of Economics Studies*)这两本期刊。[①] 1933年(上述两本期刊创刊的年份)至1959年,这两本期刊的页数最高是1935年的七百余页,最低是1943—1944年间的不足四百页。德布鲁把1944年视为数理经济学历史上的一大转折点,由此,数理经济学开启了爆炸式增长。自1960年起,除《计量经济学》和《经济研究评论》之外,《国际经济评论》(*International Economic Review*)创刊;1969年,《经济理论杂志》(*Journal of Economic Theory*)创刊;1974年,《数理经济学期刊》(*Journal of Mathematical Economics*)创刊。1977年,这五大期刊共出版了五千多页论文。1944—1977年间,这些期刊出版论文的总页数(即德布鲁所说的"指数")每九年就翻了一番还多。在数量经济学

---

① 为了方便查证及避免与类似名称的中文期刊相混淆,这里总结了一些参考译名:《计量经济学》(*Econometrica*)、《国际经济评论》(*International Economic Review*)、《经济理论杂志》(*Journal of Economic Theory*)、《数理经济学杂志》(*Journal of Mathematical Economics*)、《美国经济评论》(*American Economic Review*)——译者注。

3. 作为科学的计量经济学

的发展史上,1944年是意义重大的一年。这一年,约翰·冯·诺依曼(John von Neumann)和奥斯卡·摩根斯特恩(Oskar Morgenstern)出版了《博弈论与经济行为》(*The Theory of Games and Economic Behavior*)这部具有里程碑意义的著作,把与凸集、拓扑不动点理论相关的泛函分析方法,扩展到了经济分析之中。

数理经济学的快速发展,不只体现在这五本期刊的总页数上。一些主流期刊也开始刊登抽象的数学论文,至少是用到方程和数学术语的论文。以1940年的《美国经济评论》(*American Economic Review*)为例,在第30卷中,涉及初等数学表达式的页面不到3%。[①] 但在50年后出版的第80卷里,用到更精细数学的页面占到了约40%。萨特和普杰斯基(Sutter & Pjesky, 2007)研究了2003年及2004年发表的论文,其目的是衡量经济学顶级期刊中,不带数学的研究究竟到了何种程度。结果发现,十大顶级期刊发表的1200余篇论文中,只有6%的论文符合不带数学的弱标准,3%的论文符合中等标准,只有1.5%的论文符合严标准。由此,他们得到了一个有趣的结论:如果亚当·斯密能活到今天,哪怕他掌握了文学、历史学和伦理学,他也必须学习数学才能生存下来。这已然成为现状:如果你不懂高等数学,你就不是经济学家;如果你批判这种趋势,那是因为你不懂"新经济学"。

萨缪尔森的贡献

第二次世界大战后,保罗·萨缪尔森(Paul Samuelson)是使经济学成为一门数理学科的领军人物。萨缪尔森(Samuelson, 1947)在其首部重要著作《经济分析基础》(*Foundations of Economic Analysis*)中坚称:数学对于理解经济学究竟是什么,是至关重要的。早些时候,凯恩斯在《通论》(1936)中写道:

> 在构造经济分析体系时采用伪数学的方法,是个重大的错误……这些方法明确假设,各个因素是严格相互独立的,如果不作这个假设,这些方法便会失去说服力和权威性;与此同时,在普通语境下,我们不会盲目进行操纵,而是始终清楚自己在做什么,每个词是什么意思。我们可以把必要的保留、限定条件、有待日后进行的调整放在"脑后"。但我们不能按同样的方式,把复杂的偏微分方程放在几页代数的"脑后",假设它们不存在。近年来,"数理经济学"有很大比

[①] 《美国经济评论》于1911年创刊——译者注。

例都是杜撰，其不靠谱程度堪比它们一开始依据的假设，这导致学者们迷失在自矜而无用的符号组成的迷宫中，却对现实世界的复杂和相互依赖视而不见。

针对经济理论数学化的批判，萨缪尔森（Samuelson，1952）的回应是：在表述实质性问题方面，数学语言有时是非常必要的，数理经济学也让经济学在概念上有了进步。在提到微观经济学时，萨缪尔森坚定地说："很少有人聪明到能够理解［微观经济学］更复杂的部分……如果不借助数学语言的话；而有了数学的帮助，大多数普通人就很容易理解了。"（另见 Bushaw & Clower，1957）罗伯特·索洛（Robert Solow，1988）与萨缪尔森一样，也认为数理经济学是当代经济学的核心"基础架构"。他写道：

> 经济学不再是适合普罗大众讨论的话题。它已经成为了一门技术学科。与其他技术学科一样，经济学吸引了这样一批人，他们对技术的兴趣要大过对这门学科的兴趣。这太糟糕了！但却是不可避免的。无论如何，请不要自我欺骗：经济学的技术核心，正是政治经济学不可或缺的基础架构。因此，如果你为了得到当今世界的启示而去查阅《帕尔格雷夫词典》（一部当代经济学的参考书），你会被引向技术经济学，或者历史，或者一无所获。①

务实的经济学家肯定会反对索洛的观点。经济学的数学化，既非不可避免，也非不可或缺。

当代经济学家的观点

大多数当代经济学家，包括知道如何求解偏微分方程的经济学家，都对经济学的过度数学化感到不满。布洛姆斯坦（Blommestein，2009）指出，经济学的数学化导致了一种新型的"头脑体操"，属于一种"特殊的堕落"。2004年，对数学颇有造诣的大卫·韩德瑞（David Hendry）在接受《计量经济学理论》（*Econometric Theory*）杂志采访时称："如今，很多美国经济学家过度依赖抽象的经济学推理，他们往往忽视了制度因素、行为人之间的异质性，以及不同行为人之间的内在利益冲突。"（Hendry，2004）韦卢皮莱（Velupillai，2005）在《经

---

① 原文内容缺失，根据网络资料补译——译者注。

济学中数学不合理的无效性》(*The Unreasonable Ineffectiveness of Mathematics in Economics*)一文中指出："经济学家带着轻率莽撞,用一知半解的数学传统武装自己,创造了非自然的数理经济学和不涉及数值的经济理论。"他进一步指出:

> 数理经济学是不合理且无效的。不合理是因为,数学假设在经济学上缺乏依据;无效是因为,数学上的形式化隐含了毫无建设性、不可计算的结构。对经济学进行合理且有效的数学化,需要丢番图式的形式主义(Diophantine formalisms)。这种形式主义与自然的不可判定性和不可计算性相伴而生。面对这个情况,可以推测:在实验方法的探索上,未来的经济学会更加自由,而另类数学结构将是这些实验方法的基础。

福卡尔迪和法博齐(Focardi & Fabozzi,2010)的回应是,"人们通常认为,经济科学不像自然科学那样行得通";虽然"人们对经济提出了复杂的数学模型,但其准确性令人质疑,以至于2007—2008年的经济危机,时常被归咎为对错误的数学模型毫无根据的信任"。不过,福卡尔迪和法博齐认为:

> 用数学方法处理经济学问题,实际上已经相当成功,但采用数学模型并不是经济危机背后的原因。经济科学研究的并不是永恒不变的自然规律,而是经济和金融市场上,复杂的、人类人为的事物,而这些设计出来的人为事物,很大程度上是不确定的……因此,模型只能达到一般的准确度。此外,数学模型为经济体系的构建提供了十分宝贵的工具。但是,经济学和金融学中的数学,并不是物理学中的数学。经济学和金融学中的数学,是涉及学习和复杂性的数学,与生物系统或生态系统的研究中使用的数学类似。

要回应福卡尔迪和法博齐(Focardi & Fabozzi,2010)的这番话并不难。首先,所谓的"经济科学"或"经济学的科学"并不存在。但他们并没有告诉我们,从什么意义上来说,"用数学来处理经济学问题,实际上已经相当成功",以及"数学模型为经济体系的构建提供了十分宝贵的工具"。鉴于我们从一个危机进入了另一个危机,上述说法是否合理?并没有人认为,数学模型是造成经济危机的"那个"原因;然而,数学模型带来了自满,带来了错误的政策处方,极大地促进了危机的出现(也就是说,数学模型是危机的贡献因素,但不是危机的原因)。

美国长期资本管理公司(LTCM)和美国国际集团(AIG)使用的模型引发了大崩盘。在这种情况下,要验证"模型只能达到一般的准确度"这一主张,是缺乏依据的。"经济学和金融学中的数学,并不是物理学中的数学"这一主张,也有悖事实,原因有如下几点:(1)经济学数学化的动机,是让经济学具有物理学那样的"科学性";(2)数理经济学家使用的数学技术五花八门;(3)数理经济学家借入了物理学中的概念(如信号提取、热力学定律);(4)一名典型的数理经济学家,很可能受过物理学、数学或工程学方面的训练。通常,与物理学(特别是流体力学、动力学)相关的偏微分方程,被大量应用到了数理经济学中。不仅如此,数理经济学还延伸到了拓扑学和测度论上。对此,巴兹尔·阿尔-纳基布(Basil Al-Nakeeb, 2016)在其著作《寄生经济学的两个世纪》(*Two Centuries of Parasitic Economics*)中写道:

> 宏观经济学面临的另一个严峻问题,是数学上毫无依据的复杂性,这忽视了列奥纳多·达·芬奇(Leonardo da Vinci)"至繁归于至简"的明智建议。复杂性成为时尚,已经有一段时间了;而践行复杂性的人,一般会率先迷失在他们自己编织的纷繁数学中,得到错误的结论和误入歧途的政策建议。他们没能看到,有两个判断努力成效的一般性检验:实用性和常识。正如约翰·梅纳德·凯恩斯所说:"优秀的,或者说有能力的经济学家凤毛麟角。"如今,西方经济的乱局恰好说明,这个判断是准确的。经济体和大多数人面临的风险是,优秀的经济学家和数学家寥寥无几。

数学涌入经济学

有三个论点可以说明数学涌入经济学的原因:(1)数学是有用的;(2)数学对经济学研究有用;(3)对经济学家而言,数学比其他任何学科都更有用。对于第一点"数学是有用的",没有谁会提出异议——毕竟,数学是科学的语言。要不是数学,我们或许还骑着骆驼和马,更别提不到24小时就能从悉尼抵达伦敦了。技术的进步,离不开数学原理在物理学中的大量应用。然而,经济学既不是物理学,也不是科学,更不是技术。

至于第二个论点,即"数学对经济学研究有用",只能在一定的限制条件

3. 作为科学的计量经济学

下成立。到目前为止，数学只是被当作一种工具来使用。例如，用简单的微积分，很容易理解为何利润最大化的条件是边际成本等于边际收益。原因并不在于经济学是一门科学，需要抽象才能理解如此多的变量。但我们看到的却是：在经济学中使用数学已经成为了目的，而不是达到目的的手段。罗默（Romer, 2015）指出，数学能够帮助经济学家厘清思路和推理。然而，如果经济学的方方面面都有数学，也会带来大问题：对于希望参与专业对话的人士，这会造成很高的进入门槛，哪怕能够核查他人的研究，核查起来也十分费力。

有趣的是，克莱因和罗梅罗（Klein & Romero, 2007）得到了如下结论：《经济理论杂志》（*Journal of Economic Theory*）上发表的论文与经济学理论毫无关系。他们选取了被主流认可、有良好声誉的学者的研究，对"模型"和"理论"作了区分。他们认为，只有回答了以下三个问题，才能把一个模型称作理论：（1）是关于什么的理论？（2）我们为何会关心？（3）你的解释有何可取之处？他们考察了《经济理论杂志》2004年各期的66篇常规论文，结果发现：27篇文章不能回答第一点（是关于什么的理论），58篇文章不能回答上述三点中的至少一点。因此，88%的文章并不能算作理论（如果排除专刊，并把短论包括进来，那么"合格"的比例会更低）。他们认为，从这本刊物所宣称的科学地位到刊物的名称，都值得怀疑。把刊名改成《经济模型构建杂志》会更合适。从总体上说，他们质疑了把模型构建叫作"理论"的做法。

第三个论点是，"对经济学家而言，数学比其他任何学科都更有用"。认同这个观点的，只会是只知数学而抵制其他学科的数理经济学家。如果这个主张是对的，那么，当代任何一个平庸的经济学家，都要比亚当·斯密、卡尔·马克思和琼·罗宾逊（Joan Robinson）优秀。问题是，北美研究生项目的课程设计体现了第三个论点。博士项目需要一年的微积分基础，但对历史学、社会学、逻辑学、哲学等却不做要求。

有人认为，一名优秀的经济学家拥有的数学知识，应当超过其他学科的学者。这个说法并不能令人信服。但令人困惑的是，全球金融危机过后，这个观点依旧流传甚广。劳森（Lawson, 2015）指出，很多经济学家之所以使用数学方法，只是因为他们被要求这样做，并不是因为他们对数学方法的适用性和有用性深信不疑。而那些掌握权力的人，则扮演着严苛看门人的角色，对形式主义建模之外的研究，几乎不留一丝余地。从学术角度来看，经济学数学化的机会成本，是对其他相关学科的忽视。保罗·罗默（Paul Romer）在接受列文诺维茨（Levinovitz, 2016）的采访时说了这番话："有人过来说：瞧，我对经济学有个石破天惊的洞见，但只有用古里古怪的拉丁语，才能表达出来。"罗默回应道:"除非他能说服我们,这的确是真知灼见,否则,就让他见鬼去吧!"

3.5 经济学数学化的衍生后果

数学化的衍生后果不一而足,其中一些对经济学的进步有害无益。这里的经济学既指一门学术科目,也指用于制定公共政策的分析框架。下面给出了经济学数学化的一些后果,我们将逐一进行讨论。

使用不切实际的假设

数学分析应当是帮助人们理解经济学和经济的工具。然而,经济学数学化造成的后果是:为了适应数学的框架而强行扭曲经济理论,其中包括使用一些不切实际的假设。例如,微观经济学中使用利润最大化假设,是为了用微积分来处理潜在的问题。数理经济学家在办公室里闭门造车,提出了企业制定生产决策和定价决策的理论,却不去直接询问企业,它们实际是怎么做的。很多务实的商业经济学家并不认同利润最大化假设(Anthony,1960)。此外,利润最大化假设与企业社会责任(corporate social responsibility)方面的文献存在冲突。后者认为,企业会采取行动支持社会福利,而这超越了企业自身的利益(Wood,1991;McWilliams & Siegel,2001)。在宏观经济学中,不切实际的假设包括:工资和价格具有灵活性,以及理性预期假设。这些假设的其目的是(当然是从数学上)证明政府对经济的干预少则损害稳定,最坏则会导致风险(如 Lucas & Sargent,1981;Sargent & Wallace,1976)。

与政策无关

经济学对数学的日益重视,造成的最严重后果是:对政策制定者而言,经济学越来越无足轻重。原因至少以下三点:(1)数学通常不能直接解决政策问题,因为数学上的精致,要比与政策相关的问题更重要;(2)政策制定者不能理解模型;(3)数理经济学家无法把方程转化为文字——因此,也就无法把研究结果传达给政策制定者。

糟糕的政策

数学模型的目的是证明,政客们根据意识形态事先制定的政策是合理的。在这种情况下,复杂性是有用的,因为可以告诉大众:一名优秀的数理经济学家发现,这就是最佳的政策方案。人们通过数学模型,提出了理性预期假说

(REH)以及该假说的分支,即政策无效性假说(policy ineffective hypothesis);其目的是证明,20世纪80年代初的大规模私有化和放松管制是合理的。理性意味着,理性个体的行为可以用数学模型来预测。政客们希望得到如下结论:市场能够自我调节,无需政府干预。在金融学里,与理性预期假说对应的是"有效市场假说"(EMH),而该假说的提出是为了证明放松金融管制的合理性。

这些政策带来了什么后果?答案是一个又一个危机,以及不平等和贫困的日益加剧。无论如何,数学模型并未告诉我们,是谁(穷人)承担了经济崩溃的后果;数学模型也没有告诉我们,在经济动荡时期,政府提供的援助和对市场的干预帮助多少人渡过了难关。任何一个受过些许人文教育的人都会明白:与放任市场自我调节相比,尽管政府干预推高了衰退的经济成本,但却大大降低了衰退的人道成本。

脱离现实

伯格曼(Bergmann, 1999)认为,由于"现代"经济学家对观察现实兴趣索然,经济学因此裹足不前。一名现代经济学家若是想研究某个问题,他并不会环顾四周,看看实际发生了什么——相反,他会待在办公室,想出一个精致的理论,哪怕这个理论不切实际、有悖事实。现实性在分析中毫无立足之地,尤其是对从事数理经济学研究的人而言。对此,伯格曼引述了霍尔(R. L. Hall)和希契(C. J. Hitch)在20世纪30年代对商界人士进行的一项调查。调查发现,商人们在设定价格时,从未考虑边际成本和边际收益(Hall & Hitch, 1939)。伯格曼回应道:"经济学界带着痛苦和屈辱接受了这个消息,并努力将之遗忘。"她还提到了阿兰·布莱德(Alan Blinder, 1991)的调查,这项调查询问商界人士,会以何种方式改变价格。伯格曼认为,布莱德的研究"有望为霍尔和希契未竟的革命注入新的活力,带我们进入与现实相融合的微观经济学"。

同样,福克斯(Fox, 2009)认为:循着有效市场假说的精神、用数学术语写作论文的人,是"自缚于学术之茧"——结果是,"他们提出的内在逻辑与市场现实颇为脱节"。有效市场假说最负盛名的推销者,当属尤金·法玛(Eugene Fama)。他是脱离现实、未能观察现实的最佳例证。即便是在金融危机余波未平之时,法玛仍然拒绝承认资产市场存在泡沫。行为经济学家理查德·塞勒(Richard Thaler)在接受希尔森拉特(Hilsenrath, 2004)的采访时说,法玛是"2000年地球上唯一一个认为纳斯达克不存在泡沫的人"。法玛认为,市场是一套机械或电子系统,存在某种控制反馈环路或断路器——也就是说,市场能够进行自我调节,而不会出现差错。在约翰·卡西迪(John Cassidy)的另一个采访中,法玛否定了泡沫的概念。这意味着,他并不清楚泡沫的含义(Cassidy, 2010)。事实上,法玛曾说,他厌倦了在《经济学人》上看到"泡沫"这个词,所以后来再也没有续订该刊。

经济学学术的堕落

经济学的数学化,使经济学学术走向了堕落——堕落的形式多种多样。首先,经济学的数学化趋向给经济学设置了进入壁垒,剥夺了具有不同视角的人士进入经济学领域的机会,而他们本可以带来不同的洞见,为经济学作出巨大的贡献。另一方面,一些优秀的经济学家由于无法理解经济学领域的文献,或是不能在顶尖期刊上发表论文,而离开了经济学领域,转而投身其他学科。目前,经济学界存在一个阶层结构,处在最顶端的是掌握了足够的数学,能在《计量经济学》杂志上发表文章的学者。而处于不同阶层的经济学家,甚至连交流都无法进行。此外,经济学的数学化吸引了物理学、数学和工程学方面的人才,导致这些学科人才流失,造成了破坏。

我记得有一次,主旨发言人在某个会议上发表演讲,到了问答环节,只有一个人(与发言人处于同一个阶层)提了问。其他与会者甚至不知道这两个人在讨论什么。我问坐在旁边的一位同事能否听懂——他回答道:"能,但只听懂演讲的前45秒。"在物理学、医学、心理学等经济学(金融学)以外的学科会议上,也会上演类似的一幕吗?

3.6 结 束 语

或许,用阿尔弗雷德·马歇尔(Alfred Marshall)的一席话为本章作结,最恰当不过了(Sills & Merton, 2000):

> 在研究的后期岁月里,(我)越来越觉得,一个好的、能够处理经济学假设的数学定理,不大可能成为好的经济学理论。原因是,我越来越注重如下规则:(1)把数学当作一种速记语言,而不是查询引擎;(2)坚持使用数学,直至完成;(3)翻译成英文;(4)用现实生活中的重要事例进行阐述;(5)把数学烧掉;(6)如果(4)这步没有成功,那么把(3)烧掉。最后这步是我经常干的事。

最近，麦克洛斯基(McCloskey，1998)和纳尔逊(Nelson，2001)认为，经济理论中数学的作用，用麦克洛斯基的话说，主要是传达"看，我是多么的科学"这一信息。大衰退之后，经济学无力保护经济的事实再次凸显。2009年，保罗·克鲁格曼(Paul Krugman)在《纽约时报》上发表评论，给出了滥用数学(mathiness)的诊断结果："我认为，经济学界之所以误入歧途，是因为经济学家作为一个群体，把华美数学外衣包裹之下的美，误认为是真理。"①克鲁格曼认为，经济学家渴望炫耀其数学实力，正是"这个行业失败的核心原因"(Krugman，2009)。经济学的数学化既非不可避免，也非不可或缺——这更像是一场可能致命的联欢会演！

---

① 数学滥用(mathiness，也译作"滥用数学""数学性")，是保罗·罗默(Paul Romer)生造的一个词，意思是在经济学中乱用数学；使用数学的目的不是为了澄清，而是为了产生误导——译者注。

4. 经济学定律与科学定律

4.1 经济学定律：总的考虑因素

计量方法的使用(一般指经济学的量化)，让人们产生了"经济学存在定律"的幻觉，认为各种定律制约着决策者和市场参与者的行为。巴尔塔基(Baltagi, 2002)认为，"验证和驳斥各种经济学定律，如购买力平价、生命周期假说、货币数量论等"是"计量经济学中令人激动不已的事"。接着，他提到，"可以用经济数据来检验经济学定律或假说"。看起来，巴尔塔基没能弄清定律和假说之间的差异。定律并不是假说，因为在用实验和观测进行验证之时或之前，假设就已提出。假设也不是定律，因为二者得到验证的程度不同，定律是恒成立的，而假设能够促进定律的形成。

定律所反映的知识，已经被反复验证，并且无法伪造。定律是对事实的总结和解释，这些事实由实验或正式的观测所确定；接着，对定律进行检验，看其对未来实验结果的预测力如何。按照《牛津英语字典》的定义，科学定律是指："由特殊事实推出的表述，适用于特定的群体或特定的一类现象，并可表述为：如果满足一定的条件，某个特殊现象总是会出现。"科学定律是根据多年的重复实验和观测得出的某种结论，并被科学界所普遍接受。

因此，把购买力平价、生命周期假说和货币数量论视为定律，是十分荒谬的。事实上，就连经济学家也不会把它们看作是定律。购买力平价的实证结论五花八门。生命周期假说之所以被称为假说，是因为它尚未得到反复验证，因此不是定律。如前文所述，货币数量论的完整形式也无法检验，因为其中一个组成部分(货币流通速度)是根据其他变量(货币供给量、产出额和一般物价水平)的残差计算得到的，而这些变量均存在较大的测量误差。对于这些假说，经济学家们看法不一。即便是所谓的"定律"，也没有被经济学界普遍接受。这些假说所对应的各种证据，有的显示支持，有的反对，还有的不显著。

定律要成为定律，必须满足一定的条件：(1)有效性(validity)，即相互矛盾的观测结果不会重复出现；(2)普遍性(universality)，即在任何情况下成立；(3)简明性(simplicity)，即定律通常可以用单个数学方程表示；(4)稳定性(stability)，即定律在发现之后保持不变。显然，购买力平价"定律"并不符合上述标准：首先，购买力平价在实证上的有效性存疑。其次，购买力平价并不具有普遍性，虽然它在特定条件下对某些国家成立，但并非始终成立。再次，虽然购买力平价理论可以用单个方程表示，但方程有多种形式。方程也不是确定性方程，而是随机、可检验的方程。最后，方程的形式不稳定：即使对同一个国家、同一段时期，估计的系数也被证明是时变的，而这是不稳定性的表现。另外，结构断点也是不稳定的表现。购买力平价看似科学的确定性版本，可以表示为 $S=P/P^*$，其中 S 代表汇率，P/P^* 是价格比。这个版本并不合理。既然 S 表示一种货币相对于另一种货币的价格，那它怎么能等于两个价格指数之比呢？毕竟，比率是没有单位的。这个版本的购买力平价，是对"一价定律"加总而推得的，而"一价定律"是关于同一商品在两个地方的价格的定律。但稍后我们会看到，"一价定律"甚至也不是定律。

事实上，经济学中不存在定律。哪怕是被称为"定律"的，如奥肯定律、萨伊定律和一价定律等，也不是定律。鉴于经济学中的定律很可能被用来指导政策，造成灾难性的后果，这并不是个无足轻重的问题。卡拉贝尔(Karabell，2013)曾经提到两种说法：其中一种说法认为，毒品战争的失败是因为经济规律；另一种说法认为，"人类的定律并非颠扑不破，但经济的定律坚不可摧"。他认为，对经济学定律的渴望，可以归结为"经济学是一门科学，经济规律无可辩驳"的观点。这个观点吸引经济学家们"不断努力，把经济学从观察和描述的层次，提高到了科学的境界"。卡拉贝尔(Karabell，2013)指出，"即使存在经济学定律，我们也没有足够长的时间来弄清它们的真实面目"。"有人认为存在某种宏大的、机械性的主系统，它可以解释一切、预知万事。考虑到人类行为的无常，以及国家、人民和制度易变的本质，这个观点至多只是个令人宽慰的谎言，但最坏却是个排斥创造力、阻碍创新、毁灭活力的桎梏"。

是的，拜计量经济学所赐，人们对经济学规律笃信不疑。例如，克莱因(Klein，1971)就曾说过如下一番话：

> 计量经济学源于对经验规律的认识，以及把这些规律归纳为经济学"定律"的系统性尝试。从广义上说，运用这些"定律"的目的是进行预测——预测可能或即将发生的事情。如果计量经济学有用，那么它应当为经济预测提供经验之外的基础。从这个宽泛的意义上来说，

可以把计量经济学称作经济预测的科学。

"经济预测的科学"？这只是一名诺贝尔奖得主的胡话罢了。有趣的是，克莱因最出名的是大规模宏观计量模型的构建。但长久以来人们发现，这些模型的预测力还不如简单的单变量模型（当然，这些单变量模型包含因变量的滞后项）。

与克莱因一样，格威克等人（Geweke et al.，2006）认为：早期格里高利·金等人的实证研究，"似乎发现了经济学中的'定律'，这与物理学等自然科学中定律的发现十分相似"。人们对经济学规律的追寻，曾经源于这样的渴望：像牛顿确立物理学那样，让经济学获得同等的地位。如今，这一渴望虽然减弱，但仍旧存在。然而，这类说法只是夸夸其谈，并没有提到"定律"一词的含义。不过，格威克等人给"定律"一词打上了引号，也算是一种安慰吧。

4.2 特殊的经济学定律

下面是经济学中的一些定律。如附录表 4A.1 所列，很多定律虽然被称作"定律"，但并不是真正的定律——它们只是一些建立在薄弱理论基础之上的、可检验的假说，在很多情况下并不成立。对这些假说进行检验，会得到五花八门的结果：实证证据会因模型设定、估计方法、变量测量、数据样本的不同而不同，在不同的时间和地点得到不同的结果。在下文中，我们将考察经济学中一些定律的理论基础和实证证据。

鲍利定律

鲍利定律（Bowley's Law，也称"不变工资份额定律"）依据的是 19 世纪末至 20 世纪初英国的经济数据，因其发现者统计学家亚瑟·鲍利（Arthur Bowley）而得名。鲍利定律指出，工资（劳动者赚取的收入）占总产出的份额，是不随时间变化的常数。具有讽刺意味的是，这个定律听上去很像波义耳定律。克雷默（Krämer，2011）在提到鲍利定律时说："实际数据显示，（工资占）总收入的份额随会时间大幅波动。可以得出结论，增长和分配方面的主要宏观经济理论，是围绕着一个不成立的（至少是十分可疑的）、对现实世界的假设建立起来的。"与该定律相悖的是，有文献指出，在过去三十年左右的时间里，大多数国家的工资占总收入的份额持续下降。事实上，这反映了新自由主义时期的一个显著特征：靠工资赚取的收入减少，国民收入不断重新分配。

《经济学人》(2013)援引经济合作与发展组织(OECD,即"经合组织")的数据,认为自20世纪80年代以来,全球大多数地区的工资占国民收入的份额均持续下降。劳动所占的份额,从20世纪90年代初的66%,下降到了21世纪初的62%。《经济学人》并未提到鲍利定律,但是指出:"这样的下降不应该发生。"由图4.1可见,与鲍利定律相反,美国的工资占总产出的比例持续下降。纵观全球,这一趋势已成规律,而非个例(Guscina, 2006; Bentolila & Saint-Paul, 2003; Elsby et al., 2013; Karabournis & Neiman, 2014)。

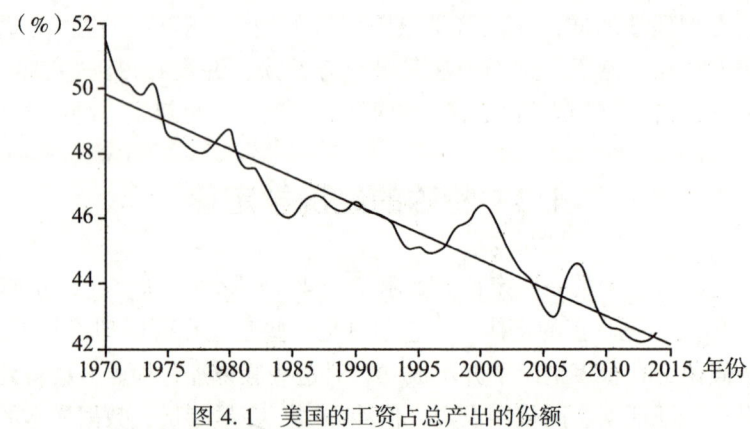

图4.1 美国的工资占总产出的份额

吉布拉定律

吉布拉定律(Gibrat's Law)是指,大小企业以同样的速度增长。萨缪尔斯(Samuels, 1965)指出,"在过去十年里,该定律已不再适用","大企业的增长速度显著快于小企业"。纳萨尔等人(Nassar et al., 2014)回顾了对吉布拉定律的实证研究,结果发现:一些研究接受这一定律,另一些研究拒绝,剩下的研究则在调和接受和拒绝这两种态度。他们还发现,吉布拉定律对制造业不成立,但对服务业成立。然而,大多数使用发达国家数据进行的实证研究,都拒绝吉布拉定律。雷兰德(Relander, 2011)认为:"虽然有大量文献反对这一定律,但是各种研究都发现,该定律对特定的子样本或时间段是成立的。"由文献可以得出结论:问题并不在于吉布拉定律是否成立,而在于它在何时、何种限制条件下成立。因此,吉布拉定律不能算是定律。

格雷欣定律

格雷欣定律(Gresham's Law)是一个货币原理,即劣币驱逐良币。也就是说,如果法律规定两种商品货币的面值大致相同,那么,价值更高的货币会退出流通领域。例如在加拿大和美国,直到1968年和1964年,银币都还在广泛流通。这两个国家把铸币的金属从银换成了更廉价的金属,导致货币成色下降。这样一来,与之前的银币供给相比,成色下降的新铸币的供给增加了。银币的金属成分具有内在价值,其币值会在当前和日后保持稳定,而新铸币的数量增加、币值下降。于是,人们把银币留存下来,而在日常交易中使用新铸币,导致银币退出了流通领域。不过,这一过程可能会反向运行。例如,罗尔尼克和韦伯(Rolnick & Weber, 1986)认为,劣币会使良币产生溢价,但不会使良币退出流通领域。吉多蒂和罗德里格思(Guidotti 和 Rodriguez, 1992)指出,美元化的经历可视为格雷欣定律的逆向形式。

在恶性通货膨胀下,格雷欣定律必然会逆向运行。亚当·弗格森(Adam Fergusson, 2010)认为,在德国魏玛共和国1923年的大通胀期间,格雷欣定律就曾逆向运行:官方货币变得毫无价值,几乎没人愿意持有。由于农民开始囤积粮食,情况尤其严重。这样一来,任何能被某种价值支持的货币,都成为了可流通的交换媒介。津巴布韦上演了同样的一幕,恶性通货膨胀导致津巴布韦元(劣币)被美元和南非兰特(良币)所取代。

工资铁律

工资铁律(The Law of Iron Wages)是说:长期而言,真实工资会趋于维持生计的最低工资水平。这一定律遭到了批评,原因有:(1)企业为了提高员工的效率,会向员工支付超过维持生计水平的工资;(2)效率工资理论认为,企业支付高于市场出清水平的工资,是为了激励员工、减少有经验员工的流失;(3)由于工资的缘故,工人会进入某个行业并留下来。蓬勃发展的行业会提供更高的工资,只要工人的供给没有超过需求,其他行业就会为了留住员工而被迫支付更高的工资。而工人可以罢工的事实意味着,工资必须足够高,才能避免工人罢工。

真实工资停滞不前是一回事,真实工资会趋于维持生计水平的工资,又是另一回事。图4.2展示的是1950—2015年美国的实际工资。可以看到,大约在1978年之前,实际工资增长得十分迅速;之后,实际工资下降,并停留在1988年的水平。1978年以前,工资铁律并不成立,因为实际工资一直在上涨

(而且是迅速上涨)。而在1988年以后，工资铁律同样不成立，除非1988年的工资(与当前水平大致相同)是维持生计的工资水平。然而，没有证据表明1988年的工资是维持生计的工资水平；也就是说，工资铁律在当前时期也不成立。

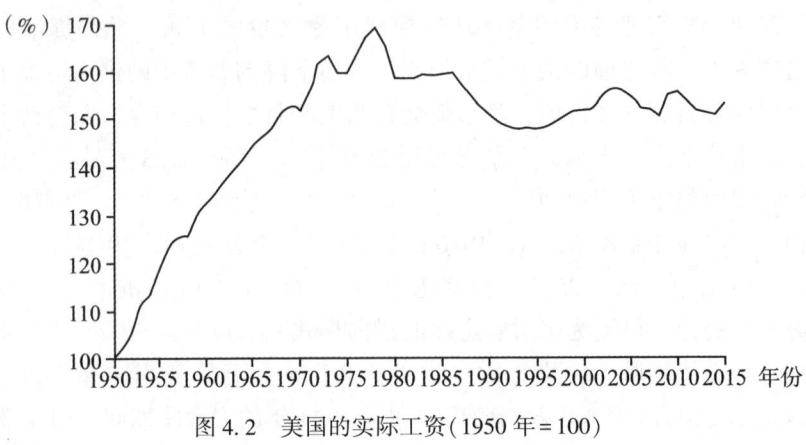

图4.2 美国的实际工资(1950年=100)

需求定律

我们从微观经济学中学到的第一点是：若其他条件不变(ceteris paribus)，那么商品价格上涨，对商品的需求会下降——这就是需求定律(The Law of Demand)。然而，需求定律存在不少例外情形，因此不是恒成立的。第一个例外情形是吉芬商品，如果价格上涨，需求会上升。例如，在19世纪爱尔兰的土豆饥荒期间，土豆就是一种吉芬商品。土豆是爱尔兰饮食中最重要的主食；随着土豆价格的上涨，人们减少了对肉类、蔬菜等昂贵食材的消费，转而购买更多的土豆。第二个例外情形，出现在人们预期商品价格即将发生变化的时候。商品价格上涨，会导致人们产生价格进一步上涨的预期。消费者开始购买大量的商品，哪怕要付出更高的价格。同样，如果预期某个商品的价格会下跌，消费者就会推迟购买。第三个例外情形是基本品或必需品，不管其价格多高，人们都有需要并会购买(Baxter & Moosa, 1996)。必需品的价格涨跌并不影响其需求量(也就是说，必需品的需求是高度缺乏弹性的)。这同样适用于在消费者预算中无足轻重的商品——例如，盐。虽然需求定律意味需求曲线是向下倾斜的，但在上述例外情形中，需求曲线是向上倾斜或是垂直的。

一价定律

一价定律(The Law of One Price)系根据无套利条件推导而得,它指的是:同一商品如果用同一货币计价,那么在任何地方,该商品都应该按同一价格出售。因此,黄金在世界任何地方的售价都应该相同。违反一价定律会引发商品套利,即套利者在低价的地区买入,并在高价的地区卖出,由此获得利润。不过,一价定律只对极少数商品(如金条)成立,而不成立的原因也五花八门。例如,如果买家拥有的信息不完美,不清楚在哪里找到最低的价格,就会违反一价定律。在这种情况下,卖家将面临销售频率和销售盈利之间的权衡——也就是说,企业报出高价(销售不会太频繁,因为大多数消费者会寻找更低的价格)和报出低价(销售较为频繁,但每次销售赚取的利润较少)可能是无差异的。"巴拉萨-萨缪尔森效应"(Balassa-Samuelson effect)意味着,一价定律不适用于非贸易商品。在某些国家,由于土地和劳动力的相对价格较低(在欠发达国家,二者通常较为便宜),非贸易商品在一些国家更便宜。违反一价定律的另一个原因是按市场定价,即生产商在不同国家收取不同的价格。例如,如果按同一货币计价,那么《经济学人》在不同国家的封面价格存在很大的差异。

阿登尼(Ardeni, 1989)认为,尽管一价定律在实证上不成立,但通常人们假设,商品价格存在完全套利,至少长期来说如此。阿登尼对一价定律的合理性表示怀疑,他将之描述为"反事实的",并且暗示:大多数用来支持一价定律的实证证据都存在不足,并且受计量经济学缺陷的影响(如伪回归、非平稳数据、一阶差分的不当使用等)。他认为,一价定律并不成立,对无套利条件的偏离也是永久性的。拉希德(Rashid, 2007)认为,一价定律是"经济学中最基本的定律之一,但在实际观察中经常不成立"——换句话说,一价定律并不是定律。罗格夫等人(Rogoff et al., 2001)对七百多年来英格兰和荷兰商品价格的年度数据进行了检验,结果发现:一价定律偏离的幅度、波动性和持续性,下降得没有预期的那样多。尽管运输成本降低,贸易保护程度下降,近代的战争和瘟疫减少,偏离一价定律的情况仍旧发生了。越来越多的证据表明,商品套利仍然是不完美的,而上述分析与这些证据是一致的。

奥肯定律

奥肯定律(Okun's Law)告诉我们,要使失业率降低一个百分点,经济需要增长多少。奥肯定律可以用方程来表示,方程的项包括对自然失业率的偏离或

4. 经济学定律与科学定律

变化率，外加一个随机误差项，以反映精度的不足。奥肯定律于1962年提出，虽然起初受到了些许青睐，但后来不再受重视。大量文献证据表明，奥肯系数的估计值存在相当大的变异。奥肯定律不仅不稳定（Meyer & Tasci，2012），而且已死（Gordon，2010）：它在大萧条期间不成立，因为经济复苏未能创造新的岗位（IMF，2010）。第10章将介绍更多关于奥肯定律的证据。

萨伊定律

萨伊定律（Say's Law）由法国经济学家让-巴蒂斯特·萨伊（Jean-Baptise Say）提出，即"供给创造自己的需求"；这意味着，生产者不必担心生产多少，因为无论他们生产什么，都可以卖掉。萨伊（Say，1834）进一步认为，这一定律意味着：普遍的过剩（超额供给）并不会出现。如果这一命题（定律）成立，那么波音和空中客车的商业模式就存在缺陷，因为这两家公司只在接到订单后才开工生产。萨伊定律曾是用来支持自由放任（laissez-faire）主张的基本原则之一。而自由放任的主张认为：一个自由竞争的经济体能够恢复充分就业，但在政府的干预下这是不会发生的。

萨伊定律并不是定律，而是反事实。普遍的过剩确实会发生，尤其是在经济下行时期。市场参与者会选择持有更多现金，从而导致需求减少，而不是供给减少。凯恩斯（Keynes，1936）认为，萨伊定律并不成立；决定经济总体活跃水平的关键变量是需求，而不是供给。凯恩斯认为，需求取决于个人的消费倾向和企业的投资倾向，而在整个经济周期内，消费倾向和投资倾向都会发生变化。人们没有理由期望，有足够的总需求来产生充分就业。相反，一些当代经济学家认为，需求创造自己的供给。例如，克鲁克曼（Krugman，2015）就写道：

> 供给并没有创造自己的需求；不仅如此，2008年以来的经验表明，在很大程度上，情况正好相反——确切地说，需求不足会破坏供给。需求持续疲软的经济体，其潜在产出和实际产出似乎都遭遇了大幅下降。

布兰查德和萨默斯（Blanchard & Summers，1986）指出，负向需求冲击会导致高失业率持续，进而导致商品和服务的供给持续减少。法塔斯和萨默斯（Fatás & Summers，2015）认为，2008年和2009年的全球经济下滑和政府随后的支出削减造成了需求不足，对全球实际和潜在经济产出造成了巨大的负面影响。如果某个定律描述的情况与现实截然相反，那么这个定律就不是定律。

维多恩定律

维多恩定律(Verdoorn's Law)以荷兰经济学家彼得鲁斯·约翰内斯·维多恩(Petrus Johannes Verdoorn)的名字命名，它描述了产出与生产率之间的关系。维多恩给这一关系赋了数值："从长期来看，产出变化约10%，对应的劳动生产率平均增长4.5%。"(Verdoorn，1980)该定律的模型可以表示如下：

$$P_{it} = \alpha_i + \beta_i Q_{it} + \varepsilon_{it} \tag{4.1}$$

其中，P 和 Q 分别是制造业的劳动生产率和产出，$\beta > 0$ 是维多恩系数。上述模型也可以用增长率来表示：

$$\dot{P}_{it} = \alpha_i + \beta_i \dot{Q}_{it} + \varepsilon_{it} \tag{4.2}$$

$$\dot{E}_{it} = \alpha_i + \beta_i \dot{Q}_{it} + \varepsilon_{it} \tag{4.3}$$

其中，$\dot{P}$、$\dot{Q}$ 和 $\dot{E}$ 分别是经济体中制造业的劳动生产率、产出和就业的增长率。与奥肯定律一样，维多恩定律是用包含误差项的方程表示的；另一方面，科学定律则是用确切的确定性方程表示的。

卡斯蒂利奥内(Castiglione，2011)对维多恩定律进行了研究，他发现，各种观点和结果五花八门：(1)维多恩定律得到了证实；(2)维多恩定律的增长率形式不被支持；(3)维多恩的设定没能给出增长如何影响生产率的经济过程；(4)产出影响生产率增长的因果关系，并未得到证实。此外，该定律的检验也存在诸多问题：(1)两个变量之间的联立性导致的潜在偏误问题；(2)因果性的方向不明确；(3)维多恩定律忽略了资本的贡献，而资本可以用劳动来替换，这意味着由于资本的劳动力弹性不稳定，维多恩系数也不稳定；(4)产出(以及就业或生产率)是内生决定还是外生给定，并不明确；(5)度量静态规模经济或动态规模经济时，存在明显的矛盾。事实上，估计静态形式(变量为水平形式)和动态形式(变量为一阶差分形式)的线性模型，得到的维多恩系数的数值通常不同(并且通常是规模报酬递增)。一个结论五花八门的定律并不是定律。

瓦格纳定律

瓦格纳定律(Wagner's Law)以德国经济学家阿道夫·瓦格纳(Adolph Wagner)的名字命名。该定律是指，经济增长会导致公共支出占国内生产总值(GDP)的份额增加。与维多恩定律和奥肯定律一样，瓦格纳定律可以用多种设定来表示,不同的设定可能会得出不一致的结果。

瓦格纳定律的证据可谓五花八门。马加布勒(Magableh,2006)发现,对某些实证研究或某些国家而言,瓦格纳定律经受住了证伪的检验;对另一些研究或国家而言,瓦格纳定律要么不能被拒绝,要么无法得到证实。同样,库玛等人(Kumar et al.,2010)指出,人们使用截面、时间序列和面板数据,对很多国家进行了瓦格纳定律的实证检验,发现各国之间的结果存在较大差异,既有支持的证据,也有反对的证据。阿赫桑等人(Ahsan et al.,1996)、比思瓦等人(Biswal,1999)、伊斯兰姆(Islam,2001)、卡鲁里等人(Kolluri et al.,2000)、塞得利斯(Sideris,2007)和加利(Ghali,1999年)提供了支持的证据。周应峰等人(Chow et al.,2002)、伯尼(Burney,2002)、库拉奇斯等人(Courakis et al.,1993)、安萨里等人(Ansari,1997)和辛哈(Sinha,2007)则没有发现支持该定律的证据。

即便是因果性的方向,也并不明确。① 1883年,瓦格纳假设:随着经济的发展,社会、行政和福利问题的紧迫性和复杂度都会增加;这意味着,因果性的方向是从GDP到政府支出占GDP的份额(Musgrave & Peacock,1958)。另一方面,凯恩斯(Keynes,1936)则假设:要刺激总需求,偶尔需要用到财政手段,特别是在经济衰退期间。这意味着,因果性的方向是从政府支出到GDP。

4.3 作为经济学定律的有效市场假说

有效市场假说(EMH,或法玛定律)是指:市场是有效的,因为金融资产的价格(特别是股票价格)由市场决定,能够反映所有可获得的信息。由于信息的到达是随机的,因此,金融资产价格的变动也是随机的,并且不可预测——换句话说,金融资产的价格通常遵循随机游走过程。② 很长一段时间以来,有效市场假说左右了金融学者们的思维,以至于对其有效性的质疑好比异端邪说一般(对其忠实信徒而言,至今仍是如此)。迈克尔·詹森(Michael Jensen)是有效市场假说的热心推销者,他甚至宣称:"与有效市场假说相比,经济学里还没有哪个命题有如此坚实的实证证据"(Jensen,1978)。

---

① 此句出现在原文上一段,根据段意修改——译者注。

② 事实上,随机游走意味着市场是弱势有效的(weak-form efficient),但弱势有效不能推出资产服从随机游走——译者注。

有效市场假说的反对者以及大多数中立人士认为，有效市场假说为放松金融管制提供了智力支持。而放松金融管制，被广泛认为是造成全球金融危机的原因之一，并且有充分的理由。但从另一个角度来说，有效市场假说是金融危机的受害者。有了后见之明，我们知道，金融市场和住房市场的泡沫终会破灭；由此获利的人们，并没有什么过人之处让他们配得上这些收益。我们还知道，复杂的衍生品和各种证券的估值过高，让一些聪明人（利用估值过高）赚取了巨额利润，而这与有效市场假说相悖。因此，这场金融危机暴露出，有效市场假说是行不通的；有效市场假说受到了严格的检视，迫使经济学家和监管者（有效市场假说的忠实信徒、热心推销者除外）重新审视他们对这一假说的信仰。

在塑造金融经济学的主流思想方面，有效市场假说发挥了至关重要的作用，对实际操作影响重大。投资者会对可获得的信息做出理性反应，而可获得的信息会反映在价格中。因此，价格太高时，他们会卖出；反之，价格过低时，他们会买入。换言之，有效市场的一个含义是：资产和市场的估值既不会过高，也不会过低；或者说，市场决定的价格总是处在合理水平。资产价格对其内在价值的偏离会很快被消除。但在这里，理性预期并不合理。因为理性预期是指，所有市场参与者都认为某个资产的估值过高或过低（并且高估或低估的程度相同）。毫不夸张地说，这个想法是荒谬可笑的。如果所有人都想出售估值过高的资产，那么有谁愿意购买呢？按照标准的、可预测的方式行事的"代表性行为人"或典型交易者，根本就不存在。

一个相关的含义是：由于信息的到达是随机的，并且信息几乎会立刻反映在价格中，金融价格应当随机变化，而不应呈现出任何模式。可见，有效市场假说是新古典思维的核心。而新古典思维认为，市场会处理好一切，并自行恢复均衡。显然，这意味着不需要监管，放松管制就能提高市场效率。因此，监管者面临的挑战是：确保所有投资者获得相同的信息。这意味着，监管应局限于会计准则、及时发布企业的新闻和数据、披露各种费用、对金融产品进行完整的描述。

有效市场假说的另一个含义是，由于金融资产价格已经反映了可获得的信息，人们不可能持续战胜市场。正如希尔森拉特（Hilsenrath，2004）所说，"市场以闪电般的速度提炼新信息，并为上市公司的潜在价值提供了最佳的估计"。战胜市场实属不易，而且大多数人都无法战胜市场，但漫不经心的观察却告诉我们：有时，市场是可以战胜的。沃伦·巴菲特对有效市场假说的看法很有意思，如德内得（Dehnad，2009）所述：有效市场假说"支持在投资时不做尽职调查——只管相信市场——这对他(巴菲特)的生意来说是有利的"。① 事实上,有人曾说:"除非你是巴菲特,否则还是应该把钱投到指数基金上。"(Nocera,2009)。这十分诡异,既然有效市场假说是经济学的"普遍规律",那么即使是巴菲特,也不应该打败市场。

打败市场的并不只是有巴菲特。

全球金融危机创造了一批大赢家,他们通过适当的研究(并不借助于计量经济学),得出了结构性产品市场行将崩溃的结论。他们对这个预测结果下注(例如,用信用违约掉期做空),牟取了暴利。相反,大多数遭受损失的人都曾相信有效市场假说,无论是明确相信还是暗中相信,他们都认为市场不存在泡沫,所以才跟风而动。然而,泡沫的确存在,并且自然而然走向了破灭。

在过去很长一段时间里,人们都认为,有效市场假说是人生中无可争辩的事实,并且热情洋溢地将之灌输给金融学的学生。麻省理工学院(MIT)斯隆管理学院的金融经济学家罗闻全(Andrew Lo)曾表示,20世纪80年代他在哈佛大学和麻省理工学院攻读博士时,"有效市场理论曾是常态","我们被反复灌输市场有效的观点"。他还提到,他花了五到十年的时间,才改变了自己的看法(Cassidy,2010)。可是,有谁听说过哪个物理学家一开始相信波义耳定律,但在五年后改变看法的吗?

4.4 科 学 定 律

现在让我们来看一些科学定律。本章附录的表4A.2对这些定律作了简要描述。与经济学定律不同,提出科学定律有两种方法:一是在实验室条件下,对假说进行检验之后提出;二是像在天文学和天体力学中那样,使用工具来观察并测量要研究的变量。通常,科学定律是用把各潜在变量联系在一起的精确方程表示的。在下文中,我们将介绍一些方程,它们代表了如下领域的一些定律,这些领域包括:(1)物理学和物理化学,(2)地质学和地球物理学,(3)热力学,(4)力学和流体力学,以及(5)光学、电磁学和无线电技术。

---

① 巴菲特的投资特点是重仓持有表现良好的大盘股,而不是进行分散化投资——译者注。

库仑定律

库仑定律(Coulomb's Law)描述了两个静止带电粒子之间的相互作用力。①其标量形式可表述为:

$$F = k_e \left[\frac{q_1 q_2}{r^2} \right] \tag{4.4}$$

其中,k_e是库仑常数,q_1和q_2是带正负符号的电荷大小,r是电荷之间的距离。如果两个电荷的符号相反,那么二者相互吸引;如果两个电荷符号相同,则二者相互排斥。

朱林定律

朱林定律(Jurin's Law)描述了毛细管中液体的上升和下降。可表述为:

$$h = \frac{2\gamma \cos\theta}{r\rho g} \tag{4.5}$$

其中,h是液体高度,γ是表面张力,θ是液体与毛细管壁的接触角,ρ是液体密度,r是毛细管的半径,g是重力加速度。若毛细管的半径小于毛细管的长度,那么朱林定律成立。

帕斯卡定律

帕斯卡定律(Pascal's Law)可以用下列方程来表示:

$$\Delta P = \rho g (\Delta h) \tag{4.6}$$

其中,ΔP是流体静压力(以帕斯卡为单位),即流体柱内两点间的流体重量产生的压力差,ρ是流体密度(单位为千克/立方米),g是重力加速度(通常用海平面上地球引力产生的加速度来表示,单位为米/平方秒),Δh是测量点上流体的高度,即流体柱内两点之间的高程差(单位为米)。这意味着,两个高程之间的压力变化是两个高程间的流体重量变化导致的,或是因重力场的存在而引起的流体单位体积的势能变化而导致的。

阿尔奇定律

阿尔奇定律(Archie's Law)可以用下式表示:

---

① 静止带电粒子即静止点电荷——译者注。

$$C_t = \frac{1}{\alpha} C_w \phi^m S_w^n \tag{4.7}$$

其中，ϕ 表示孔隙度，C_t 是岩层百分百含水时的电阻率，C_w 是地层水的电阻率，S_w 是地层水饱和度，m 是岩石的胶结指数（砂岩的胶结指数通常在 1.8～2.0 的范围内），n 是饱和度指数（通常接近于 2），α 是岩性因子。

贝切定律

贝切定律（Birch's Law）可以用下式表示：

$$v_p = \alpha(M_{avg}) + b\rho \tag{4.8}$$

其中，v_p 是岩石和矿物的压缩波速度，M_{avg} 是平均原子质量常数，ρ 是密度。

阿伏伽德罗定律

阿伏伽德罗定律（Avogadro's Law）规定，对于给定质量的理想气体，如果温度和压强相同，那么气体的体积和数量（摩尔）成正比。这意味着 $V \propto n$，其中 V 是气体的体积，n 是气体所含物质的量（以摩尔度量）。因此：

$$\frac{V}{n} = k \tag{4.9}$$

其中，k 为常数，等于 RT/P。这里，R 是气体常数，T 是开尔文温度，P 是压强。如果温度 T 和压强 P 不变，那么 RT/P 也不变，并用 k 来表示。或者，上述方程可以写作：

$$\frac{V_1}{n_1} = \frac{V_2}{n_2} \tag{4.10}$$

即随着气体摩尔质量的增加，气体的体积成比例地增加，反之亦然。

波义耳定律

波义耳定律（Boyle's Law）可以表示为：

$$P \propto \frac{1}{V} \tag{4.11}$$

其中，P 和 V 分别是气体压强和气体体积。该定律也可以表示为：

$$PV = k \tag{4.12}$$

其中，k 是常数。这意味着，只要温度恒定，对于密闭容器中给定质量的气体，其压强和体积的乘积是个常数。

查理定律

查理定律(Charles's Law)是说,若干燥气体样品的压强保持不变,其开尔文温度和体积成比例关系,使得 $V \propto T$,即:

$$\frac{V}{T} = k \tag{4.13}$$

其中,V 是气体体积,T 是气体温度(以开尔文温度度量),k 是常数。

格雷厄姆定律

格雷厄姆定律(Graham's Law)规定,气体的渗出率与其颗粒质量的平方根成反比。可以表示为:

$$\frac{R_1}{R_2} = \sqrt{\frac{M_2}{M_1}} \tag{4.14}$$

其中,R_1 是第一种气体的渗出率(单位时间的体积或摩尔数),R_2 是第二种气体的渗出率,M_1 是第一种气体的摩尔质量,M_2 是第二种气体的摩尔质量。

达西定律

达西定律(Darcy's Law)是指,流体通过多孔介质的瞬时渗流速度,与流体的黏性和给定距离的压降之间,存在简单的比例关系。可以表示为:

$$Q = \frac{-kA(p_b - p_a)}{\mu L} \tag{4.15}$$

其中,Q 是总渗流量,k 是介质的固有渗透率,A 是流体的截面面积,p_b-p_a 是总压降,μ 是黏性,L 是压降的距离。负号表示流体从高压强处流向低压强处。

马可尼定律

马可尼定律(Marconi's Law)是说,如果 H 是天线的高度,D 是以米度量的最大信号距离,那么:

$$H = c\sqrt{D} \tag{4.16}$$

其中,c 是常数。马可尼的原始设备测出的结果是,距离为 60 公里时,c 为 0.17~0.19。

欧姆定律

欧姆定律(Ohm's Law)可以用下式表示:

$$I = \frac{V}{R} \tag{4.17}$$

其中，I 是通过导体的电流，单位为安培，V 是导体两端的电压，单位为伏特，R 是导体的电阻，单位为欧姆。

斯蒂藩-玻尔兹曼定律

斯蒂藩-玻尔兹曼定律(Stefan-Boltzmann Law)可以用以下方程表示

$$j = \sigma T^4 \tag{4.18}$$

其中，j 是一个黑体的单位表面积在单位时间内所有波长辐射出的总能量(也称为黑体辐射的发射功率)，T 是黑体的热力学温度，σ 是斯蒂藩-玻尔兹曼常数。[1]

4.5　科学定律与经济学定律

一些经济学家和计量经济学家认为，经济学定律和科学定律一样站得住脚。但是，领教了全球金融危机的教训之后，这一观点越发让人难以接受。对于金融机构用来确定资本充足率、衡量风险的内部模型，多德等人(Dowd, 2011)评论道：这些模型是不可靠的，因为左右金融市场(与社会系统一样)运行的过程，并不像物理定律那样，是永恒不变的。本节将说明，经济学定律并不是真正的定律，更别指望它们能像科学定律一样站得住脚了。

一个定律要成为定律，其必要条件是：它必须与观察到的数据始终保持一致，并且能够用于预测。让我们来看看，各种经济学定律和科学定律是否满足这些要求。为此，我们考察了一价定律、奥肯定律和瓦格纳定律这三个经济学定律，以及波义耳定律、查尔斯定律和马可尼定律这三个科学定律。科学定律可以通过两种方式来验证：一是使用实验数据，如波义耳定律和查尔斯定律；二是使用仪器进行测量，如马可尼定律。另一方面，要验证经济学定律，需要用到截面数据、时间序列数据或混合截面数据。

图4.3给出了上述经济学定律和科学定律相对观察数据的表现——可见其差异之大(正如预期的那样)。波义耳定律和查尔斯定律这两个科学定律完美拟合了实验生成的数据。不论在何处进行实验，数据都能够完美拟合。波义耳

---

[1]　黑体(black body)指的是一种理想物体，它会吸收所有来自外部的电磁辐射，而不发生反射或透射——译者注。

4.5 科学定律与经济学定律

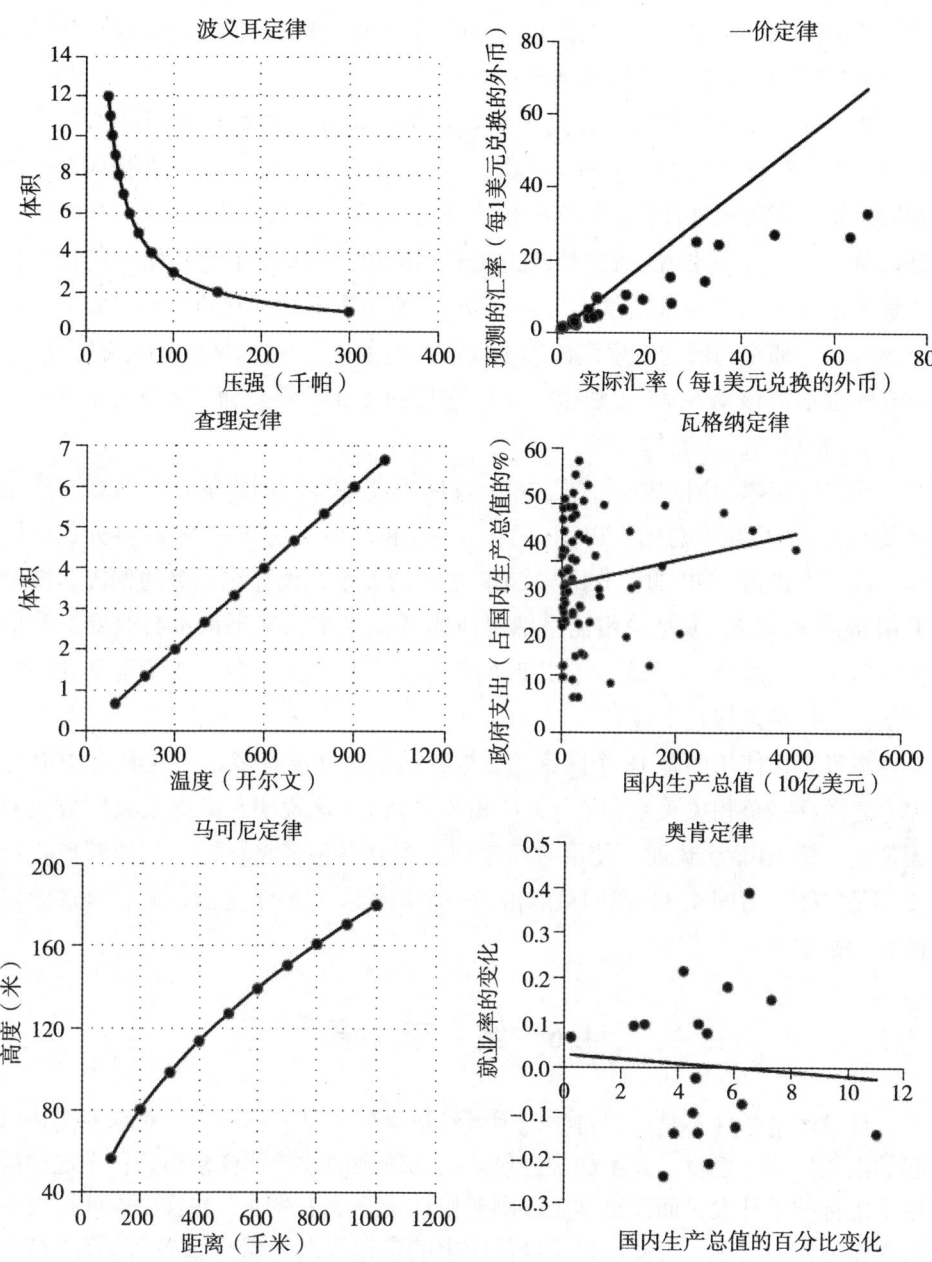

图 4.3 经济学定律与科学定律

定律的实验需要保持温度恒定不变，在此条件下改变气体的压强。查尔斯定律的实验需要保持压强不变，在此情况下改变温度，观察气体的体积如何变化。而马可尼定律的数据，则需要通过测量得到。

相反，与预测结果相比，用来检验经济学定律的数据可谓五花八门。例如，一价定律认为，如果用同一货币计价，那么同一商品的价格在任何地方都相同。如果用美元来计价，那么一价定律可以用等式 $P_X = SP_\$$ 表示。其中，P_X 是以货币 X 表示的价格，$P_\$$ 是以美元表示的价格，S 是汇率，用 1 美元兑换的货币 X 来表示。一价定律认为 $P_X = SP_\$$，S 是该定律预测的汇率。如果一价定律成立，那么预测的汇率应该等于观察到的汇率。在这种情况下，散点图中所有的点都应该落在 45 度线上——但这与图 4.3 不符，而图 4.3 是《经济学人》杂志报道的巨无霸的价格。

瓦格纳定律使用的数据，是 76 个发展程度各异的国家的截面数据。数据涉及 GDP（国内生产总值，以 10 亿美元计）和政府支出占 GDP 的百分比。同样，政府支出占 GDP 的百分比与 GDP 之间的关系，也存在显著的偏离。即使采用 log-log 设定，或是采用瓦格纳定律的其他设定，结果都不会改变。我们将在后文（第 10 章）中看到，使用时间数据、各种设定、各种变量定义和估计方法，瓦格纳定律均不成立。

奥肯定律使用的是 18 个国家的数据，结果也并没有多好。很难说 GDP 与失业之间存在负相关关系（应当是负相关关系）。这说明，奥肯系数的数值并无定论。第 10 章会说明，使用时间序列数据和各种模型设定，都说明奥肯定律不是定律。由图 4.3，我们只能得出一个结论：与科学定律不同，经济学定律并不是定律。

4.6 结 束 语

计量经济学并不是一门科学，因为经济学就不是一门科学。对利率变化引起的汇率反应的建模，并不能像抛射体运动轨迹的建模那样精确。科学定律被用来进行技术开发，而经济学定律则要用计量方法来验证，并且以验证预设的信念作为先验目标。因此，讨论经济学中的定律以及计量方法多么具有"科学性"，是非常荒谬的。经济学作为一门社会科学，不可能发现永恒的规律——相反，经济学必须面对不断变化、本质上十分复杂的现象（Horn，2009）。吉桑（Guisan，2001）认为，我们应该牢记，经济学和计量经济学是社会科学，而

数学只是一个工具;应当灵活地运用数学来解决社会问题,得到重大问题的解决办法;要优先从经济学的角度来考虑相关性(relevance),而不是从数学复杂性的角度来考虑。

与经济学家和计量经济学家不同,科学家在报告其发现时要谦逊得多。里萨兹(Ritholtz,2009)是这样解释科学的谦逊的:

> 让我们从基础开始。硬"科学"——物理学、生物学、化学及其所有变体——始于谦逊。为了描述我们周遭的世界,这些学科创造了理论,然后对理论进行检验。这些定理通常十分粗糙。即使这些定理通过了检验,科学家也总是会做好准备——甚至是渴求——用经过验证的、更为有效的新理论来取代它们。

里萨兹(Ritholtz,2009)认为,科学家一开始会承认自己一无所知,然后通过实验和逻辑进行学习,找到准确的解释。与经济学家不同的是,科学家不断进行研究,以寻求更好的解释、更多的证明、进一步的验证,追寻真相而不作假设或是推测。另一方面,经济学家会从一些基本假设入手。毫不夸张地说,很多假设都是荒谬的。里萨兹(Ritholtz,2009)认为,"与真正的科学相比,经济学有合理的自卑情结";为了克服自卑,经济学"让大量聪明的数学家投身实践,试图让这门社会艺术看起来更具'科学性',从而更加可信"。这种做法造成了对精确性的幻觉,而这种精确性哪怕在自然科学中也不存在。研究风险模型的经济学家和计量经济学家相信,他们能够以99.9%的置信度,计算出一个资本数额,使资不抵债的情况不会出现。毫不夸张地说,这是纯粹的狂妄自大。

请不要忘记,虽然科学家会提到引力定律和热力学定律,他们却从未把大陆漂移理论和宇宙大爆炸理论称作定律。但经济学家(至少是其中一部分)却有非凡的勇气(或许是一种狂妄自大)把购买力平价理论称作定律。

◎ 附录

表 4A.1　　　　　　　　　　　经济学定律

定律	描述
巴克斯特定律 (Baxter's Law)	管制行业的垄断势力,会延伸到无管制的行业,并占据主导地位

4. 经济学定律与科学定律

续表

定律	描 述
鲍利定律 (Bowley's Law)	劳动收入占国民生产总值的比例不变
恩格尔定律 (Engel's Law)	随着收入的增加，即使在食物上的实际支出增加，食物支出占收入的比例也会下降
吉布拉定律 (Gibrat's Law)	企业的增长率与其绝对规模无关
格雷欣定律 (Gresham's Law)	劣币驱逐良币
霍特林法则 (Hotelling's Law)	在许多市场上，生产者尽力让其产品彼此相似的做法，是理性的
工资铁律 (Iron Law of Wages)	从长期来看，工人的真实工资趋于维持生存所需的最低工资
需求定律 (Law of Demand)	在其他条件不变的情况下，产品的价格上涨，需求量下降；反之亦然
一价定律 (Law of One Price)	若用同一货币计价，同一商品在任何地点都应按相同的价格出售
奥肯定律 (Okun's Law)	失业率低于(高于)自然失业率一个百分点，实际产出上升(下降)约3%
萨伊定律 (Say's Law)	总产出必然带来等量的总需求。换言之，供给创造自己的需求
瓦格纳定律 (Wagner's Law)	公共支出会持续上升，这意味着，随着工业经济体的发展，公共支出占总产出的份额会增加

表 4A.2　　　　　　　　　　　科 学 定 律

定律	领域	描 述
安培定律 (Ampère's Law)	物理学	安培定律把磁场与产生磁场的电流联系起来。在电场不随时间变化的情况下，该定律能够确定与给定电流相关的磁场，或是确定与给定磁场相关的电流
阿尔奇定律 (Archie's Law)	地质学	该定律把沉积岩的电阻率与其孔隙度和含水饱和度联系在一起

4.6 结束语

续表

定律	领域	描述
阿伏伽德罗定律 （Avogadro's Law）	热力学	阿伏伽德罗定律把气体体积与气体本身的物质的量联系起来。该定律指出，在同一温度和压强下，等体积的气体所包含的分子数量相同。对于给定质量的理想气体，如果温度和压强不变，那么气体的体积与物质的量(摩尔)成正比
比尔-朗伯定律 （Beer-Lambert Law）	光学	该定律把光的衰减与光所通过的材料的性质联系起来
毕奥-萨伐尔定律 （Biot-Savart Law）	电磁学、流体力学	该定律把磁场与电流的大小、方向和距离联系起来
贝切定律 （Birch's Law）	地球物理学	给定岩石和矿物的平均原子量，压缩波的速度与其密度成线性关系
波义耳定律 （Boyle's Law）	热力学	该定律描述的是气体压强会随气体体积的减小而增加。在密闭系统内，如果温度保持不变，那么对于给定质量的理想气体，其压强与体积成反比
拜耳莱定律 （Byerlee's Law）	地球物理学	该定律用于确定一块岩石擦过另一块岩石所需的剪切应力
查理定律 （Charles's Law）	热力学	如果干燥气体样品的压力保持不变，那么开尔文温度和体积将直接相关
库仑定律 （Coulomb's Law）	物理学	描述静止带电粒子之间相互作用力的定律
达西定律 （Darcy's Law）	流体力学	描述流体通过多孔介质的渗流速度的定律
德莫特定律 （Dermott's Law）	天体力学	太阳系中，行星主要卫星的轨道周期的经验公式
法拉第电磁感应定律 （Faraday's Law of Induction）	电磁学	电磁学基本定律之一，用来预测磁场如何与电路相互作用产生电动势——即所谓的电磁感应现象。是变压器、电感元件和各种电动机、发电机和螺线管的基本工作原理
格雷厄姆定律 （Graham's Law）	热力学	气体的渗出速率与其颗粒质量的平方根成反比

4. 经济学定律与科学定律

续表

定律	领域	描述
胡克定律 (Hooke's Law)	物理学	使弹簧拉伸或压缩一定距离所需的力,与这一距离成正比
朱林定律 (Jurin's Law)	物理学	描述毛细管内液体上升和下降的定律
楞次定律 (Lenz's Law)	物理学	感应电流产生的磁场,总是阻碍引起感应电流的原磁场的磁通量的变化。
马可尼定律 (Marconi's Law)	无线电技术	天线的高度与无线电传输的最大信号距离之间的关系
牛顿运动定律 (Newton's Laws of Motion)	力学	包括三条物理学定律,描述了物体、作用于物体上的力以及物体受力后发生的运动的关系
欧姆定律 (Ohm's Law)	电子学	通过导体两点之间的电流,与两点之间的电压成正比
帕斯卡定律 (Pascal's Law)	物理学	对于不可压缩的密闭流体,任何一点受压之后,压强都会通过流体均匀传导到各个方向,而压强的变化(最初的压差)保持不变
拉乌尔定律 (Raoult's Law)	物理化学	理想液体混合物的蒸汽压,等于各成分纯净物的蒸汽压乘以其在混合物中的摩尔分数①
斯特藩-玻尔兹曼定律 (Stefan-Boltzmann Law)	热力学	一个黑体单位表面积在单位时间内,所有波长辐射出的总能量与黑体热力学温度的四次方成正比

---

① 摩尔分数(mole fraction)指的是混合物中某个成分的摩尔量除以各成分的总摩尔量——译者注。

5. 计量分析：缺陷与漏洞

5.1 引　　言

　　除了计量经济学的忠实信徒外，经济学家大体上已经对计量经济学失去了信心，原因有多种。计量经济学遭到批判的地方有：作为一门学科的有用性，以及计量分析随处可见的方法论缺陷。对计量经济学的评价应当是：它是经济学家用以推进认知的手段，其最终目的是制定合理的政策。然而，并没有证据显示，计量经济学作出了这样的贡献。用计量经济学重点期刊上的论文数量，或是估计和检验的方法和模型的数量，对度量人们对经济和金融市场理解程度的指标进行回归，结果很可能不显著，甚至是负相关的。计量经济学技术的狼奔豕突，已经大大超出了我们对经济的理解程度，而这违背了发明计量经济学的初衷。

　　对计量经济学的忠实信徒而言，任何反对过度量化经济理论的经济学家，都丧失了阅读相关文献的资格（或者无法在量化层面上，为计量经济学文献作出贡献）。了解社会学、法学、历史学、逻辑学和哲学（外加了解经济学）的经济学家（包括亚当·斯密），作为经济学家并不够格，因为他们对定量方法缺乏深入的了解。在本章中，我们将指出计量分析的一些缺陷与漏洞。第6章则介绍有影响力的经济学家和计量经济学家对计量经济学的批判。这些学者包括爱德华·利默（Edward Leamer）、约翰·梅纳德·凯恩斯、罗伯特·卢卡斯（Robert Lucas），以及拥护奥地利学派的经济学家。

5.2　经济学和金融学中的数量模型

　　有个观点广为流传：定量模型不仅没能预测全球金融危机，还可能促成了危机的到来。定量模型无法预测危机，是因为它们脱离了现实；定量模型促成了危机的到来，是因为它们让政府（监管部门）采纳了错误的政策，导致金融机构自矜功伐，暴露在金融风险之中。正如《经济学人》(2015)所说，由于2007—2009年的金融危机，金融家和经济学家仍在承受指责：金融家导致了危机的发生，而经济学家未能预测危机。事实证明，这两点相辅相成。经济学家不了解金融的重要性，而金融家则过于信任经济学家的模型。

脱离现实

我们应当从全球金融危机中吸取如下教训：定量模型没能充分体现市场参与者的行为，因此是行不通的。例如，布洛姆斯坦(Blommestein, 2009)指出，学术界的金融模型无法系统性地解释真实世界中的各种现象，其根本原因有二：(1)没有把经济学视为一门社会科学，而是将之视为应用数学的一个分支，并受到物理学方法的启发；(2)运用经济模型时，默认经济理论有不低的实证含量(但经济理论的实证含量确实很低，这要归咎于计量经济学和计量经济学家)。法默和弗利(Farmer & Foley, 2009)认为，实证统计模型是用过去的数据进行拟合，再预测几个季度之后的情况。在情况大体不变的情况下，这是行得通的；但在大的变化面前，则会失效。霍恩(Horn, 2009)认为，"我们似乎在见证一种方法被推翻的全过程，至少对这种方法的主流浅易版本来说是如此。这种方法做出一系列荒谬的假设以便得到任何结论——而这些假设连同结论，都惊人地脱离现实"。通常，提出这些假设是为了实现一个目标：模型的雅致。

柯兰德等人(Colander et al., 2009)认为，定量模型失效更深层的根源是，经济学界坚持构建的模型，对驱动现实市场上各种结果的关键因素，是视而不见的。经济学界并没有把定量模型的局限性、弱点甚至危险性告诉公众，可能因为他们相信，定量模型是完美的(旁观者所见皆美)。在很大程度上，经济学家提出了模型，并十分依赖这些模型。然而，这些模型忽视了驱动资产市场结果的关键因素(包括决策规则的异质性、预测策略的修正，以及社会环境的变迁)。很明显，即使是漫不经心的观察者也能看出，这些模型无法解释真实世界里经济体的真实演变。而各种标准模型背后隐含的观点是：各种市场和经济体本质上是稳定的，它们只是暂时脱离了正轨。这正是新古典主义的世界观，非常适合进行量化。

危机的余波

在全球金融危机之初，很多人开始质疑：在各项指标显而易见的情况下，为何经济学家仍然没能预测不幸的发生。对于这个合理的质疑，一些经济学家的回应却带着典型的傲慢。例如，莱文（Levine，2012）认为："预测危机的可靠方法不可能存在，是个基本的原则。"这种说法十分怪异，因为的确有不如莱文资历深的人预测到了危机。西尔（Syll，2012a）认为，莱文的回应是"十分傲慢、冒犯人的态度的证明"。西尔还认为，"这类模型建立在各种无用的理论基础之上，构建这类模型是对智力的巨大浪费"。有趣的是，罗伯特·卢卡斯，即提出了莱文依循的那套推理方法的人，也与莱文一样，持抵赖态度。凯文·胡佛（Kevin Hoover，个人主页是 http://econ.duke.edu/~kdh9/）在采访卢卡斯时，问卢卡斯是否愿意承担责难，因为他对放松管制提供了智力支持。卢卡斯的回答是：

> 要知道，在我们提到的这些事情浮出水面之前，人们对身处的经济体发生金融危机，并没有什么异议。当然，我们没有提供什么帮助；这点毫无疑问。我们可能把关注点放错了地方，我也说不准。

早在 2006 年 9 月，非计量经济学家出身的鲁里埃尔·鲁比尼（Nouriel Roubini）就在国际货币基金组织（IMF）的一次会议上警告说，一场危机迫在眉睫。他预期会出现一系列悲惨事件：住房泡沫破灭，抵押贷款违约，抵押贷款支持证券（MBS）市场出现崩溃，消费者信心下降，以及经济深度衰退（Mihm，2008）。然而，IMF 会议的与会者对此持怀疑态度，甚至不屑一顾。针对鲁比尼的发言，阿尼尔凡·巴纳基（Anirvan Banerji）做出了回应。他注意到，鲁比尼的预测依据并不是数学模型。于是，他像那些"职业唱反调的人"一样，对鲁比尼的直觉置之不理。据《卫报》报道，鲁比尼由于预测房地产市场崩溃、全球经济衰退而遭到了嘲笑（Brockes，2009）。在雷曼兄弟破产前的一年，罗伯特·席勒撰写了一篇文章。在文章中，席勒预测美国房地产市场的放缓将导致房地产泡沫破裂，进而导致金融崩溃（Shiller，2007）。《黑天鹅》（*The Black Swan*）的作者纳西姆·塔勒布（Nassim Taleb）多年来也一直警告，银行体系将会崩溃，整个经济亦然。《纽约时报》的大卫·布鲁克斯（David Brooks）表示："塔勒布不仅解释了即将发生的事情，还预见了它的到来。"（Brooks，2008）而依赖定量模型的经济学家们则没能预测到危机。因为模型告诉他们，像 2008 年那样的大规模危机，每隔几十亿年才会发生一次。

弗莱厄蒂等人（Flaherty et al.，2013）指出，我们应当从这场危机中吸取与模型相关的三个教训。第一个教训是，传统的风险管理方法植根于历史——但历史并不总是会精确地重演。过去未曾发生的事情，很可能会在未来发生。第二个教训是,模型不适于处理复杂的金融新工具。所谓的金融创新引入了复杂的工具,使风险管理变得复杂起来。具有讽刺意味的是,各种新衍生品的初衷是管理风险,但它们却成了风险的主要来源。我们切不可忘记,"金融创新人士"和"金融工程师"采用定量模型,设计出了科学怪人一样的各种工具,而这些工具摇身一变,成了毁灭生命、使国家破产的有毒资产。第三个教训是,标准的风险度量给了投资者太多慰藉,却低估了负面长尾事件发生的概率。

风险模型的失败

在预测金融危机引发的损失方面,金融机构使用的模型遭遇了惨败。这些模型无一例外,都是建立在"在险价值"(Value at Risk, VaR)的基础上。据这些模型预测,金融机构实际承受的巨额亏损,要每几百万年才会发生一次。这使金融机构产生了自满。弗拉哈迪等人(Flaherty et al., 2013)认为,投资者感到安全无虞,大概是因为:像 VaR 这样的业界标准风险度量,既然被广泛使用,并被广泛认为是下行风险的度量,那么必然是对潜在负面情况的合理估计。但在现实中,VaR 和类似的风险度量更适用于正常环境,因为它们假定市场处在正常状况。

2007 年下半年,危机浮出水面。此时,高盛的首席财务官大卫·维尼亚尔(David Viniar)表示,高盛正在经历"连续多天偏离 25 个标准差"的情况(Dowd et al., 2008)。邦纳(Bonner, 2007)认为,这种说法十分荒谬,因为这类事件理应每十万年发生一次。邦纳得出结论:"要么真是如此,要么高盛的模型是错的。"邦纳的观点不无道理,除非他的计算出了错。多德等人(Dowd et al., 2008)指出,如果模型假设收益服从正态分布,那么出现 25 个标准差的事件,每 1.309×10^{135} 年才会发生一次。现实中,极端事件(即所谓频率低、破坏严重的事件)十分常见。危机肆虐过后,银行需要进行资本结构调整的情况恰好说明:银行的内部模型表现欠佳,大大低估了风险敞口。这意味着,要把频率低、破坏性大的损失考虑进去,并不是件容易的事。

"复杂的"风险模型可能十分危险,因为它们会带来自满之感(即"我们了解风险,并且做好了准备,因为我们有一个强大的模型"的心态)。然而,模型可能是彻头彻尾无用的。例如,《经济学人》(2008)指出,内部模型"可能存在严重缺陷"。至于"包罗万象且结果可靠的模型"是否存在,多瑞格(Doerig, 2003)则持怀疑态度(用他的话说,是"雷声比雨点大")。伍德(Wood, 2008)提出了如下问题:业界的模型是否有可取之处?用一名高调的量化分析师的话来回答,就是:"它们(模型)中很多是灾难性的",以及"目前的建模状况,真是糟糕透顶，糟糕透顶"(而且这种情况很可能会持续很长一段时间)。伍德还指出，"从业者和监管者都会争辩说，模型做了它们能做的"，但在私底下，"他们更愿意承认怀疑和沮丧"。此外，伍德还引用了理查德·派克(Richard Pike)的话。派克是都柏林一家软件供应商 Ci3 的产品总监，他说，"许多业内的风险管理者都声称，他们对模型得出的数字表示满意。但是，要让他们担保结果是正确的，那是不可能的——他们做不到"。

这些模型之所以失败，是因为它们忽视了历史与人性。因此，卡夫曼(Kaufman, 2009)认为，商学院在讲授风险建模之前，应先向学生们讲授金融史。《经济学人》(2012)考察了美国长期资本管理公司(LTCM)使用的模型。LTCM 是 20 世纪 90 年代的一家对冲基金，据其模型预测，俄罗斯和美国等国的债券收益率不可能存在差异。《经济学人》还研究了美国国际集团(AIG)等公司使用的模型，这些模型预测：美国各地的房价不可能同时崩溃。这两个例子都指出："金融公司迅速意识到，它们每天都在遭受巨额损失。但计算机却认为，这样的损失应该每几百万年才发生一次。"

金融资产变得日益复杂，其估值也愈发困难。因此，信用评级机构和银行监管机构(都依赖于投资者)都接受了复杂数学模型的预测，这给了投资者信心。但这些模型预测出的(当然，只是理论上的)风险，要比实际出现的风险小得多。乔治·索罗斯(George Soros)评论说："新产品变得复杂无比，这使监管者无从计算风险，并开始依赖银行自身的风险管理方法。于是，超级繁荣失控了"(Soros, 2008)。从发起人到投资者的整个链条上，每家机构都低估了房价下跌的可能性，因为它们依据的是过去五十年的历史趋势，这最终导致它们低估了抵押贷款的风险。由于违约和预付款模型(定价模型的核心)存在局限性，发起人、证券化机构、经纪商兼交易商、评级机构、保险承销商及投资者，统统高估了抵押贷款、资产支持产品及其衍生产品的价值(Samuelson, 2011；Kourlas, 2012)。

同样，史密斯(Smith, 2010)认为，用于风险管理的金融模型低估了尾部风险。这些模型依据的是一个并不可靠的危险假设：各种类型的风险敞口与资产之间的相关性是稳定的，并且市场是连续的(即始终具有流动性)。可能的情况是，提出各种内部模型并乐于接受咨询费的学者，会花他人的钱来测试这些模型，但绝对不会动用自己的养老金，来给模型的预测结果下注。因此，塔勒布(Taleb, 2009)呼吁：应该边缘化经济学院和商学院，并且取消诺贝尔经济学奖。

一名杰出经济学家的观点

凯文·多德(Kevin Dowd)是一位杰出的经济学家。他认为,"在过去的二十多年里,金融建模存在重大问题;尤其是,错误的金融模型在很大程度上导致了近期的金融危机"(Dowd,2014)。多德把风险模型定义为"一种计算机算法,旨在预测未来各种可能的财务后果,或者这些后果对应的概率"。风险模型被用来管理风险,指导投资决策,让人们对未来损失的潜在敞口有所感知。此外,这些模型还被用来确定资本要求。如果风险模型是错的,对风险的估计偏低,那么就意味着银行的资本不足,更容易倒闭。多德(Dowd,2014)认为,可以把风险模型看作是一只"基于校准数据的黑匣子,它给出了损失风险的预测或损失额的预测,即通常所说的风险测度"。接下来,针对用模型估计风险带来的各种问题,多德指出了这些问题的三个来源:(1)黑匣子或模型本身;(2)模型的输入项——即用于校准模型的数据;(3)模型的输出项,即风险测度。多德还发现了另一些问题:(1)无法确定损失的真实分布;(2)缺乏可靠的数据来计算违约率、相关性,以及住房市场崩溃等事件的概率;(3)最常见的风险测度,即在险价值(VaR),存在不足。

模型是金融机构进行风险管理的基础。对于这些模型的不足,没有人能说得比多德(Dowd,2009)更恰切了。他认为,这些模型依据的假设是不合理的。以下是多德的言论:

> 他们假设金融风险服从正态分布(因此,把至关重要的"肥尾"给忽略了);他们假设相关性是不变的(忽略了危机期间相关性激增,从而导致投资组合多样化遭到破坏的事实;而风险管理策略能够被预测,依据的正是投资组合的多样化);他们对市场流动性所作的假设,在他们最需要的时候并不成立。

多德补充道,风险模型过分强调无关紧要的正常市场条件,却忽略了至关重要的异常市场条件。多德等人(Dowd et al.,2011)认为,各种内部模型为资本充盈率、良好的风险管理提供了基础,但这个基础非常不牢靠——其中一个原因是,支配金融市场(作为一套社会系统)运行的过程,并不是像物理学定律那样,是一成不变的。

监管机构为了确定监管资本,使用模型进行了"压力测试"。多德(Dowd,

2014)对这些模型持怀疑态度,并认为:压力测试的目的虽然是为了金融体系的安全,但它们创造了"潜在的系统性金融危机"。具体而言,多德认为市场并不是"可数学化"的,因此,压力测试存在一些问题。多德指出,美联储的监管压力测试是有问题的,因为它们:(1)忽视了风险建模中既有的弱点,违背了好的压力测试的核心原则;(2)使整个金融体系暴露在美联储模型的弱点之中,大大增加了系统性风险;(3)造成监管负担日益繁重;(4)受到政治因素的不利影响;(5)不能解决独立专家识别到的重大风险;(6)从其他失败的监管压力测试中汲取的教训,未能得到体现。多德(Dowd,2014)认为,解决的办法是:"根据各种可靠的资本比率,而不是不可靠的模型,给银行设定一个简单而保守的资本标准。"

5.3 漏洞与缺陷

计量经济学遭到批评的原因有多种,本节将对这些原因进行简短的讨论。下面针对计量经济学在微观经济学、社会政策和宏观经济学中的应用,对计量经济学进行批判。

实证结果的敏感性

经济学和金融学的实证研究结果,对模型设定、变量定义、样本区间、估计方法和数据变换都十分敏感。因此,计量检验可以用来证明几乎一切事物,因为研究人员(通过操纵潜在的模型)势必得到一些结果,来支持某个先入为主的信念或是某种议程。使用没有理论支持的模型,更容易获得合意的结果,因为研究人员不再受限于基于理论的特殊设定。对"好结果"的追寻,让人们沉湎于数据挖掘。数据挖掘需要估计成千上万个回归式,然后挑选出最吸引人的一个或多个回归式进行报告。

如果分析是出于政策的目的,那么此举会让人们开出错误的政策处方。一些经济学家是政客和特殊利益团体雇用的枪杆子,他们的目的是用实证研究来支持雇主们的议程。例如,只要实证结果能够证明,枪支的增加能减少犯罪,那么美国的枪支游说团体就愿意付出任何代价。而这已经得到了证实(Lott & Mustard,1997)。在公司金融领域,通过操纵潜在模型,可以验证两个相互竞争的资本结构理论中的任何一个(Moosa,2012)。①

实证结果的不敏感性

实证结果可能对估计方法和模型设定不敏感,这不禁让人怀疑:"复杂的"计量经济学估计方法有何用处。例如,穆萨(Moosa,2003,2011a)和玛哈拉杰等(Maharaj et al.,2008)证明,使用复杂程度不同的估计方法来估计套期保值比率和套期保值的有效性,得到的结果差异并不大,因为相关性是关键。第10章将介绍类似的操作。

未解释的截面差异

在检验特定假设的时候,如果使用的是跨国、跨地区或跨研究对象的时间序列数据,那么得到的结果通常五花八门,而截面的差异也得不到明确的解释。例如,巴赫马尼-奥斯库耶和阿尔斯(Bahmani-Oskooee & Alse,1994)对19个发达国家和22个欠发达国家检验了J曲线效应,结果莫衷一是。对奥肯系数的估计也一样(参见Moosa,1997)。第10章将对此进行说明。

可疑的检验与步骤

计量经济学提供的估计和检验方法,使研究人员能够证明几乎一切事物,并让任何模型都看上去很美。约翰森协整检验(Johansen test for cointegration)就是个让所有人能够证明一切的突出例子,而(幸运的是)该检验已经踏上了像恐龙一样灭绝的道路。约翰森检验会过度拒绝"无协整"的原假设,其结果对潜在模型的设定十分敏感,尤其是对滞后阶数的设定。② 由于确认偏误和发表偏误的存在——也就是说,人们希望得到不拒绝潜在假设的结果,从而使结果可以发表出来——约翰森检验已经沦为一个有用的工具,用以产生合意但有误导性的结果。相比很难通过的恩格尔-格兰杰残差检验,约翰森检验提供了些许慰藉,但是协整应当是一种罕见的情况。第9章将对约翰森检验的"多用途性"进行说明。

---

① 指的是啄食顺序理论(pecking order theory,也译作"优序融资理论")和权衡理论(trade-off theory)。啄食顺序理论认为,企业会先进行内源融资,再进行债券融资,最后才进行股权融资。权衡理论认为,企业在负债在税收上的得益(债务利息可以减税)和预期破产成本之间进行权衡(债务太高容易产生支付债务利息的压力过大,导致企业偿付能力不足)——译者注。

② 原文作"协整的原假设",意思与文意相反,根据相关资料修改——译者注。

至于让任何模型都看上去很美的检验步骤,用来校正序列相关的科克伦-奥克特(Cochrane-Orcutt)方法便是一例。用这一步骤来估计回归方程,会得到:R^2 等于 0.99,DW 值接近于 2——这是十分完美的结果。然而,这一结果与最小二乘(OLS)的结果存在显著差异。例如,把加拿大元/美元的汇率对英镑/美元的汇率做回归,得到的 R^2 为 0.146,DW 值是 0.078。如果用科克伦-奥克特方法估计同一方程,R^2 会飙升到 0.94,而 DW 值则上升到 1.80。尽管米赞(Mizon,1995)警告说,不要去校正序列相关,但人们仍照常使用这种校正方法。

相关性与因果性

与实证研究相关的一个重要问题是:把相关性当作因果性,再根据相关性进行推断。而计量经济学家们给出的答案,要归功于克莱夫·格兰杰(Clive Granger)。格兰杰根据时间上的顺序——因为第一件事发生在第二件事之前,因此第一件事引发了其他事,设计出了一套因果性检验。之后,格兰杰因果性检验出现了多种变体,这使经济学家们得以反复检验同一假设,而无法得出任何结论。因果性的概念是荒唐的,这个谬误有时被称作 *post hoc ergo propter hoc*,即"在此之后,所以因此"的拉丁文。因果性检验的发展,源于人们想让经济变得像物理学一样的愿望。在物理学里,我们知道力会导致运动:推购物车,购物车会向前移动;拉购物车,购物车会向后移动。毫无疑问,推(拉)力会引起运动,而不是运动引起推(拉)力。在经济学里,我们根据有误导性的因果性检验,来确定通货膨胀和经常账户是否会造成汇率变动,或者相反。诚然,通过改变潜在向量自回归(VAR)的滞后结构,我们可以证明我们想要证明的一切。对于这所有的一切,经济学家们根本懒得去叙述,X 为什么会导致 Y——我们只需要相信格兰杰因果检验的结果,或是其信徒得到的结果。

伪相关

如果两个变量相关,它们之间可能是伪相关。例如,比尔德等人(Beard et al.,2011)对美国监管机构的预算内支出对私人部门就业的影响进行了分析,结果发现:如果美国把所有联邦监管机构的总预算降低 5%,那么私人部门每年将增加 120 万个就业岗位。他们认为,解雇一名管理机构的工作人员,可以为私营部门创造 98 个就业机会。上述结果听起来十分荒谬,很可能是受反监管立场的意识形态所驱动,通过广泛的数据挖掘而得到的结果。令笔者不解的是,数字 98 看上去与表示重力加速度的数字 32 一样精确,但这个伟大的发现却并未被称作"比尔德等人的定律"。

很自然,比尔德等人没有告诉我们,解雇监管人员是如何创造就业的机制。这是伪相关的一个例子,是对多元回归方程的解释所造成的。计量经济学家又一次救了场,他们给出了两个并没有什么用的伪相关检验:一个是比较R^2和DW,另一个则基于协整(参见Moosa,2016a)。在现实中,告诉我们是相关还是伪相关的,是常识而非计量经济学——因此,我们决意抛弃常识,而对计量经济学青睐有加,并不是件幸事。

假设检验与预测

计量经济学有别于科学的是,模型的验证取决于检验,而不是预测力。因此,针对计量经济学预测性检验的缺乏,戈策尔(Goertzel,2002)提出了批评。例如,在公司金融文献中,我们通常会发现:一个回归式就占了三行还多,因为其中包含约15个解释变量。虽然估计的模型有多个版本,但只有最好的结果才会报告出来,其中包括t统计量、系数,可能(只是可能)还有一些诊断检验。对于模型的预测力,则只字不提。实际上,通过评价模型的预测力来验证模型,在时间序列分析中更为常见。这正是经济学家吹嘘其模型有良好样本外预测能力的地方——而这些模型通常是动态的。已经有人证明,使用任何形式的动态关系,都会引入因变量的一个滞后项,而这无异于骗人(Moosa & Burns,2014a)。

对于在"最准确的预测模型"中使用因变量的滞后项,克林(Kling,2011)表示反对。他认为,由此得到的方程,通常拥有模型的构造者所不希望拥有的性质。在方程中包含因变量的一个滞后项,会破坏模型的结构。如果不包括因变量的滞后项,则会导致较大的预测误差。可以认为,使用"增量因子"(add factor),既保留了模型构造者偏好的方程,同时又引入了判断,把因变量滞后项的信息包含在内,进而得到相对准确的预测。① 但是,从动态模型得出的"准确预测"并不是真的准确,第11章将对此进行说明。

显著性水平

对于一个解释变量多达15个的回归方程,其显著性水平通常用星号来表

---

① 例如,预测模型原本是$y_{t+1}=f(x, y_t)$,但该模型对近时因变量y_t的预测值低于(或高于)真实值。为了减少预测误差,研究者可以把模型改为$y_{t+1}=a+f(x, y_t)$,这里的a就是增量因子(add factors)——译者注。

示(＊表示10%，＊＊表示5%，＊＊＊表示1%)。然而，没有人告诉我们，判断统计显著性时需要考虑什么。用半颗星表示20%，用6颗星表示0.5%如何？针对统计显著性，赫尔曼和斯特恩(Gelman & Stern，2006)提出了一系列相关问题，包括：(1)统计显著性与实际重要性并不等同；(2)结果显著和结果不显著的二分法，导致人们拒不接受观察到的差异，而去支持"不存在差异的原假设"；(3)任何用来划分显著性的阈值，都是随意的。不过，他们强调的是另一个问题，即解释上的错误：统计显著性的变化，在统计上并不具有显著的意义。他们并没有像老生常谈那样指出，任何具体的阈值都是随意的；而是提到，只需要一个微小的变化，就能把估计的显著性水平从5.1%提高到4.9%，使之变成统计显著的。

2016年3月7日，美国统计协会(American Statistics Association，ASA)发布了《关于统计显著性和 p 值的声明》，给出了合理使用和解释 p 值的六项原则。这些原则包括：(1) p 值可以表明，数据与特定的统计模型有多不兼容；(2) p 值不能度量所研究的假设为真的概率，也不能度量数据纯粹是随机生成的概率；(3)得到科学的结论、进行商业和政策决策，不能只以 p 值超过特定阈值为依据；(4)适当的推断需要完整的报告和透明；(5) p 值或统计显著性不能度量某个效应的大小，也不能衡量结果的重要性；(6) p 值本身并不能提供很好的、关于模型或假设证据的度量。

金融学文献已经认识到了显著性水平的选择问题。哈维等人(Harvey et al.，2016)认为，在解释预期收益截面变异(遵照CAPM和Fama-French模型的精神)方面，相关研究进行了广泛的数据挖掘。他们指出，"对于新发现的因子，使用通常的显著性标准并没有什么经济上或统计上的意义"(通常的显著性标准是指 t 值大于2)。一个重要但难以回答的问题是：就目前的研究来说，应该使用什么阈值？哈维等人认为，新发现的因子应该满足更高的阈值，其 t 值应当大于3。相应地，他们认为"金融经济学标榜的大多数研究成果，很可能都不成立"。

同样，金(Kim，2016)、金和崔(Kim & Choi，2016)以及金和姬(Kim & Ji，2015)发现，使用传统的显著性水平时，人们并没有考虑检验的势、样本量等因素，这让他们对"研究的可信度和诚信"表示怀疑。金(Kim，2016)考察了天气如何影响股票收益(这类研究看上去像个笑话，除非伪相关不是个笑话)的两项研究，对其报告的统计显著性进行了评估，得到的结论是：研究结果对"无效应"的原假设存在偏误。金和崔(Kim & Choi，2016)研究了各种单位根检验的显著性，其结论是：由于检验的势较低，使用传统的显著性水平并不是最优的。金和姬(Kim & Ji, 2015)考察了近期顶级金融学期刊上发表的论文,得到的结论是:由于存在偏向显著性的发表偏误(publication bias),这些文章使用了较低的显著性水平。

马格努斯(Magnus, 1999)提到了与显著性水平相关的另一个问题。他反对根据 t 统计量进行判断,并把系数不显著的变量排除掉的做法。原因是,排除这些变量可能会对其他系数的估计产生不利影响。这也是弗里希(Frisch, 1933b)在谈及"一套全新的显著性分析"时所写的:

> 在这个领域,我认为,我们需要一套全新的显著性分析。这套分析的依据,不应该是机械地套用标准误,即用或多或少看似合理的统计数学公式所计算出的标准误;这套分析的依据,应当是彻底的比较分析,考察与经济理论基础相关的、各种可能类型的假设,以及这些假设对观测数据的解释造成的各种后果。

众所周知,目前的计量经济学实践,已经与弗里希在九十多年前所推崇的相去甚远。

遗漏变量与不可测变量

如果模型不以理论为基础,那么,遗漏变量问题就变得尤为重要,尤其是对截面数据估计得到的模型。例如,决定外国直接投资(FDI)流入的因素有很多(Moosa, 2002; Moosa & Cardak, 2006)。一个典型的模型是:把 FDI 流入作为因变量,加入大量的解释变量,再通过各种不相干的假设,把这些解释变量与因变量联系到一起。在缺乏理论模型的情况下,并不能保证模型包含了所有相关的解释变量。有时,人们会故意排除掉某个解释变量,因为这个变量无法测量。如果模型排除了一个重要的解释变量,那么结果就会出现偏误。原因是,为了补偿这个遗漏变量,模型会高估或低估一个或多个其他变量的效应。

偏误的存在,必须满足两个条件:(1)遗漏变量必须是因变量的一个决定因素(即模型如果包含遗漏变量,遗漏变量的系数是显著的);(2)遗漏变量必须与方程中的另一个解释变量相关。如果存在遗漏变量问题,误差项就会与解释变量相关,从而违反最优线性无偏估计量所需的假设中的一条(结果是,得到的估计量是有偏、不一致的)。尽管有人宣称,一些计量方法可以解决遗漏变量问题,但是,如果模型排除了一个重要的解释变量,那么在理论上,这个模型仍然是误设的(misspecified)。

5.4 经济学在微观经济和社会政策的应用

用计量建模来评估社会政策影响的做法，遭到了戈策尔(Goertzel, 2002)的批评，因为多元回归无法区分相关性和因果性。一些研究通过计量建模来提出微观经济和政策方面的建议，得到了如下结果(均基于美国数据)：(1)每处决一名囚犯，就能阻止未来的八起谋杀；(2)一个州的居民秘密携带枪支的百分比每提高1%，谋杀率将下降3.3%；(3)20世纪90年代犯罪率的下降，有10%~20%是由于20世纪70年代的堕胎率上升造成的；(4)如果没有建造新的监狱，1974年以来的谋杀率会增加250%；(5)20世纪90年代的福利改革，迫使110万儿童陷入贫困。同样，请回顾可以被称为"比尔德等人的定律"的结论，它假定：每解雇一名监管者，将为私营部门创造98个岗位。

戈策尔(Goertzel, 2002)认为，"如果你受到这些研究的误导，你就会陷入垃圾科学的一种极其有害的形式"，即用计量模型来评估社会政策的影响。接着，戈策尔把这些研究描述为"表面上令人印象深刻"，"由知名机构的著名社会科学家所创造"，"通常发表在有同行评议的科学杂志上"，以及"充斥着统计计算，除了另一名专家能够理解，对其他人都过于复杂"。人们期望这些研究给出数值精确的"事实"，好在政策辩论中引用；但是，人们迟早会发现，这种"事实"是杜撰的。他接着说道，"通常，一个明确盖棺定论的研究笔墨未干，另一个同样精确而恢宏的研究就会出现，但给出的事实却截然不同"，并且"虽然有精确的数值，但这些事实的可靠程度，跟卜卦者的异象没什么两样"。

这些研究会造成严重的后果：研究的结论为严苛的政策提供了正当理由。这些研究暗示，尽管死刑有误判的可能，但却是道德的。这些研究暗示，即便美国的谋杀率畸高，也应当鼓励居民秘密携带枪支。美国为全球25%的入狱人口提供了住所，按人均来算，比所谓的流氓国家和恐怖主义国家还要高。这些研究暗示，这样做并没有什么错(很自然，不用明说就知道，大规模监禁的动机是想让私营监狱行业获益)。这些研究暗示，儿童的命运应由无所不能的市场决定。而基于多元回归分析的实证研究，已经被用来或是可以被用来证明，像奴隶制、战争这样的罪恶行径是合理的，右派人士对放松管制的痴迷也是合理的。

虽然这些研究的结果站不住脚，而且是为特殊目的而设计的，人们仍然相信，这些结果是"事实"，因为这些研究的出发点是：它们主张的政策是正确的，应当遵循。哪怕别的研究得到了截然相反的证据，最初的结论仍然是制定政策的基础。例如，洛特和马斯塔德（Lott & Mustard, 1997）的结论是：秘密携带枪支能够威慑犯罪行为。对于枪支游说团体而言，这正中下怀；但对皮尔斯·摩根（Piers Morgan）和智识之士来说，则不然。更妙的是，秘密携带枪支不仅能制止暴力犯罪，还不会导致意外死亡的上升。一旦有智识之士出来反对这些结论，洛特（Lott, 2000）就会指责他们"更看重意识形态，而不是科学"（这是哪门子科学？把意识形态放在第一位的到底是谁？）。对此，齐姆林和霍金斯（Zimring & Hawkins, 1997）给出了如下看法：

> 正如洛特和马斯塔德两位先生那样，可以用杀人行为各种决定因素的模型，得到统计残差，由此说明"应配发枪支"（shall issue）的法律减少了杀人行为。我们期望有一名意志坚定的计量经济学家，能用不同的模型对同一历史时期进行探讨，得出相反的效应。计量建模是一把双刃剑，它能够促成各种统计上的发现，温暖各种教派忠实信徒们的心。

他们（齐姆林和霍金斯）是对的。布莱克和纳金（Black & Nagin, 1998）发表的一项研究指出，如果对统计模型稍作修改，或者把同样的模型应用到其中的一段数据上，洛特和马斯塔德的发现便不复存在。他们发现，如果把佛罗里达州从样本中移除，那么"配枪权法律对谋杀率和强奸率，就不存在可察觉的影响"。布莱克和纳金的结论是，"根据洛特和马斯塔德的模型所做的推断是不合理的，用他们的结果来制定公共政策，是不负责任的"。这类对计量经济学的批判，涉及实证结果对模型设定以及其他因素的敏感度分析。

戈策尔（Goertzel, 2002）把多元回归分析的失败归为如下因素：（1）线性假设；（2）变量的正态分布假设；（3）不知道因果关系的方向；（4）缺乏预测检验。他认为，最可靠的研究应当基于较为简单的统计技术，而不需要对数据进行太多的调整和标准化。简单的最大好处是，人们不需要花很多年去学习晦涩的计量技术，就能阅读并运用这些研究。与基于多元回归的研究相比，广泛使用图形的研究，如塞林（Sellin, 1959）、布卢姆斯坦和沃尔曼（Blumstein & Wallman, 2000），虽然"不太复杂"，但却更为成功、信息量更大。

5.5 应用于宏观经济学的计量经济学

对于在宏观经济学中套用计量经济学形式主义的做法，萨默斯(Summers, 1991)提出了批评。他认为，"我们最有信心的经验事实，是用最简单的统计分析就能理解的事实，它们为理论提供了最坚实的基础"。萨默斯考察了一些倍受赞誉的宏观计量研究(Hansen & Singleton, 1982, 1983; Bernanke, 1986)。他认为，这些论文虽然出色地运用了计量方法，但其证明的内容，无法用作未来理论的依据。而在自然科学中，"研究人员会急匆匆地验证竞争对手的实验室提出的主张是否成立，并在此基础上进行研究"。萨默斯指出，经济学很少出现这种情况。他将之归结为"对于理论的提出，或是一般专业观点的演变，（计量研究的）结论并不是重要的输入项"。对于成功的实证研究，萨默斯是这样描述的：

> 成功的实证研究具有以下特点：试图衡量关联性的强度，而不是估计结构参数；用文字来描述因果关系是如何起作用的，而不是用明确的数学模型；巧妙地运用精心挑选的自然实验，而不是使用复杂的统计技术来实现识别。

可见，萨默斯批评了在宏观经济学中使用计量的做法。其批评的依据是：因果性与相关性的混淆；与使用文字表述相比，更偏好数学方程；使用的是统计方法，而不是实验。

对于在宏观经济学中使用计量的做法，另一位提出批评的经济学家是阿诺德·克林(Arnold Kling, 2011)。他认为，"宏观计量模型建立的基础，其不可靠程度令人震惊，但决策者却用这些模型来展现精准性和确定性"。对于使用因变量的滞后项、增量因子等技术手段，以牺牲诚信为代价，让模型变得更"精准"的做法，他尤其反对。宏观计量模型之所以不具有科学性，是因为真实世界发生的事件通常独一无二、不可重复，这与受控实验的对象是不同的。克林用下面的故事，指出了宏观计量模型的不可靠：

> 2009年，在奥巴马就职总统前的十天，他手下的两名经济学家克里斯蒂娜·罗默和贾里德·伯恩斯坦(Romer & Bernstein, 2009)发表了一份备忘录，对财政刺激方案的效果进行了分析。在备忘录的引

言部分，两位作者提醒说，我们对各种经济关系和经验法则的估计是由历史经验推得的，因此，在任何情况下，都不会是完全适用的。此外，当前的不确定性肯定高于正常水平，因为当前经济衰退的根本原因和严重程度，都非同寻常。然而，备忘录的剩余部分却传达出了确定性和精准性的意味。

克林(Kling, 2011)进一步表示，罗默和伯恩斯坦用来预测财政刺激效用的这类宏观计量模型，是"纯粹的捏造"。把数据代入模型，会得到十分尴尬或是令人吃惊的结果。在这种情况下，模型构建者会调整模型的先验结构，并通过多次迭代，重新估计模型。这种估计无异于是折腾数据，直到获得想要的结果。

克林(Kling, 2011)还提到了结果对模型设定和相似因子的敏感性。他认为，影响关键宏观经济变量的因子几乎有无限多个；而同一个因子的表示，也存在多种潜在的设定。他提到了线性设定和非线性设定，去趋势数据与趋势数据，当期数据与滞后数据。接着他又说，一个跨越二十年的季度数据集，提供的观测值不是80个，而是少于80个。原因是时间加总，即任意一个季度的观测值，都对下一个季度的观测值有影响。因此，因变量的滞后项是个强有力的预测因子。由于观测值的个数有限，控制变量也有较大的选择余地(把备选设定考虑在内)，这与准实验相去甚远。第11章将证明，只有在随机游走的情况下，因变量的滞后项才是个"强有力的预测因子"。

5.6 结 束 语

计量经济学遭到批评，是因为实证结果对模型设定、估计方法等诸多因素十分敏感。第7章将提到，使用截面数据得到的结果十分敏感，以至于可以证明，两个对立的理论均是成立的。第8章、第9章和第10章将说明，时间序列数据也存在同样的问题。在某些情况下，结果对模型设定、估计方法并不敏感，这让人疑惑：为何不使用最基本的方法？第10章将用套期保值比率的估计来说明这一点。

计量分析的另一个问题是，对大量的国别样本进行时间序列研究时，大部分的截面差异都无法得到解释。很难解释，为何索马里的结果与瑞典类似，而瑞典的结果又与芬兰不同。由于可疑的检验和步骤随手可得，要证明任意数量的变量(不管它们是什么)都构成一个长期关系，是有可能的。这大大增强了研究人员获得想要得到的结果的能力。还有一些步骤，能让研究人员把糟糕的诊断和拟合结果变得完美无瑕。

计量经济学家告诉我们，使用计量检验很容易区分相关性和因果性，并且识别伪相关。然而，这只是一厢情愿的想法。第 8 章和第 9 章将介绍这一问题的一些结果。计量上的因果性并不是真正的因果性，只有常识能够告诉我们，一个关系究竟是虚假的还是真实的。计量预测与计量上的因果性一样糟糕。此外还有显著性水平的选择问题。选择一个"适当"的显著性水平，任何假设都可以被拒绝。最后还有不可测量变量和期望变量的问题，这使得结果对变量的测量方式十分敏感。

由这些批评，虽然不足以列出"计量经济学无用的五十个理由"，但它们足以消除计量经济学或许曾经拥有过的可信度。诚如两位开明的、不因循守旧的经济学家所言，计量经济学的确是"垃圾科学"和"骄傲自大的科学"。

第6章 凯恩斯、利默、卢卡斯和奥地利学派对计量经济学的批判

6.1 引 言

第5章给出了一系列论据,支持了"计量经济模型可以用来证明一切"的论点,得到了计量经济学是"垃圾科学"的论断。这些论据是成立的,因为在进行实证研究时,任何脚踏实地的经济学家都想知道,他们的研究是否有价值。对此,计量经济学忠实信徒们的回应是:脚踏实地的经济学家并不了解背后的数学和统计基础理论,因此,这些经济学家在计量分析方面做得并不好。我时常听到一种观点,认为计量经济学研究只能由计量经济学家来完成。而在现实中,脚踏实地的经济学家不必了解渐近理论就能认识到,计量分析的价值不大。这好比我们中间只有少数人知道内燃机的工作原理,但我们都知道汽车是有用的,因为汽车可以载着我们,舒舒服服地去到遥远的地方。

许多杰出经济学家为我们理解经济运行作出了贡献。然而,他们拒绝使用计量经济学,专注于使用图表和描述性文字。伟大的经济学家琼·罗宾逊(Joan Robinson)就是一例。她并没有使用正规的方程,而是偏爱图表和图形,辅以清晰的文字描述和讨论作为支撑。换句话说,她没有理由以复杂的数学作为幌子。由于其研究工作的重要性得到认可,她于1949年受邀任职国际计量经济学会的理事会。邀请者是佳林·库普曼斯,一名与她同时代的重要计量经济学家。① 然而,罗宾逊拒绝了邀请,理由是她不想加入一个研究成果让她无法读懂的协会(当时,大多数经济学家都读不懂,甚至现在也是;Crawford, 2016)。另一名杰出经济学家罗纳德·科斯(Ronald Coase)曾说了一番话,这

---

① 原文作 Jan Koopmans,根据资料更正——译者注。

番话时常被人引用：如果你去折腾数据，你就会得到想要的结果。① 伦纳德（Leonard，2014）认为，即便你不是罗纳德·科斯（Ronald Coase），你也能意识到这一点。伦纳德写道：

> 要理解"折腾"数据得到最理想的结果有什么意义，你并不必成为诺贝尔经济学奖获得者，像罗纳德·科斯那样。以非系统的方式收集数据、操纵数据，再把数据分发给大量的用户，这个问题一直在发生。你会丧失客观性，丧失一致性，丧失以合理的置信水平审视历史数据的能力。这是个问题。

这确实是个问题，尤其是确认偏误无处不在，还以意识形态为出发点的时候。对计量经济学的另一个批评，依据的是我们讨论过的一个观点，即：计量经济学已经从达到目的的手段，变成了目的本身；相应地，经济学理论（以及直觉和常识）已经无足轻重。麦克洛斯基（McCloskey，1985）认为，在已发表的计量研究中，经济学家倾向于过度依赖统计技巧，往往不能用经济推理来增减变量。

对计量经济学提出批评的人士，并不只有脚踏实地的经济学家，还有数学及统计学素养无懈可击的知识分子。这些知识分子包括凯恩斯、爱德华·利默（Edward Leamer）和罗伯特·卢卡斯（Robert Lucas）。还有一些经济学家也对计量经济学提出了批评，他们认为：要成为好的经济学家，具备数学和统计知识，既不是充分条件也不是必要条件。奥地利学派对经济学的量化尤其持这种态度。本章将阐明这些知识分子的观点。

6.2 凯恩斯对计量经济学的批判

凯恩斯批评计量经济学的详细记录，载于加洛尼和马奇纳蒂（Garrone & Marchionatti，2004）以及帕廷金（Patinkin，1976）。凯恩斯的批评（Keynes，1939，1940）主要是针对扬·丁伯根（Jan Tinbergen，1939a，1939b）的研究。丁伯根的研究以两卷本报告的形式提交给了国际联盟，报告涉及经济周期理论

---

① 科斯的原话是：If you torture the data long enough, it will confess。中文直译：如果你把数据折磨得够久，它就会招供（即得到你想要的结果）——译者注。

的统计检验,其目的是给出总体经济的预测,指导政府政策,调控经济周期。① 报告的第一卷是对计量检验方法的解释,这也是凯恩斯关注的重点;第二卷是应用,对象是1919—1932年间的美国经济周期。凯恩斯(Keynes,1940)对丁伯根研究的评价颇为苛刻,他如是说:

> 没有人比丁伯根教授更坦诚、更刻苦、更费尽心机,有更少的主观偏见或是先入之见。考虑到人类品质的局限,在巫蛊之术方面,没人比丁伯根教授更值得信任。但要说现阶段有哪个值得我信任的、会使用巫蛊之术的人;或者说,这套统计炼金术已经成熟,成为了科学的一个分支,我是暂且不信的。不过,既然牛顿、波义耳和洛克都玩过炼金术,姑且让他继续吧。

凯恩斯对计量经济学的批评一开始遭到了反对。人们认为,凯恩斯的经济学理念过时了。萨缪尔森(Samuelson,1946)就坚持认为,凯恩斯在技术上是无能的。至于凯恩斯对丁伯根研究的评价,克莱因(Klein,1951)将之称作"(凯恩斯)最令人惋惜的职业表现之一"。斯通(Stone,1978)认为,凯恩斯对经济学文献知之甚少,并把凯恩斯对计量经济学的严厉批评归为"(凯恩斯)喜怒无常的性格"。斯蒂格勒等人(Stigler et al.,1995)指出:"凯恩斯长期执掌《经济学刊》(*Economic Journal*),可能阻碍了计量经济学论文的发表,因为他对计量经济学持怀疑态度。不过,这对《计量经济学》(*Econometrica*)大有裨益,而他的政策也对《经济研究评论》(*Review of Economic Studies*)有利。"然而,《经济学刊》已经效仿《计量经济学》和《经济研究评论》,开始发表让人无法理解的、没什么价值的论文,只为看起来与这个领域的领头期刊一样,又好又"酷"。

自20世纪70年代末以来,新的研究认识到,凯恩斯的批判是恰当、合理的。首先,帕廷金(Patinkin,1976)发现:"有些令人沮丧的是,很多(凯恩斯对使用相关分析来估计各种方程的)批判,至今仍是成立的。"韩德瑞(Hendry,1980)写道:"(凯恩斯的)反对意见是一张非常好的清单,列出了线性回归模型的各种问题。"佩萨兰和史密斯(Pesaran & Smith,1985)认识到,在技术和逻辑论证上,凯恩斯都是正确的。罗利(Rowley,1988)断言,"凯恩斯的批评意

---

① 国际联盟(League of Nations),成立于1920年1月,并于1946年4月解散。后被联合国所取代——译者注。

见,并没有被当下的正统理论所吸纳,而是被淡化、被遗忘、被误述了"。令他感到惋惜是,"我们等待计量方法论成熟、解决其逻辑基础已经太久"。麦卡利尔(McAleer, 1994)、达尔玛帕拉和麦卡利尔(Dharmapala & McAleer, 1996)认为,凯恩斯对丁伯根计量方法论的一部分批评,"在今天仍然成立";凯恩斯的隐含研究计划,"导致计量技术后来有了大发展,而如今,这些技术被广泛用于应用计量经济学"。同样,凯赞卡普(Keuzenkamp, 2000)坚持认为,凯恩斯的怀疑仍然是充分合理的。总而言之,如今的人们认识到,凯恩斯对丁伯根的批判在很多方面都是合理的。

凯恩斯(Keynes, 1940)提出了不可测量变量的问题。因为他想知道,对于期望,对于未来的信心状况,对于发明、政治、劳动纠纷、战争和金融危机等非数值因素,可以有多大的余地。对于与理论检验相关的问题,即同一理论可以导出不同的计量设定,他作了如下评论:

> 《七十士译本》的七十个译者,被关到了七十个隔开的房间里,翻译希伯来语的文本。然后,他们走出房间,拿出了七十个相同的译本。如果把七十个计算多重相关的人员关起来,给他们同样的统计资料,能否保证同样的奇迹会再次出现? 无论如何,我认为,如果计算人员的房间里都事先坐着一名经济学家,那么,结果会大不一样。

凯恩斯提出了伪相关的问题,他认为:"如果我们使用的并不是完全独立的因子,我们就会暴露在……'伪相关'的复杂性之中。"接着,他通过下面的文字,提醒人们注意联立性问题:

> 如果考察的现象本身,会对解释这一现象的因子做出反应,会发生什么? 在考察投资的波动时,丁伯根让投资的波动依赖利润的波动。然而,如果利润的一部分波动依赖投资的波动(很明显,确实是如此),会发生什么? 在脚注里,丁伯根教授提到了普遍的困难……他说……"必须谨慎"。可他是否谨慎呢? 在实践中,丁伯根教授似乎完全不关心各种基本因子是不是相互独立的。

凯恩斯还提到了一些技术上的重要问题,包括函数形式、时滞和趋势。他断言,被广泛使用的线性假设并不太可能,并且呼吁人们考虑其他函数形式。对于动态设定的一般问题,凯恩斯指责丁伯根缺乏严谨,处理时滞和趋势采用

的是事后方法,即通过反复试错来选择。对此,他说:

> 丁伯根教授……为了自己发明了它们(时滞)。为了实现这一点,他似乎用了某种试错的方法。也就是说,他一直坐立不安,直至找到一个时滞,与他正在检验的理论相差不大,也符合他的方法的总体假设……趋势因子的引入更为棘手,讨论得也更少……对于投资的波动,丁伯根教授解释说,"趋势"是用战前九年的移动平均值来计算的……这被用作战后时期的直线趋势。

凯恩斯实际上是说,总可以找到一个模型去拟合历史数据、讲出个好故事,但这什么也证明不了。他对操纵数据从而"让解释一切事实成为可能"的做法提出了质疑(Keynes,1939)。他还对结构稳定性的假设提出了异议,并对参数为常数的假设表示怀疑。①

佩萨兰和史密斯(Pesaran & Smith,1985)采用原始的、没有去趋势的序列,通过最小二乘法(OLS)重新估计了丁伯根的一些关系,希望考察去趋势对丁伯根结果的影响。结果是,去趋势对丁伯根的结果是有影响的。他们发现,"没有去趋势的最小二乘结果,受到残差自相关的显著影响,这极大地质疑了所估回归系数的大小和统计显著性"。佩萨兰和史密斯的结论是,残差的自相关可能是凯恩斯所强调的各种因素所导致的,其中包括:遗漏变量、函数形式的误设、结构变化,以及一系列其他因素,而"所有这些,凯恩斯都在评论里强调过了"。

帕廷金(Patkinin,1976)、佩萨兰和史密斯(Pesaran & Smith,1985)以及麦卡利尔(McAleer,1994)都认为,凯恩斯提出了误设的问题。凯赞卡普(Keuzenkamp,1995)则认为,凯恩斯的贡献不止于此。他认为,"凯恩斯的批评并不主要针对误设","其批评的依据,既不是对计量经济学和概率论推断的全盘否定,也不是对关键的问题有过时的误解"。凯赞卡普实际上认为,丁伯根与凯恩斯是有区别的:丁伯根是十分务实的研究者,而凯恩斯则"侧重概率论推断的逻辑条件,这从其早期研究中可见一斑"。凯赞卡普总结说:"对投资进行计量建模,时至今日,都是应用计量经济学中一个臭名昭著的难题。这说明,凯恩斯的反对意见并不是全盘错误的。"

西尔(Syll,2012b,2012c,2012d)是另一位捍卫凯恩斯的立场及凯恩斯

---

① 原文作"结构不稳定性",根据句意改为"结构稳定性"——译者注。

对计量经济学批判的经济学家。针对凯恩斯连自己在说什么都不知道的(粗暴)指控,西尔尤其关切。以下是他必须要说的:

> 不幸的是,经济学家们通常秉持这样的观点,认为凯恩斯对计量经济学的批判,是一名可悲的、得到错误消息、受人误导的知识分子得出的结论。而此人不仅讨厌计量经济学,对计量经济学也了解甚少。这实在是个令人作呕的误解。小心谨慎与讨厌是两码事。只要细读南希·卡特赖特(Nancy Cartwright)、克里斯·查特菲尔德(Chris Chatfield)、雨果·凯赞坎普(Hugo Keuzenkamp)或阿里斯·斯潘诺斯(Aris Spanos)等人的数理统计与哲学著作就会发现,如今受人尊崇的权威人士,多多少少提出了同样的批评(Syll, 2012b)。

西尔强烈反对如下的"常识",即认为凯恩斯误解了计量经济学发展过程中的关键问题。实际上,凯恩斯对这些问题了解得十分透彻;只是,对于计量方法在应用时所做的一些假设,他对其有效性和哲学基础并不满意。凯恩斯所说或所写的一切,都是对的。他认为,在第一次世界大战后对待德国过于严苛会引发风险,就是对的。他认为,创造以美元为基础的国际货币体系是不可能的,这也是对的。而他对计量经济学的批评,也是对的。

6.3 利默的批判

20世纪80年代早期,杰出的统计学家爱德华·利默(Edward Leamer)敦促开展经济学实证研究的人士,"去掉计量经济学中骗人的成分"(Leamer, 1983);他认为,"几乎没有人严肃地对待数据分析"。利默的诊断是:与他同时代人士的实证研究,对关键假设的变化并不稳健——他把这些假设称作"异想天开的",因为每个假设看起来都对。他提出的补救措施是进行敏感性分析,以此证明,对于设定和函数形式的各种变化,结果是稳健或者不稳健的。利默还提出了一种直觉方法,即"极限边界分析法"(extreme bounds analysis),该方法需要报告一系列待考察变量的系数估计。这一步骤克服了数据挖掘、报告合人心意的模型的趋向。

安格里斯特和皮施克的回应

利默(Leamer, 1983)认为,20世纪70年代和80年代初的大部分应用计量研究,都缺乏可信度。这一观点得到了安格里斯特(Angrist,2010)和皮施克(Pischke,1983)的认同。为了说明这一点,同时展示极限边界分析法的价值,利默选择了"死刑有没有阻止谋杀"进行研究。针对同一问题,艾萨克·埃利希(Isaac Ehrlich)在一系列论文中,使用时间序列数据(Ehrlich,1975a)和横截面数据(Ehrlich,1977b)进行了分析。埃利希的结论是,死刑具有巨大的威慑作用。利默(Leamer,1983)并没有复制埃利希的研究,而是用极限边界分析法,对"威慑假说"进行了独立的时间序列研究。利默有力地证明了,死刑具有威慑力的证据并不强,从而批驳了埃利希和刘智强(Ehrlich & Liu,1999)的观点。

除利默外,埃利希的研究也遭到了不少经济学家的严厉批评,尤其是鲍尔斯和皮尔斯(Bowers & Pierce,1975)以及帕赛尔和泰勒(Passell & Taylor,1977)。埃利希的研究结果似乎对函数形式的变化、加入的额外控制变量以及样本的变化十分敏感。而威慑效应的显著性,似乎依赖于20世纪60年代的观测值,而这段时间的谋杀率较高。批评者把这一观察结果归结为别的因素,而不是这一时期死刑数量的急剧下降。埃利希(Ehrlich,1975b,1977a)反驳了批评者对函数形式的意见,认为20世纪60年代为死刑提供了有益的变异,这段时期理应保留。

安格里斯特和皮施克(Angrist & Pischke,2010)认为,埃利希的批评者并没有找到其分析中最明显的漏洞。事实上,埃利希意识到:谋杀率可能会影响死刑的数量,反之亦然。因此,埃利希的结果可能存在遗漏变量偏误。埃利希试图用工具变量进行两阶段最小二乘法(2SLS)估计,解决逆向因果和遗漏变量偏误的问题。他把逮捕、定罪和死刑的概率视为内生变量,建立了联立方程组。他的工具变量是政府警力支出的滞后项、政府总支出、人口和非白人人口的比例。很自然,埃利希并没有解释为什么这些是好的工具变量,也没有解释这些变量为何与右侧的内生变量相关。我们知道的是,他可能尝试过不同的工具变量,但是得到的结果并不支持他想要证明的结论,因此没有报告这些工具变量。

安格里斯特和皮施克(Angrist & Pischke,2010)认识到,埃利希对死刑的研究,是利默(Leamer,1983)所说的那个时代十分典型的实证研究。他们发现了几个有趣的点:(1)当时的大部分研究,使用的时间序列样本的时间跨度都相对较短,其中的自变量和因变量具有很强的共同趋势;(2)使用面板数据来控制年份效应和固定效应的情况很少见;(3)使用工具变量来揭示因果性,通常运用得十分机械,几乎很少讨论为什么工具变量会影响待考察的内生变量,或者为什么这些工具变量构成了"好的实验"。不过,二人也争辩说"埃利希走在其同时代很多人的前列,因为他认识到,除了单纯的回归分析还有别的要求"。二人认为,埃利希研究的主要问题是"缺乏可靠的研究设计",因为他没有分离出可以揭示死刑对谋杀率有因果影响的根源。

安格里斯特和皮施克(Angrist & Pischke, 2010)认为,如今计量经济学里骗人的成分减少了。二人如是说:

> 实证研究的改进源自多个方面。更好的数据、更稳健的估计方法是一方面;另外,对于计量上的顾虑也不那么强调了,如果不太影响主要结论的因果性解释的话。不过,可信度革命的主要驱动力,是对更好的、表述更清晰的研究设计的追求。

就数据问题而言,埃利希(Ehrlich, 1975a)分析的时间序列有35个观测值,这在那个年代并不少见。相比之下,多诺霍和沃尔弗斯(Donohue & Wolfers, 2005)对死刑的研究,用的是1934年至2000年美国各州的面板数据。由于数据具有面板结构,跨越的年份更多,州内的变异也更丰富。不过,使用面板数据不大可能降低利默所说的"计量经济学中的骗人成分"——相反,可能会增加。的确,使用面板数据意味着样本更大,但是,面板回归得出的结果并没有告诉我们有用的内容。人们仍然可以用面板回归进行数据挖掘,得到想要的结果,而这无异于行骗。

安格里斯特和皮施克(Angrist & Pischke, 2010)提到了所谓的"较少的分心"——分心指的是凯恩斯关心的严重的计量问题。二人认为,鲍尔斯和皮尔斯(Bowers & Pierce, 1975)对埃利希(Ehrlich, 1975a)一文的对数转换的使用和样本期的选择过于关注。同样,帕赛尔和泰勒(Passell & Taylor, 1977)也被时间同质性F-检验和对数设定分散了注意力。因此,安格里斯特和皮施克认为,埃利希的批评者并没有"一针见血",因为他们没有把注意力放在工具变量的有效性和遗漏变量偏误上。毫无疑问,这些问题都很重要。但是,模型设定和样本选择同样重要,因为它们可以用来行骗。关注这些问题,并不是"对回归分析的教条式理解"。

安格里斯特和皮施克(Angrist & Pischke, 2010)认为,"对回归分析不那么教条的理解",关键在于更好的研究设计,特别是在应用微观计量方面。二人提到了"基于设计"的研究,即:对于任何类型的研究,应当像在真实实验中那样,关注其背后的研究设计。在准实验研究中,最突出的计量方法包括:工具变量、断点回归方法,以及双重差分类型的政策分析。二人提到了断点回归研究设计和模糊断点回归设计。① 他们认为,在准实验设计发展的同时,真实实验的数量和范围有了惊人的增长,伴随而来的是实验设计、数据收集、统计分析在质量上的提高。他们观察到,经济学家自行开展实验以及处理他人实验数据的情况都在增加。然而,经济学实验永远不会与物理学实验一样。至少,研究的对象(人类)有情绪、有偏见,而且很容易说谎。霍维茨(Horwitz,2012)断言,尽管许多主流经济学家自命不凡,但其实证研究(包括实验经济学领域较新的研究)与自然科学中的实验,具有非常不同的科学力。安格里斯特和皮施克对设计的辩解之词(可以用他们使用 d 开头词的次数来衡量),并不能去除计量经济学中的骗人的成分。

但是,这会把宏观经济学引向何方?安格里斯特和皮施克(Angrist & Pischke, 2010)认为,宏观经济学是可以进行某种实验的。他们提到了"很多宏观经济学家",这些人完全摒弃了传统的实证研究,专注于"计算实验"(computational experiments),正如基德兰德和普雷斯科特(Kydland & Prescott, 1996)所描述的那样。在计算实验中,研究人员选择一个问题,建立(理论)经济模型;然后,"校准"模型,使得模型在一些关键的统计维度上,能够模拟实体经济的行为;接着,改变模型参数(例如,调整税率或货币供给规则)进行计算实验,解决最初的问题。在过去的二十年里,遵循上述步骤的研究汗牛充栋,并且多在动态随机一般均衡(DSGE)的框架下展开。另一方面,克林(Kling, 2011)认为,对科学严谨性的渴望激发了人们对实验的辩解之词,因为"对照实验是科学严谨性的金标准"。由于经济学家无法像物理学那样开展对照实验,他们转而使用统计技术,以回归分析为主。然而,对开展实验的痴迷,让他们发明了"自然实验"这一术语。第二次世界大战后德国分裂为共产主义的民主德国和非共产主义的联邦德国,就是自然实验的一个例子。即便我们认同"经济学家能把实验做得像物理学家那样好"的说法,这也只是微不足道一部分,原因是:用已发布的数据进行实证研究更容易、更便宜,而且用实验来检验经济假设的可能性很小。

---

① 断点回归的英文是 regression discontinuity,即某个因素(分组变量)导致处理变量存在明确的分界点;如果认为断点附近处理变量的分组是随机的,那么就可对断点两侧的处理变量分别进行回归,找到该因素的效应。模糊断点回归的英文是 fuzzy regression discontinuity,即某个因素(分组变量)以一定概率导致处理变量分界,或者说,影响处理变量分界的因素不止一个,但处理变量与这些因素高度相关——译者注。

安格里斯特和皮施克(Angrist & Pischke, 2010)谈到了计量经济学的"可信度革命"。不过,他们把这场革命的范围局限在了实证微观经济学上。宏观经济学研究不适于较新的、以设计为导向的实证研究。他们认为,利默的诊断虽然正确,但他开出的药方不一定正确。二人认为,自利默提出批判以来,实证微观经济学所经历的"可信度革命"主要是因为人们更加关注研究设计,而不是关注利默开出的敏感性分析的药方。

尼沃和温斯顿(Nevo & Whinston, 2010)也为基于设计的计量经济学作了辩护。他们认为,"与二十五年前相比,如今的应用研究建立的基础是更细致的设计,包括实际的和'自然的'实验,即'准实验',产生的估计也更可信"。他们认为,自利默(Leamer, 1983)的文章发表以来,实证研究至少在两个方面发生了重大变化。首先,计量方法在很多方面取得了进展,例如非参数和半参数估计(Powell, 1994)、稳健标准误(White, 1980)、基于最少假设的识别(Manski, 2003),这使得稳健推断成为可能。尼沃和温斯顿认为,这些方法的目的是提高数据分析的可信度和稳健性(然而如何提高?)。按照他们的观点,第二个重大进展是,对通常所说的"结构模型"(即使用基于经济理论的模型)进行了改进,增加了数据分析的使用。他们得出的结论是,更大更好的数据集、更强大的计算机、改进的建模方法、更快的计算技术和新的计量方法,使研究人员取得了重大进展。

令人奇怪的是,尼沃和温斯顿(Nevo & Whinsto, 2010)认为怀特标准误是自利默的文章发表以来的一个重大进展。这好比希拉里·克林顿(Hillary Clinton)对埃德蒙·希拉里(Edmund Hillary)说,她是因为后者登上了珠穆朗玛峰,才取了这个名字(怀特标准误早在利默的批判前就出现了,而在另一个希拉里登上世界之巅以前,希拉里·克林顿就已经出生了)。我们已经看到,使用较少的经济理论来构建计量模型是大势所趋。更大的数据集、更强大的计算机、更快的计算技术,是进行大规模数据挖掘的必要条件。计量方法的泛滥没有任何意义——请回想,从 ARCH 及其门徒的联欢会演中,我们获得了什么呢?如此,"改进的建模方法"和"新的计量方法"有什么区别呢?这只是捍卫计量经济学的空洞说辞。相反,当今计量经济学中骗人的成分,比利默那个时代更多了。

麦卡利尔等人的回应

针对利默的批判,重量级最高的、捍卫计量经济学的回应,当属麦卡利尔、帕甘和沃克(McAleer, Pagan & Volker, 1985;下称麦卡利尔等人)。麦卡利尔等人提出了剔除计量经济学中骗人成分的倡议。他们撰写该文时,正值20世纪80年代中期。他们并没有否认,应用计量经济学并不是"最稳健的";不过,他们把利默的批判描述成是"有趣的,或者说是有洞察力的"(意思是不严肃,或者不会被严肃对待)。他们把极限边界分析法(EBA)说成是"治愈体虚病人的药物"。这是对的——没有什么能像计量经济学那样,能把体虚的病人治好,哪怕是"更好的研究设计"和"更强大的估计方法",也不行。

麦卡利尔等人反对极限边界分析法的理由是:极限边界是由模型各参数之间的限制条件决定的,这些限制非常随意,而且通常是未知的。他们认为,这样的边界为何值得探讨,是"某种难解之谜"。他们进一步指出,"这种方法在其他方面是有缺陷的",因为"极限边界分析法要求一个一般的、充分的模型,由这个模型推导出边界,在哪些变量对某个关系比较重要上达成共识"。接着,他们描述了自创的诊断和处理方法,这套方法是根据如下的想法构建的:"应用计量经济学目前面临许多困难,是因为在准确描述模型选择过程和确认模型的充分性方面,所做的尝试十分糟糕"。

考虑到这些因素,他们提出了一个三阶段建模法:选择一个一般模型,对其进行简化,再对偏好的模型进行严格的评估。他们把这些标准应用到了库利和勒罗伊(Cooley & LeRoy, 1981)货币需求的例子里。他们发现,库利和勒罗伊的设定连最简单的标准也不满足,这导致"从中得出的任何结论都非常可疑"。与该文设定的失败形成鲜明对比的是,麦卡利尔等人指出,应该采用如下的建模策略:从一个一般模型出发,逐渐限制参数空间,得到一个表示形式,它满足检查清单上的所有条目。不过他们承认,这个解决方法只是"移除计量经济学中骗人成分的必要非充分条件"。真实情况是,没有什么能够像麦卡利尔等人所声称的那样,移除计量经济学中的骗人成分。这说明,计量经济学家处在可怕的抵赖状态。

库利和勒罗伊的回应

针对麦卡利尔等人的观点,库利和勒罗伊的确做出了回应。其回应发表在之后的《美国经济评论》期刊上,读者可自行查阅(Cooley & LeRoy, 1986)。不过,我要介绍的论文是库利和勒罗伊(Coley & LeRoy, 1981),即麦卡利尔等人评论过的那篇。因为该文很好地说明,对计量经济学的批评是合理的。从一开始,库利和勒罗伊就反复声明,经济学与自然科学的理论之间存在重大差异:自然科学的理论可以通过对照实验来验证,而经济学中数据的特点是通常由"非对照系统的测量过程"产生。库利和勒罗伊认为,经济学假设数据由模型产生，理论的表现形式是对模型施加限制条件；在检验这些限制条件方面，用统计方法取代实验对照。

库利和勒罗伊发现，经济学(尤其是宏观经济学)的困难在于，推出各种检验的理论，通常没有完整的设定。即在检验因变量和重点关注的解释变量之间的关系时，不清楚哪些变量应保持不变。相应地，也是利默提出的观点，"通常有一组截然不同的、基于回归的备选检验，每个备选检验都具有同等地位，因为它们基于的是同一潜在多元模型的不同投影"。库利和勒罗伊的结论是，如果某个理论不能得到完整的回归模型设定，那么，在允许的备选设定上，各种结果都必须稳健。这促使利默提出了使用敏感性分析的建议。库利和勒罗伊还说：

> 如果在某些投影上，理论所隐含的限制条件得以满足，但在号称同样体现了该理论的含义的其他投影上，限制条件不能满足，那么我们就不能断言，该理论已经得到了证实。事实上，一个有效的理论，其可观测到的含义必须在宽泛的(但通常不是完整设定的)回归集合上成立，而不是只对单个回归成立。在宏观经济学的假设检验中，这导致了一个不容轻视、不可避免的不精确因素。

他们把这些思想运用到了货币需求函数中，而这属于宏观经济学的一个应用问题。他们认为：(1)文献中报告的货币需求对利率的弹性为负，由此体现的先验信念，要远大于样本信息；(2)文献中对联立性的处理，是完全不够的。因此，他们严重怀疑货币需求方程的估计是无效有效的。他们得到的最终结论，则对计量经济学具有相当大的破坏性：

> 我们认为，除非摒弃数据挖掘的习惯，摒弃通过选择性报告来融入先验信息的做法，摒弃随意采用克里斯托弗·西姆斯(Christopher Sims)所说的、"不可思议"的识别假设来处理联立性，否则，在估计货币需求方程这样的宏观结构方程方面，不可能取得任何进展。

库利和勒罗伊(Cooley & LeRoy, 1981)的最终结论不言自明。然而，这个结论让他们遭到了处在抵赖阶段的计量经济学家们的攻击。利默认为计量经济学中存在骗人成分的观点，是对的。更有甚者，与20世纪80年代相比，如今的计量经济学，骗人的成分更多。而助纣为虐的恰恰是一些计量经济学家所标榜的可以剔除骗人成分的各种工具。

6.4 卢卡斯批判

对于用宏观计量模型来预测经济政策的后果及影响的做法，罗伯特·卢卡斯(Robert Lucas, 1976)提出了批评。他认为，如果决策者为了体现政策的变化而调整自身的偏好，那么，通过历史数据来估计模型，由此得到的各种结构关系，便不再成立。卢卡斯认为，通过计量模型得到的政策结论是无效的，因为经济行为人会改变预期，并根据预期调整其行为。因此，一个好的宏观计量模型应当融入微观基础，把政策变化的影响考虑在内，并用方程来描述代表性经济行为人根据对未来的理性预期，对经济变化做出的反应。

卢卡斯批判的含义是：不能认为计量模型是结构性的，因为政府的政策变量发生了变化，计量模型也应随之改变。由于计量模型的参数不是结构性的（即随着政策的变化，参数是变化的），只要政策（游戏规则）发生变化，参数就会发生变化。这意味着，政策结论可能会具有误导性。卢卡斯对其批判作了如下总结：

> 计量模型的结构包含经济行为人的各种最优决策规则；如果与决策者相关的各种序列发生了结构变化，那么，最优决策规则也会随之发生系统性的变化。由这一点可以推出，政策的任何变化，都会系统性地改变计量模型的结构。

计量经济学家们接受了卢卡斯批判。例如，佩萨兰(Pesaran, 1990)是这样描述卢卡斯批判的：

> 理性预期假说(REH)向计量经济学传达的信息十分清楚。REH假设，经济行为人的期望是根据经济体的真实模型，以及对模型外生变量生成过程（包括政府政策）的正确理解所内生形成的。在主流宏观模型中，结构参数不随政府政策的变化而变化。而REH的这些假设，引发了人们对结构参数不变的严重怀疑。

不过，佩萨兰(Pesaran, 1990)认为，卢卡斯批判与其他计量问题一样，可以通过提出"更复杂的"计量方法来解决，由此产生更可靠的结果。具有讽刺意味的是，计量方法产生的各种问题需要靠提出新的计量方法来解决，这听上去像是个恶性循环。

人们对卢卡斯批判进行了实证检验，结果不尽相同。卢比克和苏里科（Lubik & Surico，2006）认为，由于隐含的计量检验水平（size）存在问题，会得到卢卡斯批判不适用的证据。卢比克和苏里科使用了美国经济的一个结构模型作为数据生成过程，同时从概念和蒙特卡罗分析的角度说明了上述问题。他们的实证结果证实：对于20世纪80年代初美国货币政策行为的转变，卢卡斯批判是成立的。这听上去像是：把卢卡斯批判看作一个计量问题，以检验的形式，提出各种计量方法来处理卢卡斯批判，但这些检验无法检验出卢卡斯批判的效应。这听起来像是另一个骗局。

一个警告：卢卡斯批判是成立的，但卢卡斯提出批判的动机，并不是揭露计量经济学的弱点。相反，他的主要动机是证明政府应当避免干预经济，因为干预会造成不稳定；更好的解决办法，是把一切托付给无所不能的市场。卢卡斯的隐含议程是：鼓励放松管制，提倡自由放任的经济学，即阿尔-纳基布（Al-Nakeeb，2016）所说的"寄生经济学"。不过，为了表达隐含的议程而说了正确的话，总好过为了表达隐含的议程而说错话。

6.5 奥地利学派对计量经济学的批判

奥地利学派的经济学家们没有在主流期刊上发表太多论文，其原因之一，或者说其主要原因，在于他们极少使用数学或者计量经济学。而拒绝使用数学或计量，是出于原则。他们拒绝计量经济学，是因为统计方法适用于自然科学，因为在实验室条件下，各种因素能够被分离开来；然而，人类行为太过复杂，无法进行这样的对照试验，因为人类并不是被动、非适应性的试验对象。

奥地利学派的经济学家们认为，相比归纳法（induction），应该优先选择演绎法（deduction）来解释经济的发展。原因是，如果合理地运用演绎法，并且潜在假设是准确的，那么得到的结论和推断必然是正确的。演绎法是一种从一般到特殊的推理方法，得到的结论必然遵循申明的前提——也就是说，如果认为前提为真，那么结论同样为真。另一方面，归纳法是一种从特殊或个例到一般的推理方法。这意味着，即使所有的前提都为真，结论也有可能是错误的。奥地利学派的经济学家们认为,归纳法不像演绎法那样能保证确定性,因为真实世界的经济数据本质上是模棱两可的,并且受到许多无法分离或无法量化的因素的影响。因此,他们认为,计量经济学家无法验证真实世界中经济事件的因果关系,因为经济数据可能与多个潜在的因果链相关。这又一次引出了相关性和因果性的区分问题。

奥地利学派的著名经济学家路德维希·冯·米塞斯(Ludwig von Mises)十分反对经济学的实证研究。他提出了如下反对计量经济学的言论(von Mises, 1998):

> 实证主义者的确会拒绝(先验的)理论;他们把自己的目标伪装成只是从历史经验中学习。但是,只要他们越过纯粹的单价,开始构建序列、计算平均值,他们就违背了自己的原则……没有人能如此大胆地保证,任何商品的供给每增加 a 个百分点——在任何国家任何时候——都会导致其价格下降 b 个百分点。正如还没有哪个数量经济学家胆敢以统计经验为基础,精确地定义特殊的条件,得到明确偏离 $a:b$ 的比率,因为其努力的徒劳无功是显而易见的。

奥地利学派的经济学家们拒绝统计方法和人为构造的实验,而是主张通过"人类行为学"(praxeology),把人类行为的各种逻辑过程分离出来。奥地利学派的人类行为学方法,是从不证自明的公理出发,大量使用逻辑演绎——这也是奥地利学派经济学家与其他经济学流派最显著的区别。尽管奥地利学派的经济学家们并没有轻视归纳法,但他们认为,归纳法不能像演绎法那样保证确定性。

冯·米塞斯(von Mises, 1998)认为,统计分析永远不会成为经济理论的来源,因为在收集数据、分析数据之前,理论就已经存在。对于这一观点,墨菲(Murphy, 2002)评论说:尽管奥地利学派经济学的学生可能与冯·米塞斯(von Mises)一样,认为计量经济学存在疑点,但现实是,这个学生必须学习计量课程并参加考试,才能获得美国大部分项目的学位。这就是残酷的现状。

6.6 结 束 语

计量经济学受到了来自各方的批评,而这些批评不无道理。一个中立的立场是：计量经济学虽然有局限性，但仍然是有用的。佩萨兰(Pesaran，1990)把计量经济学的局限性归结为经济理论的不完整，以及经济数据并非由实验获得。然而，经济数据不由实验获得这一事实让人们严重怀疑，用统计方法来处理数据观察值是否合理。经济数据是从各种来源收集而来的，故而存在很大的测量误差。如果设计计量方法的目的是了检验经济理论，那么，经济理论的不完整对计量经济学究竟有多不利，并不是显而易见的。无论如何，计量经济学已经偏离了经济理论。

佩萨兰继续说道："这些局限性不应该让我们分心，我们应该认识到，计量经济学对经济学发展为一门科学学科，起到了基础性的作用。"然而相反，这正是计量经济学的失败之处，因为经济学并不是科学。认为经济学是一门科学，并据此开出政策处方，把我们从一场危机带到了另一场危机。充斥着计量的经济学会让人产生自满和安全感，因为计量模型告诉人们，坏事并不会发生。佩萨兰还指出，虽然用计量方法不可能斩钉截铁地拒绝各种经济理论，但是检验给定理论的特定形式及其备选形式，也并不会一无所获。然而，查阅一下与理论相关的文献(如购买力平价)会得到如下结论：检验给定的理论，确实学不到什么有用的东西。原因是，结果可能五花八门，并且什么结果(支持、不支持或中立)都有可能出现。

佩萨兰(1990)的评论似乎针对的是利默的批判。一个事实是，计量建模不可避免地会受到设定搜寻(specification searches)问题的影响。帕萨兰认为，这一事实并没有那么重要，设定搜寻本身并不会导致建模活动毫无意义。然而，如果设定搜寻造成了数据挖掘、生造预期结果的情况，那么，建模活动必定是毫无意义的——如果再根据这样的结果采取政策行动，那么计量建模将会是十分危险的。虽然佩萨兰声称，"计量模型是进行预测和政策分析的重要工具"，但并没有证据表明，我们从这些模型中学到了什么关于经济的知识。ARCH/GARCH 和协整已经存在了三十年，可是我们更了解经济和金融市场的运作了吗？

佩萨兰预测，计量方法在未来被抛弃的可能性不大。我赞同这一主张，但并不是因为计量方法多么实用或者不可或缺，而是因为，计量方法代表了一个已经确立的、有利可图的产业。佩萨兰认为，当下的挑战是"认识到其局限性，并努力将之变成更可靠、更有效的工具"，因为"似乎没有其他可行的选择"——这意味着 ARCH/GARCH 将再持续五十年。至于"别无选择"，我只想提醒大家，亚当·斯密、卡尔·马克思、凯恩斯、琼·罗宾逊、路德维希·

冯·米塞斯(Ludwig von Mises)、加尔布雷思(J. K. Galbraith)和海曼·明斯基(Hayman Minsky)所做的出色研究,都没有依靠计量经济学。当然,还有一个可行的选择,那就是在未来的五十年,不再有新的 ARCH/GARCH 模型出现。

7. 作为骗人把戏的翻炒回归

7.1 前　　言

　　1983 年，爱德华·利默（Edward Leamer）发表了一篇颇具挑衅意味的文章——《剔除计量经济学中的骗人成分》。在文中，他有理有据地批评了一种（不正当的）做法，即估计一千个回归，再报告喜欢的一个或几个回归（Leamer，1983）。三十多年过去了，这种做法仍然十分流行——事实上，由于计算能力的提升以及"不发表，即灭亡"文化的盛行，这种做法更为普遍了。在公司金融领域，这种做法尤其常见：人们把各种假设拼接起来，组装成可以检验的模型，得到没有对应理论模型的截面回归方程；接着，对回归方程进行各种变换，直到方程能够得到结果，把梦想变为现实。通常，研究人员的目标是：得到的结果能够讲出易于兜售的故事，验证期刊编辑或潜在审稿人发表的文章所报告的结果，或是支持在意识形态上已经先入为主的想法。

　　截面回归的问题在于，理论并没有足够明确地指出，由理论（如果理论存在的话）决定的"真实模型"，应当包含哪些变量。例如，如果最终的模型设定，是通过求解一个理论上的优化问题推导而来，那么，模型包含哪些变量就是明确的。但在缺乏理论模型的情况下，回归方程（实证模型）的构造则是随意的，即规定因变量 y 是一些解释变量 x_i 的函数，其中 $i=1,\cdots,n$。由此得到的结果，总是难以解释。例如，如果回归方程包含 x_2 和 x_3，那么 x_1 显著；如果包含 x_4，那么 x_1 不显著。这样一来，在所有 x_i 的组合中，应该选择哪个呢？

　　常见的做法是：进行广泛的搜索和数据挖掘（假设"真实模型"是未知的），然后选择"最有吸引力的"或最省事一个或多个回归。这种做法的动机是获得理想的结果，但科学研究本应建立在追求真理的基础上。由于无法产生预期的结果，999 个回归会被丢进垃圾桶。吉尔伯特（Gilbert，1986）对这种做法的有效性持严重怀疑态度。针对这一问题，利默（Leamer，1983）认为："计量经济学家应该给自己设限，发表从先验分布到后验分布的映射，而不是真的去对经济发表意见。"

利默和伦纳德和（Leamer & Leonard，1983）强烈反对报告实证结果的惯例。他们指出，"人们普遍认为，报告的结果夸大了估计的精度，而且很可能也扭曲了估计"。他们进一步认为，"只有得到精确定义的模型"，传统的计量经济学方法论（即他们所说的"技术"）"才能产生推断，并且只有在各个假设单独发生变化的情况下，才能用来探讨推断的敏感性"。利默和伦纳德（Leamer & Leonard，1983）指出，报告实证结果的惯例"使计量理论偏离了传统的任务，即从识别一个特殊模型所隐含的、独一无二的推断，变成了确定一系列模型所得的推断范围"。侯赛因和布鲁金斯（Hussain & Brookins，2001）指出，报告偏好的模型及模型诊断检验的惯常做法，并不需要把各种决定因素（解释变量）的可靠程度充分体现出来。

把大量的、代表各种不相干假设的变量放在一起，由此构造的回归方程，被我激愤地称为"翻炒回归"（stir-fry regression）。我在之前的一篇文章里（Moosa，2012）已经说明，翻炒回归是个骗局，因为它们几乎可以用来证明一切。具体而言，我的这篇论文指出：（1）所估系数的符号和显著性，会因选择的一组解释变量而变化；（2）在回归方程中加入更多的解释变量，会使方程中已包含变量的系数符号和显著性发生变化；（3）系数可以从显著为正变成显著为负，反之亦然；（4）通过引入各种形式的非线性（主要是进行一部分、有选择性的对数变换），可以得到理想的结果；（5）通过改变模型设定，同时支持两种对立的理论，是有可能的。在本章中，我们将使用614家美国股份公司的数据来进行这样的演算。

7.2 翻炒与计量经济学

最近，翻炒回归在各种会议和研讨会讲座上频频出现。主讲人通常会从回归式开始，而回归式含有很多解释变量，通常会占到三行或更多。这些解释变量由一大堆变量组合而来，并且用的是文字表述，而不是符号。最后，主讲人会展示结果列表，表中则有五六个最初式子的变体，其中包含了不同的变量组合，外加一堆星号。一个、两个、三个星号分别表示1%、5%、10%的显著性水平。对大多数人而言，研究人员用这样的方式来为人类知识做贡献，是可以接受的。讲座后的讨论，则通常围绕着一些微不足道的问题展开，很少有人本着凯恩斯和利默的精神，去质疑模型的设定。

每当我目睹这样的讲座，我就想知道：既然各种结果相互矛盾，那么我们应该相信什么？一个特定变量的系数，可能在报告的一些回归中显著为正，在另一些回归中显著为负，而在剩下的回归中不显著。那么，要区分系数是显著还是不显著(***，**或*)，我们应该用多高的显著性水平呢？有时候主讲人会说：某个特定系数虽然不显著，但其符号是对的，与潜在假设一致。这自然是胡说八道，因为"不显著"意味着不显著异于零——也就是说，在统计意义上为零，而在这种情况下，符号并不重要。

或者，主讲人会在他尝试过的几百个回归式子里，挑出一个进行展示。这个式子能够讲出漂亮的故事，很好地支持潜在假设。而模型设定通常牵扯到有选择地进行对数变换，可能还有一些平方及(或)平方根，体现出数据挖掘的规模并不小。在这种情况下，我的反应是："把你的数据给我，我就可以得到与你相反的结果，把显著为正的系数变为显著为负，或者把显著为负的系数变为显著为正"。在这个过程中，我树敌无数。年轻学者通常会抱怨：每个人都是这么做的，如果不这么做，就发不了文章。我会告诉他们，那就这么做去发文章吧，否则，拜"不发表，即灭亡"的文化所赐，轻则无法晋升，重则丢工作。不过我想说的是，如果依循这种做法，就不该自欺欺人地认为，你为人类知识作出了什么贡献。这只是学者们的游戏，目的是保住工作、获得晋升。对于翻炒回归的兴起与"不发表，即灭亡"的文化，你看到了二者之间的联系吗？

现在让我们看看，翻炒回归和截面回归有哪些共同之处。这两个过程，即翻炒的制备过程和用大量解释变量来估计截面回归的过程，都存在大量的可能情况，这就确保了能够得到合意的结果。在翻炒(并没有什么问题)的过程中，合意的结果是烹出佳肴；而在进行翻炒回归(实证研究)，从而讲个好故事的过程中，合意的结果则是好的故事——即通常能够验证潜在假设，使论文更容易发表的故事。那么，让我们来看看翻炒和翻炒回归的各种可能情况吧。

翻炒可以使用的食材有：虾肉、鸡肉、羊肉或牛肉。这些肉类都有多个品类，但使用两种就够了：小块或大块的虾肉，鸡腿肉或鸡胸肉，澳大利亚或新西兰的羊肉，牛里脊或沙朗牛排。翻炒的第二个配料是蔬菜，可以是下面的任意一种或几种：胡萝卜、葱、辣椒、青椒、红椒、小玉米、豌豆和蚕豆。接着是酱汁，包括生抽、老抽、梅子酱、芝麻油、蚝油和豉汁酱等等。假设翻炒需要使用一种肉、四种蔬菜和两味酱料。厨师们可以尝试各种组合，直到找到对的配方，得到符合他们口味的菜肴。给定用于翻炒的配料数量，可能的组合有$8400(8 \times C_4^8 \times C_2^6)$种。

如果你认为，翻炒一道菜竟然有这么多的可能情况，那么你应该看看，估

7. 作为骗人把戏的翻炒回归

计一个包含15个解释变量的翻炒回归式,能够得到多少种可能的情况。对于有 n 个解释变量的情形,回归式如下:

$$Y_i = \alpha_0 + \sum_{j=1}^{n} \alpha_j X_{ji} + \varepsilon_i \tag{7.1}$$

如果最终的方程包含所有可用的解释变量,那么,$n=15$。不过,这个式子不大可能得到合意的结果。假设最终方程包含至少五个变量,那么,n 的取值范围是5到15。如果 $n=8$,$i=1$,2,$\cdots$,8,那么,可能的回归式数量为 6435(C_8^{15})。这给了研究人员广阔的可能性空间,而其中必然有一个式子,能够讲出动人(但不一定真实)的故事。不过,事情不止于此。对于实证经济学和金融学而言,通常的情况是:这些变量的定义或度量方式不止一种。让我们谦虚地假设,每个变量(包括因变量)都有两种定义或度量方式,回归式可以使用其中的一种。如果式子里有 n 个解释变量,那么可能的组合数为 2^{n+1}。例如 $n=5$ 时,可能的组合数为 $C_5^{15} \times 2^6 = 192192$。

接下来,可以对一些变量进行对数变换,引入非线性。这是随意而为的,没什么依据。对数变换通常(并且是错误地)被用来压缩变量。因此,对数变换通常只适用于较大的数值,如销售额、国内生产总值(GDP)、总资产等。这自然没什么意义,因为要压缩变量,可以用一百万而不是用一单位进行度量,也可以把变量转换成各种指数。有选择地进行对数变换,无异于有选择地引入非线性。即使依循计量经济学的各种法则,对数设定也只能用于回归式由理论推导而来(如购买力平价)的情形,或是检验线性设定和对数线性设定的情形。

为了进行演算,假设对数变换只能适用于有限数量的变量,每种情况都有八种可能。此外,假设可以使用一些变量的平方,每种情况下,这又产生了八种可能。如果回归式含有5个解释变量,那么总共的可能情况将超过1200万。图7.1给出了解释变量的个数及对应的可能情况的数量。图7.2给出了各种可能情况加总后的数字:骇人听闻的18亿。下面给出了其中一些设定,其中,小写字母表示对数。

$$Y_i = \alpha_0 + \sum_{j=1}^{n} \alpha_j X_{ji} + \varepsilon_i \tag{7.2}$$

$$Y_i = \alpha_0 + \sum_{j=1}^{7} \alpha_j X_{ji} + \alpha_8 x_{8i} + \alpha_{10} X_{10i} + \varepsilon_i \tag{7.3}$$

$$y_i = \alpha_0 + \sum_{j=1}^{4} \alpha_j X_{ji} + \alpha_8 x_{8i} + \alpha_{12} X_{12i}^2 + \varepsilon_i \tag{7.4}$$

$$y_i = \alpha_0 + \alpha_2 x_{2i} + \alpha_5 X_{5i} + \alpha_{77i} + \alpha_{12} X_{12i}^2 + \alpha_{15} X_{15i} + \varepsilon_i \tag{7.5}$$

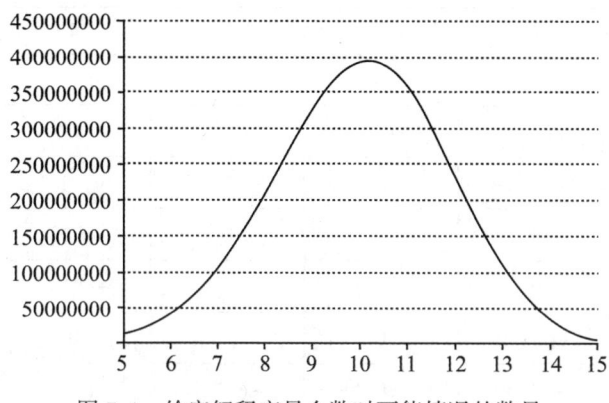

图 7.1 给定解释变量个数时可能情况的数量

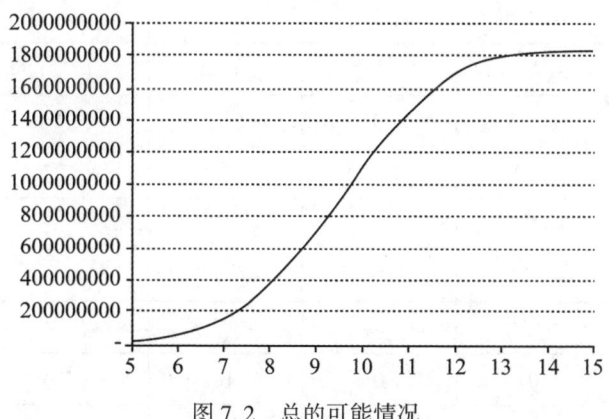

图 7.2 总的可能情况

依靠如今的计算能力，要检验这些设定，然后中大奖、写出受审稿人青睐的论文，当下是最佳是时机。不仅如此，有时候所谓的"交互变量"，会让数据挖掘更得心应手。交互变量由两个变量的乘积，或是一个虚拟变量和一个解释变量的乘积构成。通常，典型的结果表会像表 7.1 那样报告五个回归式，每个回归式选择的一组变量都不相同。我不确定为什么要列出多个回归式，不过我认为，这是要展示"证据的平衡"（balance of the evidence）。或者，只列出一个式子以避免尴尬。像表 7.1 那样展示结果，是对科学研究的侮辱。

表 7.1　　　　　　　　　　翻炒回归的典型结果列表

Variable	1	2	3	4	5
C	+(***)	0	-(*)	+(***)	+(**)
X_1	-(**)	-(*)		0	+(***)
X_2	+(**)		-(***)		
X_3	+(*)	+(***)	0	-(*)	
$\log(X_4)$	0	-(*)		+(***)	+(*)
X_5	+(***)	0		0	-(***)
$\log(X_6)$	+(**)	0	-(***)	-(***)	0
X_7^2	0	-(***)		-(***)	+(*)
X_8	-(**)	+(***)	-(*)		-(*)
X_9	-(***)		-(*)	+(***)	
$X_8 * X_9$	+(*)	0	+(***)	-(***)	+(**)
X_{10}	0	-(***)		-(***)	+(*)
X_{11}	-(***)	0	+(***)		-(***)
$X_{10}X_{11}$	+(*)		+(***)	0	
$D_{10}X_{11}$	-(**)		+(**)	+(**)	
$D_{11}X_{11}$	0	0	0	-(**)	
R^2	0.09	0.07	0.08	0.12	0.06

注：+表示为正；-表示为负；0表示不显著；*表示在10%的水平上显著；**表示在5%的水平上显著；***表示在1%的水平上显著。

7.3　资本结构研究中的翻炒回归

资本结构方面的研究通常会进行如下形式的截面回归：

$$\text{LEV}_i = \alpha_0 + \sum_{j=1}^{n} \alpha_j X_{ji} + \varepsilon \qquad (7.6)$$

其中，LEV 是杠杆率，X_{ji} 是公司 i 的第 j 个解释变量。在资本结构的研究中，估计的系数对模型设定十分敏感。其原因在于并不存在单一的理论模型，因此，无法明确地确定实证模型应当包含解释变量的哪个集合。例如，福弗和麦克唐纳(Fauver & McDonald，2015)在文章的附录一中列出了28个解释变量，报告了五个回归式，其中三个涉及发达国家，并按惯例使用了＊＊＊、＊＊和＊。

由于福弗和麦克唐纳使用了大量的解释变量，他们把回归式错误地称为"多变量回归"(multivariate regressions)，而不是正确的术语"多元回归"(multiple regression)。这些变量包括个人主义、风险厌恶、总资产的头五分位数×个人主义、总资产的末五分位数×个人主义、企业的治理得分、企业的治理得分×个人主义、企业的治理得分×风险厌恶、ROE的对数、CES、总资产的对数、现金/总资产、所得税/总资产、对宗教的狂热、私人信贷/国内生产总值、市值/国内生产总值、国家治理、新兴市场、CES的前五分位数×风险规避、CES的末五分位数×风险规避，以及一个常数。① 奇怪的是，他们用到了ROE的对数，而对数变换的使用对象，通常是资产、销售额这样数值较大的变量，而ROE是个分数。② 这必然是受了数据挖掘的驱使。尽管解释变量数量众多，但方程式的解释力仅在0.09与0.36之间。不过，他们有足够的信心根据结果进行推断。

黄和里特(Huang & Ritter，2005)正确地认为，没有哪个资本结构理论能够解释目前有记录的时间序列模式和截面模式。同样，弗莱登伯格(Frydenberg，2008)指出，啄序理论和权衡理论都不能完全描述实证的观察结果，也不能解释为何一些企业偏好股权，而另一些企业偏好债务。蒂特曼和韦塞尔斯(Titman & Wessels，1988)、哈里斯和和拉维夫(Harris & Raviv，1991)也持类似的观点，认为在分析资本结构的截面变异时，选择哪些解释变量困难重重。结果是，研究人员会尝试解释变量(变量的定义方式各异)的各种组合，并报告他们喜欢的结果。因此，一些被认为对资本结构至关重要的企业特异因子，可能并不重要——它们只是看上去重要罢了。原因是，某个模型设定包含的是潜在解释变量的一个特殊组合，而且解释变量又有特殊的定义(Moosa et al.，2011)。

在中国企业资本结构的研究方面，李等人(Li et al.，2009)使用了2000—2004年间的417068个公司年度观察值。他们检验了九个解释变量的重要性，包括：规模、盈利能力、资产有形性、资产期限、行业集中度、行业杠杆率、国有制、外资所有权，以及市场化(分为企业特征、所有权变量和制度变量三

---

① CES即资本支出占销售额的比例，英文为capital expenditures to sale——译者注。
② ROE即股本回报率，也称净资产收益率，英文为return on equity——译者注。

类)。结果表明,国有制与杠杆(长期债务)正相关,而外资所有权与杠杆的各种度量均呈负相关。其余结论则由企业特异因素的效应推得。李等人(2009)的研究为本章所讨论的问题提供了最佳例证。该文估计了五个不同的模型设定:完整的设定(所有变量)、只含企业特征的设定、只含所有权变量的设定、只含制度变量的设定,以及只含所有权和制度变量的设定。该文结果的莫衷一是和前后不一,从众多例子中的少数几个就可见一斑:

(1) 对于总杠杆率,行业集中度在完整的设定中高度显著;但在只含企业特征的设定中,则并不显著。

(2) 对于短期债务,企业规模在完整的设定中高度显著;但在只含企业特征的设定中,则不显著。行业集中度也是如此。在只含制度变量的模型中,市场化并不显著;但加入所有权变量后,市场化就变得显著了。

(3) 对于解释长期债务持有概率的模型,如果模型只包含企业特征,那么资产期限是显著的;但在完整的设定中,资产期限并不显著。对于行业集中度,情况正相反。

(4) 如果使用固定效应来估计各个方程,对于只含所有权和制度变量的设定,行业集中度、国有制和市场化是高度显著的;但在其他设定中,这些变量都不显著。

同样的问题出现在刘等人(Liu et al., 2009)的文章中。该文提出了三个不同的模型:(1)包含常数和六个解释变量;(2)包含六个解释变量但不含常数;(3)包含四个解释变量但不含常数。结果莫衷一是:只有不包含常数项时,企业规模才是显著的;只有在第二个回归中,盈利能力才是显著的。

从整体来看,资本结构决定因素的证据绝对是五花八门的。普拉萨德等人(Prasad et al., 2001)调查了大量资本结构方面的文献,其结论是:权衡理论与啄序理论的证据依旧没有定论。布斯等人(Booth et al., 2001)认为,很难区分权衡理论和啄序理论的模型,因为其中一个模型使用的变量,对另一个模型也适用。洛佩兹-伊图里加和罗德里格斯-桑斯(Lopez-Iturriaga & Rodriguez-Sanz., 2008)研究了国际框架下的资本结构问题,该文发现:规模、资产有形性和增长机会"在不同的制度体系下是相关的,但其效应有区别"。① 其研究结果表明,"每个国家的法律体系和制度体制不仅影响企业的

---

① "制度",原文作"国际",但按上下文,应为"制度"——译者注。

资本结构，也为解释企业财务抉择的常见决定因素为何会产生不同的效应，创造了条件"。

然而，这并不意味着，对同一个国家能够得到一致的结果。中国的大量资本结构研究就是例证。由表 7.2 给出的五花八门的结果可见，各解释变量的系数符号和显著性，呈现出相互矛盾的结果。例如，其中两项研究显示企业规模的影响为负，但人们普遍认为，企业规模对杠杆的影响为正。

表 7.2　　中国企业资本结构研究的总结

研究	数据样本	报告的结果
Huang & Song（2002）	到 2000 年，逾一千家上市公司	企业规模+ 盈利能力- 固定资产+ 非债务税盾+
Chen（2004）	88 家上市公司，样本区间为 1995—2000 年	企业规模- 盈利能力- 资产有形性+ 成长机会+
Yan（2008）①	722 个观察值（202 家公司，样本区间为 2004—2007 年）	企业规模+ 流动性+ - 盈利能力- 成长机会+
Shen（2008）	1089 家上市公司，样本区间为 1991—2000 年	企业规模- 资产有形性 0 利润- 税率+ 增长+ 资本密集度+ 产品多元化+ 资产专用性- 风险 0 存续期间 0

---

① 原文错引为 Hongyan（2008），根据相关资料修改——译者注。

续表

研究	数据样本	报告的结果
Bhabra et al.（2008）	上海证券交易所和深圳证券交易所的上市公司，样本期间为1992—2001年(公司数量从1992年的54家增加到了2001年的1154家)	企业规模 + 资产有形性+ 盈利能力- 增长期权 -
Li et al.（2009）	417068个公司年度观测值，样本区间为2000—2004年	国有制 + 外资所有权 - 企业特异因素+-
Liu et al.（2009）	92家信息技术(IT)公司	企业规模 + 盈利能力- 增长机会- 流动性- 增长- 利润增长 -
Qian et al.（2009）	650家上市公司，样本区间为1999—2004年	企业规模 + 盈利能力 - 资产有形性 + 增长- 波动率 - 国有持股 + 非税债务盾 -

注：+表示显著为正；-表示显著为负；+-表示显著为正或者显著为负；0表示不显著。

那么，我们应该相信什么？我们如何从这些结果中得到稳健的推断？答案是：鉴于我们并不知道应该相信什么，我们无法得出稳健的推断。由这样的结果，我们无法以任何程度的稳健性，来识别决定资本结构的因素。对于"什么决定了资本结构"的问题，最好的答案应该是"全都影响，也全都不影响"。显然，文献(关于中国的文献和一般的文献)并没有提供一致的理论框架，来指导资本结构方面的实证研究，因为没有哪个模型能够给出一个完整的解释变量列表。

7.4 一个例子

结果对解释变量的选择、变量定义和对数变换存在敏感性，就意味着：我们总是能够得到想要的结果。为了说明这一点，下面使用了从 Datastream 提取的一个截面数据集。该数据集涵盖 614 家美国股份公司资本结构的决定因素。而资本结构的决定因素有：企业规模（SIZ）、流动性（LIQ）、盈利能力（PRF）、资产有形性（TAN）、增长机会（GOP）、股息支付率（POR）、股票价格表现（SPP）、企业年龄（AGE）和营收的变异性（VAR）。因变量为杠杆率，以六种不同方式定义及度量（LEV1，…，LEV6）。其中的两个解释变量：SIZ（SIZ1 和 SIZ2）和 PRF（PRF1 和 PRF2）各有两种定义。表 7.3 给出了所有定义。

表 7.3　　　　　　　　　变 量 定 义①

变量	定　　义
LEV1	以账面价值计算，等于总负债与总资产之比
LEV2	以市值计算，等于总负债与调整的总资产之比。这里，总资产要先减去股权的账面价值，再加上股权的市值来进行调整
LEV3	以账面价值计算，等于债务与总资产之比
LEV4	以市值计算，等于债务与调整的总资产之比。这里，总资产要先减去股权的账面价值，再加上股权的市值来进行调整
LEV5	以账面价值计算，等于债务资本比，这里的资本等于负债与股权之和
LEV6	以市值计算，等于债务资本比，并把分母中股权的账面价值替换为市场价值
SIZ1	销售额
SIZ2	总资产
LIQ	速动比率（流动资产与流动负债之比）
PRF1	息税折旧摊销前利润（EBITDA）除以总资产
PRF2	资产回报率（ROA）
TAN	固定资产与总资产的比率
GOP	总资产的市值除以总资产的账面价值
POR	股息与净收入之比
SPP	净收入与普通股之比
AGE	公司成立的年数
VAR	净营业利润的标准差

① 原文定义有模糊之处，按照下文修改——译者注。

对模型设定的敏感性

第一步是证明,随着解释变量的选择、变量定义和对数变换的变化,结果也会变化。表 7.4 给出了杠杆率和各种定义下的解释变量之间的相关系数。我们可以看到,只有在使用 LEV1 和 LEV3 时,杠杆率和增长机会(GOP)之间才存在呈显著的正相关,并且杠杆率与盈利能力(PRF1、PRF2)存在显著的负相关。资产有形性(TAN)与杠杆率 LEV2、LEV4 和 LEV6 存在正相关,但与其他杠杆率度量则无此关系。①

表7.4　　　　　　　　　　与杠杆率各种度量的相关性

	LEV1	LEV2	LEV3	LEV4	LEV5	LEV6
SIZ1	-0.12	0.16	-0.12	0.19	0.14	0.15
SIZ2	-0.04	0.14	-0.02	0.18	0.08	0.16
LIQ	-0.18	-0.37	-0.19	-0.19	-0.03	-0.27
PRF1	-0.55	0.11	-0.68	0.09	0.20	0.07
PRF2	-0.70	0.09	-0.79	0.07	0.23	0.04
TAN	0.01	0.26	0.07	0.35	0.09	0.30
GOP	0.71	-0.14	0.32	-0.09	-0.06	-0.08
POR	-0.04	-0.02	-0.03	0.02	0.01	-0.03
SPP	0.03	0.00	0.08	-0.01	-0.02	-0.01
AGE	-0.10	0.21	-0.11	0.13	0.05	0.10
VAR	-0.08	0.06	-0.06	0.09	0.09	0.05

下一步是在各种可能情况的集合中,选择 47 个式子进行估计。首先从包含所有解释变量的式子开始:

$$LEV = \alpha_0 + \alpha_1 SIZ + \alpha_2 LIQ + \alpha_3 PRF + \alpha_4 TAN + \alpha_5 GOP + \alpha_6 POR + \alpha_7 SPP + \alpha_8 AGE + \alpha_9 VAR + \zeta \tag{7.7}$$

给定杠杆率、企业规模和盈利能力的定义,选择解释变量的一个子集,估计六个回归方程。再对杠杆率的六种可能定义,重复上述过程,得到 36 个式子。然后,选择同样的变量组合,用杠杆率的第一个定义、企业规模和盈利能

---

① 即与其他杠杆率的度量(LEV1、LEV3、LEV5)并不显著相关——译者注。

力的其他定义,估计六个方程。接下来的四个式子里,企业规模和企业年龄以对数形式出现。在最后的式子(编号47)里,杠杆率以对数形式出现。图7.3给出了常数项(CON)和解释变量系数的 t 统计量。其中,两条水平线表示 t 统计量的临界值(范围为 -2 到 $+2$)。估计的系数可谓五花八门:SIZ、PRF、TAN、GOP 和 AGE 的系数,有些地方显著为正,有些地方显著为负,有些地方不显著;LIQ、POR、SPP 和 VAR 的系数,可以显著为负,也可以不显著。

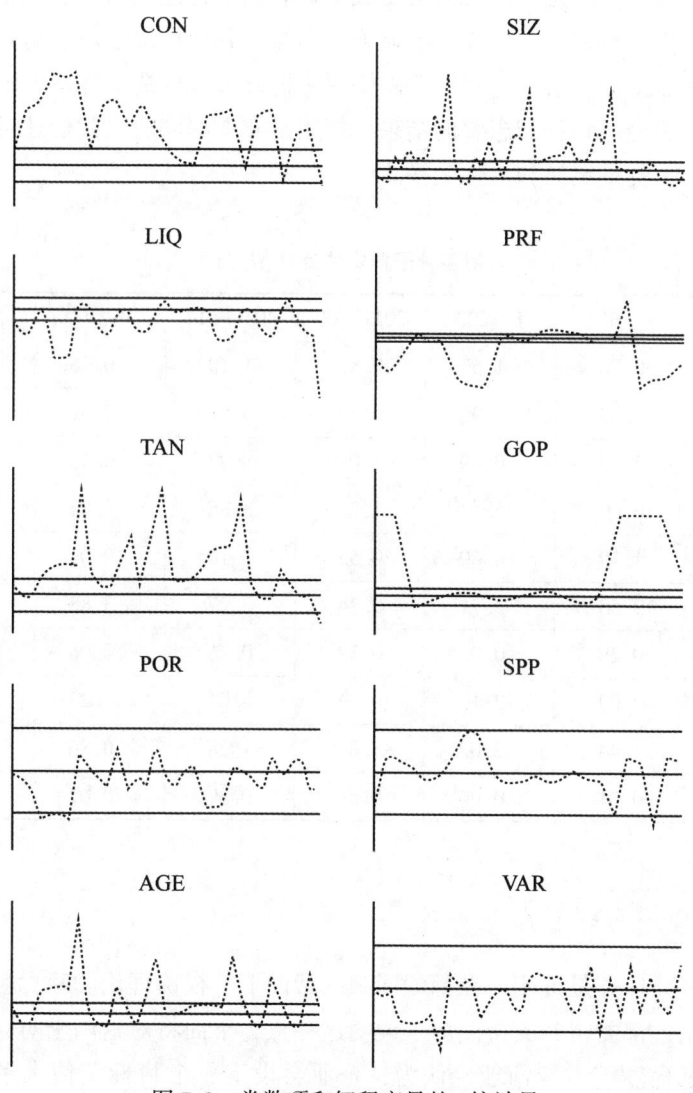

图 7.3　常数项和解释变量的 t 统计量

样本选择的敏感性

要说明的第二点是,结果对样本选择存在敏感性。为此,我们使用相同的变量,但不进行对数变换,对全样本和随意挑选的五个子样本估计了式(7.7)。相应的结果见表7.5。可见,结果对样本的敏感性,要低于对模型设定、变量定义和对数变换的敏感性。虽然我们没有看到,某个系数从显著为正变成了显著为负,或是从显著为负变成了显著为正,但是可以看到,一些系数从显著为正或显著为负,变成了不显著。当然,其他情况也可能得到这样的结果。对于这614个观察值,我们可以使用多种方式来构造子样本。由其中一些子样本,必然会得到我们想要的结果。使用子样本的同时,我们还可以尝试各种变量选择、变量定义和对数变换。

表7.5 用各种子样本估计式(7.7)

	1—614	1—200	201—400	401—614	1—300	301—614
CON	0.70	-1.62	0.82	1.10	-0.06	1.26
SIZ	0.35	0.99	0.53	0.51	1.69	0.46
LIQ	-2.15	0.09	-1.07	-0.87	-0.46	-1.07
PRF	-10.09	5.53	-1.27	3.86	5.84	1.64
TAN	1.19	0.60	0.55	1.70	-0.02	1.83
GOP	19.53	3.71	-0.24	2.27	3.88	0.31
POR	-0.29	0.05	0.32	-0.26	-0.06	-0.07
SPP	-2.02	-2.16	0.64	0.04	-2.22	0.78
AGE	1.44	2.03	-1.03	-1.28	0.86	-1.29
VAR	-0.01	0.06	0.51	0.39	-0.07	0.81

权衡理论与啄食顺序理论

最后一项任务是证明:在翻炒回归的帮助下,权衡理论和啄食顺序这两个对立的理论,都能得到支持。为了说明这一点,下面将对这两个对立的资本结构理论"展开竞赛"。权衡理论认为,企业会设定一个目标负债水平,并逐步达到这一水平。而权衡理论,正如其名,是根据债务成本和债务收益之间的权衡，来解释观察到的资本结构。权衡理论假定，企业会提高债务水平，直至增加借款带来的边际税收优势，被财务破产成本的增加所抵消。

啄序理论由迈尔斯和马吉洛夫(Myers & Majluf, 1984)率先提出，该理论认为：企业并不设定杠杆率目标，而是关注信息成本和信号传递效应。二人指出，企业为项目融资时，更愿意使用内部的现金流——即留存收益和折旧费用。如果这个来源的资金耗尽，企业就会转向债务。只有当债务不足以满足融资需求时，企业才会发行额外的股权。这种层级结构，可以用融资成本的差异来说明：发行额外的股权是最昂贵的资金来源，因为它牵涉到管理者、现有股东和潜在新股东之间的信息不对称；债务融资的支付额是固定的，对信息不对称的敏感性较低；企业内部的资源，则没有发行成本。

为了给这两种理论设计一场"竞赛"，我们规定：对于潜在的回归式，获胜的理论应当正确地预测所估系数的符号和显著性，从而获得较高的得分。权衡理论预测，PRF 和 TAN 对杠杆率有正向影响，GOP 和 VAR 对杠杆率有负向影响。另一方面，啄序理论预测，PRF、LIQ 和 SPP 对杠杆率有负向影响，而 GOP 对杠杆率有正向影响。如果潜在的系数不仅显著，而且符号正确，那么该理论得 2.5 分；如果系数不显著、但符号正确，则得 1 分；如果系数显著、但符号不正确，得分为零。

为了进行竞赛，我们估计了式(7.7)，其中包含全部的解释变量，并且用到了变量的各种定义。总体而言，我们估计了 10 个方程，得到的结果如表 7.6 所示(只报告相关变量的 t 统计量)。如果偏好啄序理论，那么我会报告第一个式子，因为 PRF、LIQ 和 SPP 的系数显为负，而 GOP 的系数显著为正(对偏好啄序理论的人来说，这个结果十分完美)。或者，如果想证明权衡理论更好，我会报告第二个式子，因为 TAN 的系数显著为正，而 GOP 和 VAR 的系数显著为负——这几乎是个完美的结果，只是 PRF 的系数不显著。图 7.4 给出了两个理论在得分上的差异，其中，正值支持权衡理论，负值支持啄序理论。权衡理论五次打败了啄序理论；而另外五次，啄序理论打败了权衡理论。可见，这种骗子行径，可以让研究人员证明一切。

表 7.6　　　　　　　系数和理论分数的意义

	LIQ	PRF	TAN	GOP	SPP	VAR	TO	PO
1	−	−	0	+	−	−	3.5	10
2	−	0	+	−	0	−	8.5	4.5

续表

	LIQ	PRF	TAN	GOP	SPP	VAR	TO	PO
3	0	-	+	0	0	0	4.5	5.5
4	-	0	+	0	0	-	6.0	5.5
5	0	+	0	0	0	0	5.5	3.0
6	-	0	+	0	0	-	7.0	5.5
7	0	0	+	+	0	0	6.0	7.0
8	0	-	0	0	0	0	3.0	5.5
9	-	0	+	+	0	0	4.5	7.0
10	0	+	0	0	0	0	5.5	3.0

注：-表示显著为负，+表示显著为正，0 表示不显著；TO 表示权衡理论，PO 表示啄序理论。

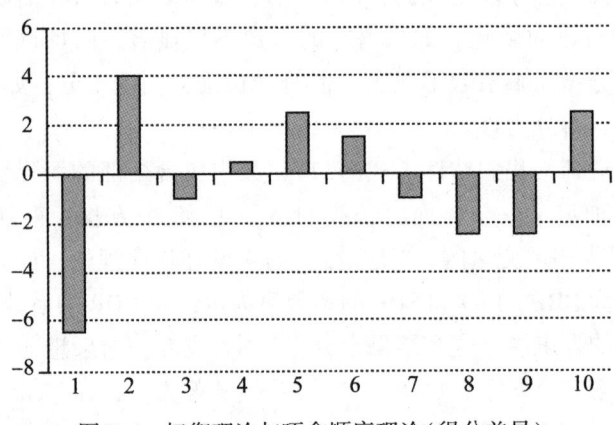

图 7.4　权衡理论与啄食顺序理论(得分差异)

7.5　结　束　语

本章的实证演算证明，使用翻炒回归是十分危险的。不过，如果要发表论文或是支持某个观点，而不是本着科学精神，带着为人类知识作贡献的愿望去寻求真相，这种危险是随手可及的。而对经济和金融文献所做的一番考察，显示出翻炒回归是何等的流行。

要认识到结果是由翻炒回归得到的，你并不需要阅读整篇论文，而只要瞥一眼就够了。你可以根据文章的特征，识别出文章里有翻炒回归。你会看到一系列假设，把因变量和一大串解释变量联系在一起。接着，你会发现一个多于三行的单方程实证模型，其中的变量会用文字叙述，而不是用符号来表示。翻到结果那页，你会看到一个长表格，表中用星号表示显著性水平，每列用1，2，3，…或类似的符号来标记模型设定。你还会发现，一些变量用对数形式来表示，还有的变量可能用到了平方形式。你还会看到交乘变量，即把两个解释变量乘起来，或是用一个虚拟变量乘以一个解释变量。这样的表格是辛苦工作的产物，牵扯到广泛的数据挖掘。

翻炒回归是利默批判计量经济学的动机。作为一项补救措施，利默提出用极限边界分析法来度量所估系数对模型设定的敏感度。很多经济学家并未意识到有这种技术，因为这种方法使用起来并不方便——它是翻炒回归的对立面。因此，翻炒回归十分盛行。如果学界经济学家的目的是发表论文、保住工作、获得晋升机会（可别说是为人类知识作贡献），那么翻炒回归并没有什么问题。翻炒回归的真正危害在于，由此得到的结果被用来制定各种经济和社会政策。人们用这样的结果来证明，死刑和人口贩运是有益的，地下经济是好的，枪支管制导致了谋杀的增加，全球变暖并不是人为的，甚至全球变暖并不存在。因此，对基于翻炒回归的研究，政策制定者不必认真对待。之后的章节将说明，这一结论对其他计量技术也同样成立。

8. 协整分析：原则和谬误

8.1 引 言

20世纪80年代后半期，特别是恩格尔和格兰杰的"开创性"论文(Engle & Granger, 1987)发表之后，金融和经济学学术圈经历了一场"革命"。这场革命类似于引入摇滚后歌舞界的经历。恩格尔和格兰杰确立了协整和误差修正方面的研究，对格兰杰因果性检验(Granger, 1969)进行了修正，考虑了协整的情形。这些技术的引入，创造了一个欣欣向荣的行业：经济和金融学领域的学者所撰写的、检验理论的论文，在数量上迅速增长；而在此前，理论检验是直接通过回归分析进行的。

在上万篇论文刊印发表、数以千计的人拿到博士学位之后，是时候反问："协整革命"是否改变了我们的生活？"协整革命"是否带来了一些发现，让我们增进了对经济和金融市场运作的理解？而这一点正是科学研究的目标。人们倾向于认为，既然这项研究获得了诺贝尔奖，那么其价值应当与青霉素的发现一样，因为后者也被授予了诺贝尔奖。但在我看来，尽管协整分析为经济学和金融学学者获得晋升、为学生们获得博士学位提供了手段，但这项技术对于推动知识进步几乎毫无贡献。

我与协整的故事始于1991年。那一年，我决定从投资银行业转到学术界。而在学术界，我必须发表论文才能保住工作、获得晋升。鉴于我在协整发明(或发现)之前早已毕业，我所做的第一件事就是熟悉协整。尤其是20世纪90年代初期，约翰森协整检验正如日中天，我必须确保自己知道如何进行检验。随后，我撰写了一篇论文，其中就用到了约翰森协整检验，对汇率的货币模型进行了检验(Moosa, 1994)。很自然，检验结果支持模型的"长期均衡条件"，并且显著的协整向量不止一个。我把这篇论文投给了某个期刊，不久便收到了修改重投(revise and resubmit)的审稿意见。对于文章的检验结果，审稿人的描述是"有趣而诱人"，并且想知道，我为何没有报告协整向量的估计系数。在回复中，我只得如实回应说：系数的估计值并不合理，与理论所隐含的结果相比，难以采信。幸运的是，论文最终还是被接受了。但自那以后，我几乎再没用过约翰森检验，尤其是在迈克尔·威肯斯（Wickens，1996）对约翰森检验提出批评之后。事实上，我拒绝讲授约翰森检验，也不让我的研究生在研究中使用。

随着时间的推移，在我的研究和教学过程中，我对协整越发感到不安。我会告诉学生，单位根检验的目的是确定变量是否平稳，而查看潜在变量的时间序列图或者其自相关方程，并不是正式的检验。然而事实证明，相比单位根检验得到的结果，看图得到的信息量更大。单位根检验，学生们会疑惑：利率差这样看似平稳的变量，为何单位根检验会显示，它是二阶单整变量呢？① 对于这个问题，我会回答："以时间序列图为准"。我会告诉学生：虽然格兰杰表示定理（Granger's representation theorem）指出，由协整可以推出一个有效的误差修正模型，由误差修正模型也可以推出协整，但事实并非如此，而这由迪基-福勒检验（Dickey-Fuller test）的"低势"（low power）可见一斑。学生们通常不解，对于"不存在协整"的原假设，为何迪基-福勒检验通常不能拒绝，而约翰森检验总是拒绝（即便一开始约翰森检验没有拒绝，只要改变滞后期的长度，就会得到拒绝的结果）。学生们还发现：如果两个变量，如即期汇率和符合抛补利率平价的远期汇率，是由一个定义关系式联系在一起的，那么二者不会是协整的，这十分诡异。

对于协整，最神奇的地方是：我们教导学生，协整可以用来区分伪关系和真实关系——也就是说，协整可以用来检验伪关系。这是个危险的主张，因为这意味着，我们应当相信协整、忘记常识。举例而言，如果协整检验的结果显示，食用人造黄油较多的人士更容易离婚，因为人造黄油的消费量与离婚率存在协整关系，那么，我们会拒绝"这一主张是胡说八道"的主张，而去相信协整检验、忘掉常识。这一章将对上述问题进行说明。

8.2 协整、误差矫正与因果性

协整是指：尽管两个（或更多）变量本身是非平稳的，即这些变量会随时间推移而"到处游走"，但其线性组合是平稳的。如果变量之间存在协整，那么就可以说，它们被长期均衡关系绑定在一起。这意味着，虽然在短期内变量会偏离长期条件，但随着时间的推移，偏离会消失，变量会回到均衡条件上来

---

① 利率差异，英文为 interest rate differential，即两种货币的利率直接作差——译者注。

(即"均值回复"现象)。

一个简单的双变量协整回归(通常包含一个常数项)可以写作：
$$y_t = \alpha + \beta x_t + \varepsilon_t \tag{8.1}$$
x_t 和 y_t 协整的必要条件是 $x_t \sim I(1)$ 和 $y_t \sim I(1)$，充分条件是 $\varepsilon_t \sim I(0)$。这便是恩格尔和格兰杰(Engle & Granger, 1987)所说的协整；不过后来我们知道，一个协整系统可以包含 $I(1)$ 和 $I(0)$ 变量，但不包含 $I(2)$ 变量。①

基于残差的检验

对于 $\varepsilon_t \sim I(1)$ 的原假设，可对协整回归的残差应用迪基-福勒(Dickey-Fuller, DF)检验。如果对残差进行回归时，把因变量的滞后项放入回归中，则这种校验被称为增广的迪基-福勒(Augmented Dickey-Fuller, ADF)检验。这种基于残差的协整检验因为如下原因而招致了批评。首先，DF 检验和 ADF 检验(取决于滞后阶长度)会得到互相矛盾的结果，可能是小样本检验的势较低所导致的。其二，把 ADF 方法扩展到多变量的情形，会产生较弱且有偏的结果(Gonzalo, 1994)，并且无法判断这一线性组合是独立向量，还是独立向量的线性组合。其三，通常而言，结果对标准化的方向并不是不变的，或者说并不是稳健的。② 标准化的方向是指协整回归中左侧变量的选择。迪基等人(Dickey et al., 1991)认为，尽管 ADF 检验对标准化的方向是渐近不变的，但在有限样本检验中，结果可能十分敏感。最后，ADF 检验存在较大的有限样本偏误(Banerjee et al., 1986)，并且存在"隐含共同因子约束"的问题(Kremers et al., 1992)。③ 除此之外，基于残差的检验还存在两个严重缺陷：(1) 迪基-福勒检验的基础是简单的一阶自回归 AR(1)，这意味着潜在的模型是误设的，模型可能包含移动平均成分；(2) 在区分单位根过程和近似单位根

---

① $I(0)$、$I(1)$ 和 $I(2)$ 分别表示平稳序列、一阶单整序列和二阶单整序列；$I(1)$ 可以通过差分一次变为平稳序列，$I(2)$ 可以通过差分两次变为平稳序列——译者注。

② 标准化，英文为 normalization，也译作"归一化"——译者注。

③ 隐含共同因子约束，英文为 implied common factor restriction，下面略作说明。假设误差修正模型为 $\Delta Y_t = b\Delta X_t + cY_{t-1} + dX_{t-1} + \varepsilon_t$，与成目回归分布滞后形式，即 $Y_t = bX_t + (1+c)Y_{t-1} + (d-b)X_{t-1} + \varepsilon_t$；用滞后算子 L 表示，即 $(1-(1+c)L)Y_t = (b+(d-b)L)X_t + \varepsilon_t$。假设"隐含共同因子约束"成立，即 $\beta = (b+(d-b)L)/(1-(1+c)L)$，$b = \beta$，$(d-b) = -\beta(1+c)$，那么 $Y_t - \beta X_t = c(Y_{t-1} - \beta X_{t-1}) + \varepsilon_t$；把 β 替换为 $\hat{\beta}$，那么由误差校正模型可导出一个基于残差的 DF 回归 $Y_t - \hat{\beta}X_t = c(Y_{t-1} - \hat{\beta}X_{t-1}) + \varepsilon_t$。如果"隐含共同因子约束"不成立，那么 DF 检验基于的就是误设的模型。因此，相对于误差校正模型，基于残差的检验的势较低——译者注。

的过程方面,该检验较弱。

恩格尔和格兰杰(Engle & Granger,1987)对协整回归残差的平稳性提出了七种检验,其中两个是 DF 检验和 ADF 检验。另一个针对协整回归(即式(8.1))残差的检验是德宾-沃森(Durbin-Watson, DW)检验。协整条件下的 DW 检验统计量被称为协整回归的德宾-沃森(Cointegrating Regression Durbin-Watson, CRDW)统计量。① 与检验序列相关的传统 DW 统计量相比,CRDW 统计量有不同的临界值。对于传统的 DW 统计量,取值为 2 表示无序列相关;而对于 CRDW 统计量,5%和1%的显著性水平所对应的临界值,分别为 0.386 和 0.511。我们会发现,CRDW 和 DF 或 ADF 检验往往会得到不一致的结果。

约翰森检验的诞生

20 世纪 80 年代后期,约翰森(Johansen,1988)协整检验风靡了经济学和金融学界。约翰森检验很快变得"脍炙人口",因为它能使所有人证明他们想要证明的一切:要得到所需的结果,只需要对潜在的设定进行简单修改,特别是修改滞后期的长度。约翰森检验从一个向量自回归表示出发,估计出协整矩阵。接着,计算两个检验统计量,即最大特征根检验和迹检验统计量,由此确定有几个协整向量是显著的。由于存在确认偏误,如果研究人员使用 DF/ADF 检验得到了"无协整"的结果,他们就会转而采用约翰森检验,因为这一检验必然会拒绝原假设(从而产生协整的结果),进而验证潜在理论或模型的有效性。

约翰森检验之所以闻名,是因为它产生的结果不随标准化的方向而变化,这点与恩格尔-格兰杰检验不同。这是因为,所有变量都是明确内生的,这意味着,不必去随意挑选等式左侧的变量。约翰森检验的另一个优点是,它估计了一组变量间存在的所有协整向量,并给出了协整向量个数的检验统计量。还有人指出:(1)约翰森检验充分捕捉了数据的潜在时间序列属性;(2)在拒绝错误的原假设方面,其判断能力更佳;(3)基于的是充分设定的统计模型;(4)具有使用数据集包含的所有信息的优点,故而能够提高估计效率。

这个列表似乎是约翰森检验一系列绝佳优点的凭证,但其缺点呢?我始终认为,约翰森检验并不诚实,因为不费吹灰之力,就能用它来证明研究人员潜在的看法。这可谓十分方便,因为大多数经济学和金融学的实证研究,都是证

---

① 传统的 Durbin-Watson 检验量只能用来检验一阶自相关,现在较少使用——译者注。

明先入为主的观点，得到"好的"结果，而不是继续追寻真相。从这个意义上说，约翰森检验也是十分危险的，因为它可以用来支持错误的政策行动和财务决策。想象一下，你想要证明：在任何情况下，私有化都是有益的。想象一下，你的目的是取悦一名政策制定者，而他出于意识形态的原因，对私有化坚信不疑；或者，你认为"国际资产多样化是有益的"这一命题是对的。没问题，有了约翰森检验，你就能得到想要的结果。

约翰森检验存在重大缺陷。一个重大缺陷是，在联立方程模型中，约翰森检验无法识别出单独的函数关系(Moosa, 1994)。如果对一组变量应用约翰森检验，我们得到了两个协整向量，但这两个向量不能作为特定的结构方程被识别出来。事实上，没有人知道协整向量是什么：是结构方程、简化方程，还是二者兼有(参见 Wickens, 1996)？此外，赖默斯(Reimers, 1991)曾断言：约翰森检验会过度拒绝"无协整"的原假设，哪怕该假设为真。对于希望证明先入为主看法的人们，约翰森检验为之提供了弹药。雅玛尔森和奥斯特霍尔姆(Hjalmarsson & Österholm, 2007)用蒙特卡洛模拟证明，"在一个存在近似协整变量的系统中，对于协整的秩，得到错误结论的概率通常要远高于名义检验水平"。① 这意味着，"对于两个完全不相关的序列，也会得到二者协整的结论，而得到这一结论的风险并不能忽略不计"。此外，如前所述，对于协整向量的系数，约翰森检验得到的点估计往往不可靠。例如，对于数值本该在 1 左右的需求弹性，研究人员会得到 178.6 的估计值。

经济学和金融学学者都喜欢约翰森检验，因为它总是拒绝"无协整"的原假设。因此，约翰森检验所宣称的一个优点是：它能够"敏锐地"拒绝一个"假的"原假设，而这十分诡异。如果明知原假设是错误的，那么为何一开始还要检验它？这是否意味着，好的检验应该比坏的检验更频繁地拒绝原假设？如果原假设不为假，但却被拒绝了呢？第一类错误和第二类错误的区别，发生了什么变化吗？我回想起与一个朋友的对话。当时，他刚刚在研究中使用了约翰森检验。由于约翰森检验总是拒绝"无协整"的原假设，我对他的检验不以为然。他告诉我，即使用了约翰森检验，他也没能拒绝原假设。我颇为震惊，告诉他：他所经历的事情是闻所未闻的。而事实上，"无协整"的假设不应该被频繁拒绝，因为协整应该是极少发生的事。

---

① 名义检验水平(nominal size)指的是原假设为真，检验统计量服从原假设下的分布时，拒绝原假设的概率——译者注。

边界检验

另一个协整检验是佩萨兰和申(Pesaran & Shin,1995,1996)和佩萨兰等人(Pesaran et al.,2001)的边界检验(bounds test)。边界检验的目的是,弄清楚一组时间序列是否存在长期关系。在这组时间序列中,其中一些序列可能是平稳的,而另一些则不平稳(Pesaran & Pesaran,2009)。边界检验也被称为"协整的自回归分布滞后(ARDL)方法",它具有如下特性:(1)可用于$I(0)$变量和$I(1)$变量的组合;(2)属于单方程设定,因此易于实现、容易解释;(3)在模型中,可以对不同的变量设定不同的滞后期长度。过去我们被告知,协整的一个必要非充分的条件是:各个变量的单整阶数必须相同,通常为$I(1)$。而如今我们被告知:一个包含$I(0)$变量和$I(1)$变量的系统可能存在协整。与边界检验一同使用的检验统计量有两个(F和W),二者都有临界值上限和临界值下限。如果检验统计量高于上限,就认为存在协整。

误差校正模型

一旦某个检验认为有协整存在,那么,相应的动态关系就可以用一个误差修正模型(Error Correction Model,ECM)来表示。误差修正模型结合了短期动态(用一阶差分项来表示)和对长期均衡关系的偏离(用误差修正项来表示)。与式(8.1)对应的误差修正模型是:

$$\Delta y_t = \sum_{i=1}^{k} \alpha_i \Delta y_{t-i} + \sum_{i=0}^{k} \beta_i \Delta x_{t-i} + \phi \varepsilon_{t-1} + u_t \tag{8.2}$$

其中,误差修正项的系数度量的是向长期关系调整的速度,即偏离消除的速度。对于一个有效的误差修正模型,误差修正项的系数(ϕ)必须显著为负。

格兰杰表示定理(Granger's Representation Theorem;Engle and Granger,1987)指出:由协整可以推出一个有效的误差修正模型,由误差修正模型也可以推出协整。对于式(8.1)和式(8.2),如果$\varepsilon_t \sim I(0)$,那么ϕ应当显著为负;反之亦然。这意味着,找到一个有效的误差修正模型,我们就有可能识别协整。在这种情况下,"无协整"的原假设为H_0:$\phi=0$,备择假设为H_1:$\phi<0$。相应的t检验要优于基于残差的传统方法(检验统计量为DF)。克雷默斯等人(Kremers,1992)指出:若误差校正项的系数在统计上显著,那么,对协整回归的残差应用DF单位根检验(或类似的检验),可能无法拒绝"无协整"的原假设。他们认为,之所以会出现这种矛盾,是因为用DF统计量来检验协整,施加了"隐含共同因子约束"。如果这一约束不成立,DF检验仍是一致校验;

但是，相对于不施加共同因子约束的协整检验，如基于误差校正项系数的检验，DF统计量的势较低。

基于 φ 显著性的协整检验存在一个问题：应该用什么样的临界值来确定显著性？对于式(8.2)所表示的误差修正模型，所有变量都是平稳的。它们要么是 $I(1)$ 变量的一阶差分，要么是协整回归的残差滞后项，而在协整的条件下，残差是平稳的。因此，如果 t 统计量的绝对值大于 t 分布的 5% 临界值（约为2），我们就认为，φ 在统计上是显著的。毕竟，φ 显著为负意味着均值回复（mean reversion）。暂时不清楚的是，这个检验为何要使用更高的 t 统计量临界值。为简便起见，后面的例子将以 2 作为临界值。不同的协整检验产生不一致的结果，这个结果是不可避免的，不会因为以 2 作为临界值而改变。

从协整到因果性

格兰杰(1969)普及了因果性检验。最开始，格兰杰因果性检验以一阶差分模型为基础。而协整分析的出现，引发了人们对因果性检验的再思考。如果变量之间存在协整，那么，检验应当基于误差修正模型，因为一阶差分模型是误设的。在这种情况，至少会在一个方向上检测到因果性，例如从 x 到 y，或是从 y 到 x。若存在协整，那么用于检验因果性的模型是：

$$\Delta y_t = \sum_{i=1}^{k} \alpha_i \Delta y_{t-i} + \sum_{i=1}^{k} \beta_i \Delta x_{t-i} + \phi \varepsilon_{t-1} + u_t \tag{8.3}$$

除了同期项 Δx_t 被删掉之外，其余部分均与式(8.2)相同。这是因为，经济学和金融学中因果性并不是真正的因果性（即不是物理学那样的因果性），而实际上是时间上的排序——由于第一件事发生在第二件事之前，因此第一件事情导致了第二件事。因此，因果性检验的结果毫无意义。此外，为了判断 x 是否会影响 y，x 必须是外生的。但在大多数应用（例如购买力平价）中，这很难实现。还有一个问题是，检验结果对滞后结构的选择（k 的值）十分敏感，这为人为操控模型以获得想要的结果提供了空间。最后，如果变量存在同期相关（很可能如此，尤其是低频数据），那么式(8.3)一定是误设的。

8.3 相关性与协整

人们对相关性和协整似乎有一些混淆，这种混淆是协整分析的出现所带来的。有人认为，协整所讲的故事与相关性所讲的故事并不相同。例如，陈(Chan, 2006)根据理论构造出了两支股票的价格，并用股价的共同运动对这两个概念作了区分。他认为，如果两个价格"同步"上升或下降，那么，这两个价格就是相关的；如果这两个价格"不会长时间朝相反方向游走，并且会最终回到平均差异上"，那么二者是协整的。"同步"意味着，股价每天、每周或每月会一起上涨和下跌。因此，如果两个价格是协整的，二者的价差必定是均值回复的；如果两个价格完全相关，那么二者的价差是个常数。这颇具误导性，因为"同步"指的是完全相关，而实践中并不会出现这种情况。这也意味着，完全相关或高度相关的价格必然是协整的，因为按照定义，价差是平稳的。这是否意味着，负相关的变量不能协整，就像陈（Chan，2006）明确指出的那样？

亚历山大（Alexander，1999）认为，"价格高度相关并不一定意味着高度协整"（不确定"高度协整"是什么意思）。她给出了 1982—1995 年间德国马克和荷兰盾对美元汇率的图表，并指出"二者似乎是协整的"。① 接着，她给荷兰盾的日收益率加上了一个很小的数值。② 她指出，"两个汇率序列仍然是高度相关的，但不是协整的"。然而，加上一个增量收益不仅会影响协整，也会影响相关性，因为两个变量之间的偏离越大，二者的相关性就越小。

价格还是收益率

相关性与协整性的一个截然不同、但毫无道理的区别是，相关性是平稳变量的联动（co-movement），而协整是非平稳变量的联动。照此，股票收益存在相关性，而股票价格存在协整。其隐含的理由是，非平稳变量的方差和协方差并不是定义良好的（not well-defined），即是说，非平稳变量的相关性是毫无意义的。在量化金融网站（Quantitative Finance，http://quant.stackexchange.com）上，有人对某个问题的回应是：两个 $I(1)$ 变量之间的相关性取决于时间。这是"不恰切的"。这个观点接着指出："对于高度相关的平稳序列，如果我们知道其相关性不依赖于时间，那么，知道其中一个序列的值，我们就能以很高的精确度，预测出另一个序列。"然而，这也是十分诡异的。既然平稳时间序列的相关性可以随时间变化，那么，非平稳时间序列的相关性不随时间变化，是毫无道理的。③

---

① 原书误作"1975—1985"，这里根据原文（Alexander，1999）进行了订正——译者注。
② 根据原文，亚历山大给荷兰盾的日收益率加上了 0.0002——译者注。
③ 原句意思有误，根据上下文更正——译者注。

同样，认为我们只能讨论收益的相关性，而不能讨论价格的相关性，是不合理的。在套期保值的文献中，套期保值比率(hedge ratio)是用一个模型计算得到的，而这个模型以一阶差分(收益率)或价格水平来表示。在前一个模型中，对冲效率取决于收益率的相关性；而在后一个模型中，对冲效率取决于价格之间的相关性。模型的选择取决于套期保值者的目标：是稳定未对冲头寸的价格，还是稳定其收益率。在大多数实际应用中，套期保值者的目标是稳定价格，而非收益率。例如，航空公司使用期货合约来稳定航空燃油的价格；农民通过套期保值来稳定其农作物的价格；进出口企业通过套期保值来稳定进口支出流和出口收入流，因为二者均受汇率水平的影响。第10章将说明，就对冲效率而言，相关性的影响要大于协整。无论如何，价格的相关性高，意味着收益率(价格的百分比变化)的相关性也高。所谓"知道收益率的相关性不依赖于时间"的事实，实际上并不是事实，而是个实证问题。相关性是否依赖于时间，要视具体情况而看，并且只能靠检视数据来确定。

期限的角色

对相关性和协整之间差异的另一个解释，可以在 http://gekkoquant.com 上找到。这个观点认为：

> 相关性——如果两支股票相关，那么A股票上涨，B股票也会上涨……协整——如果两支股票是协整的，那么A股票和B股票的某个线性组合，可以构成一个平稳序列。

这个观点是不合理的，原因有二。首先，这个观点隐含，相关只能是正相关(都是上涨的)。这是否意味着，只有在日度数据中才能找到相关性？第二个原因是，这个观点隐含，如果两个序列高度相关，那么二者的差分不仅是平稳的，而且是常数——这属于"超协整"，如果这个术语存在的话。这种区分意味着，两支相关股票价格会在一天内一起变动(大概是指开盘和收盘之间)。换句话说，P_A 和 P_B 之间存在相关的条件是 $P_{A,C} - P_{A,O} > 0$ 和 $P_{B,C} - P_{B,O} > 0$，其中 C 和 O 分别表示收盘和开盘。另一方面，协整意味着 $\alpha P_A + \beta P_B \sim I(0)$，而两个价格的走势可能相反。例如，如果 $\alpha = 1$，$\beta = -1$，那么协整条件就变成了 $P_A - P_B \sim I(0)$。这意味着，两个价格的差值应该是一个平稳的、均值回复的过程。如果价格的走势相反，那么随着时间的推移，价格的差值会变大。对于均值回复，价格的差值必须缩小，这就要求两个价格朝相同的方向变动。由此可推出,均值回复过程需要相关性。但是,似乎没有人提出这样的问题:两个高度相关的系列是否不协整——也就是说,相关性与协整性是否不相容。

按照这种观点,在一段时间结束时,两个价格会出现相关性。这段时间可能是一天、一周或一个月。即使是一天,价格变动也可能在日内不相关。图 8.1 给出了两个高度相关的序列和两个不相关的序列在一段时间内的变动。这段时间可能是一天、一周或一个月。在这段时间结束时,两个不相关序列均上升,满足 $P_{A,C}-P_{A,O}>0$ 和 $P_{B,C}-P_{B,O}>0$ 的条件;而两个高度相关的序列中,其中一个上升,另一个下降。因此,相关性并不是说两个序列会在一段时期结束时趋近对方,而是说整个期间内它们会如何变动,不论这段时间是指一天、一周还是一个月。如果两个序列一起移动,甚至朝相反的方向移动(也就是说,无论二者是正相关还是负相关),那么二者会生成一个平稳的线性组合,这意味着它们是协整的。在图 8.2 中,我们可以看到,图 8.1 所示序列的百分比变化存在相关性:水平值高度相关,一阶差分也高度相关。因此,我们不能脱离价格的相关性,而只谈论收益率的相关性。

更多的曲解

对相关性和协整的另一个曲解是:大多数时候,相关股票的价格会朝相同方向移动,但移动的幅度未知。这意味着,价差会不断增长,而不会显现均值回复的迹象。另一方面,在协整的情况下,价差是"固定的";如果价差偏离了"固定值",就会回复到均值。目前尚不清楚"移动的幅度未知"是什么意思,最有可能是指两个价格的偏移量是未知的。这是否意味着,如果两个价格是高度相关的,那么它们彼此的偏移是无界的?这里,应该提出如下的问题:是否有可能,两个高度相关的变量之间不存在协整;反之,是否有可能,两个高度协整的变量之间不存在相关性?如果这个问题的答案是否定的,那么就意味着,相关性与协整是有关联的。这是一个很容易操作的、可检验的假设。

相关性与协整还有另一个区别。相关性被用来检验两个变量之间的线性关系(或线性相依性),而协整用于检查两个或多个变量之间,是否存在长期关系。写下上述内容的人,并不会考虑其是否有意义,因为它本身毫无意义。这里比较的是"线性"与"长期",而长期关系(即"吸引子")通常被认为是线性的,如式(8.1)所示。这里应该比较的是线性与非线性,或是短期与长期。

基于模拟数据的结果

本节提出的命题涉及相关性和协整的区别,可以用实实在在的统计量进行

8. 协整分析：原则和谬误

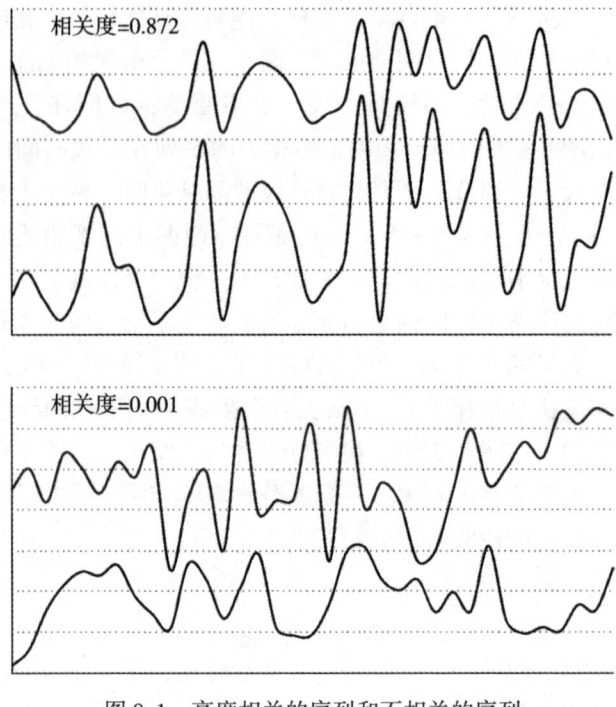

图 8.1　高度相关的序列和不相关的序列

实证检验。在本章中，我们将使用模拟序列，而第 9 章将使用真实的经济和金融时间序列。有人已经通过模拟序列证明：对于相关性与协整之间的区别，某个特定的描述是不成立的，水平值的相关性和百分比变化的相关性是有关的。在下文中，我们将考察一个隐含的命题，即：负相关序列不存在协整，并且相关性与协整无关。

陈（Chan，2006）和亚历山大（Alexander，1999）描述了协整和相关性之间的区别。这似乎说明，两个负相关的变量不可能协整，因为它们的移动并不"同步"，而是偏离彼此，并且移动的方向相反。穆萨（Moosa，2011b）构造了两个负相关的时间序列（相关系数为 -0.99），这两个变量彼此偏离。按照陈和亚历山大对协整的描述，这两个序列不可能协整。然而，对二者进行协整回归，再对回归残差使用迪基-富勒检验后，结果显示 $ADF = -5.59$，而这是统计显著的。因此，这两个彼此偏离的变量是协整的。这里就不再重复上述演算了。

接下来，我们探讨两个高度相关的序列是否存在协整的问题。为此，生成

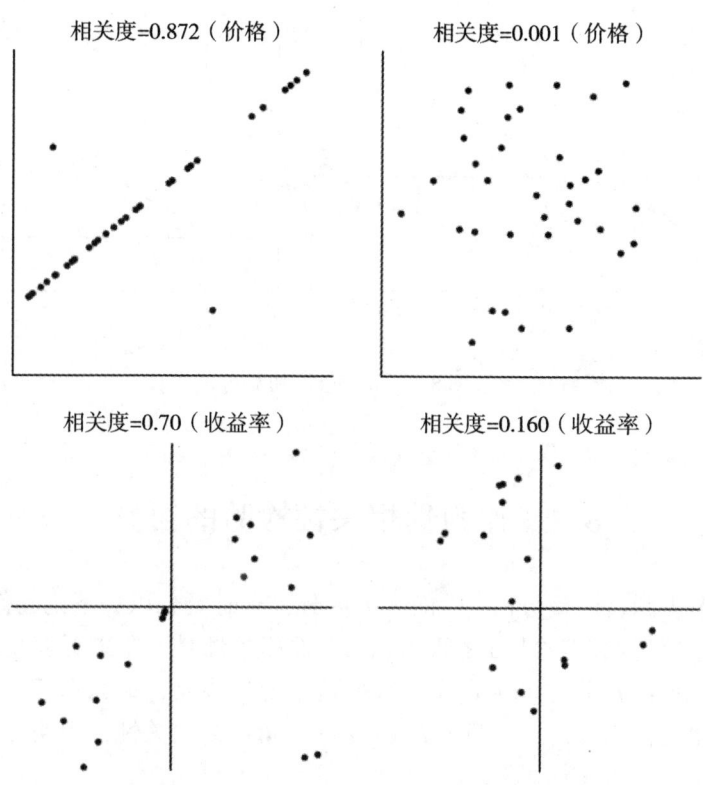

图 8.2 水平值的相关性和百分比变化的相关性

相关系数在 0.01 到 0.99 之间的时间序列。接着，对序列进行两两回归，并计算可决系数（R^2）、迪基-富勒统计量（ADF）以及协整回归的德宾-沃森统计量（CRDW）。① 结果如图 8.3 所示，其中包含 R^2 对 ADF 的散点图，以及 R^2 对 CRDW 的散点图。水平线表示 ADF（不带负号）的 5%临界值和 CRDW 的 1%临界值。显然，R^2 越高，两个变量越有可能协整。从 ADF 来看，对于相关系数小于 0.61 的两个变量，我们看不出二者是协整的。相关性与协整之间虽然有一定的联系，但是，除了相关性之外，我们并不知道协整提供了什么价值。应当区别的是相关性与因果性，而不是相关性与协整。

---

① 可决系数的英文是 coefficient of determination，也译作决定系数、判定系数、测定系数等——译者注。

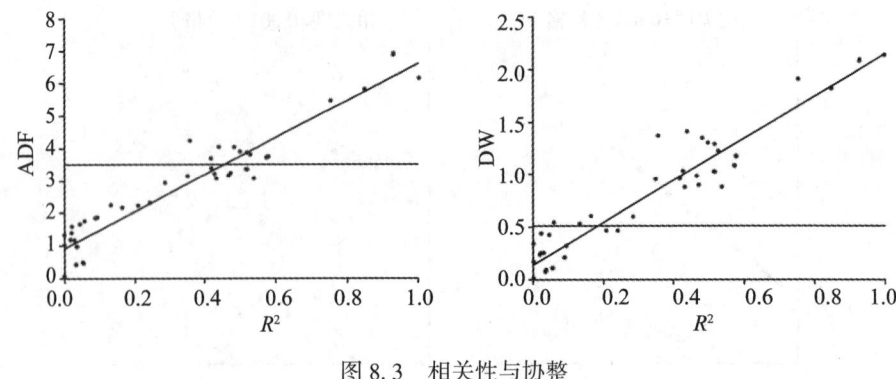

图 8.3　相关性与协整

8.4　作为伪相关性检验的协整

上一节提到，协整与相关性的人为区分，有时候会以如下论断作为依据：协整是水平值变量(如价格)之间的联动，而相关性是一阶差分变量或变量百分比变化(如收益率)之间的联动。如果这个说法成立，那么伪相关就不应该存在。这里的伪相关是指，两个 $I(1)$ 变量之间存在相关性，而实际上二者无关。

"协整革命"所谓的贡献之一，是充实了经济学家进行实证研究的工具库，因为协整检验能够揭示伪相关——也就是说，协整可以区分伪相关和真实相关。伯恩斯(Burns, 1997)对伪相关的定义是："两个或多个变量在统计上相关，但实际上并无因果关联。"由这个定义可知，因果性与相关性的区分十分重要，但相关性与协整的区分不重要。

有人认为，伪相关是协整分析得以发展的一个原因。隐含的观点是，如果两个单整变量是高度相关的，那么，除非这两个变量协整，否则二者的相关性是虚假的。然而，人们倾向于认为，要区分伪相关和真实相关，应当以常识、直觉和理论为基础，而不是以统计检验为基础。由此引出了一个问题：如果常识告诉我们，两个变量之间的关系明显是虚假的，但这两个变量是协整的，那么，我们应该相信常识，还是相信计量经济学？如果协整检验在检测伪相关方面真有宣称得那么好，它应该与常识相一致才是。

令 $y_{1,t} = \varphi_1 y_{1,t-1} + \varepsilon_{1,t}$，$y_{2,t} = \varphi_2 y_{2,t-1} + \varepsilon_{2,t}$，其中 $\varepsilon_{1,t} \sim N(0, \sigma_{\varepsilon 1}^2)$，$\varepsilon_{2,t} \sim N(0, \sigma_{\varepsilon 2}^2)$，并且 $\varepsilon_{1,t}$ 和 $\varepsilon_{2,t}$ 相互独立。若 $\varphi_1 = \varphi_2 = 1$，那么 $y_{1,t}$ 和 $y_{2,t}$ 都是随机

8.4 作为伪相关性检验的协整

游走过程。在这种情况下,对于回归方程 $y_{1,t}=\beta_0+\beta_1 y_{2,t}+\zeta_t$,哪怕不存在因果关系,原假设 $\beta_1=0$ 也不大可能被拒绝。如果协整排除了伪相关,那么就意味着 $y_{1,t} \sim I(1)$ 且 $y_{2,t} \sim I(1)$,而真实的关系会通过协整回归残差的平稳性体现出来。换言之,如果 $\zeta_t \sim I(0)$,这个关系就是真实的;如果 $\zeta_t \sim I(1)$,哪怕 $y_{1,t}$ 和 $y_{2,t}$ 高度相关,这个关系也是虚假的。

协整有揭示伪相关的能力,人们没有细究便接受了。例如,施托雷-孔努尔德和沃纳(Stroe-Kunold & Werner, 2009)建议说,"协整检验是检测单整时间序列伪相关的工具"。他们指出,迪基-福勒检验和约翰森检验"与使用 R^2 和 DW 统计量这种十分不精确的方法相比,提供了一种更精确的备选方法,能够识别出伪相关"。他们进一步解释说,协整提供了"精确的方法,用以区分伪相关与有意义的关系,哪怕各过程之间的相依性(即相关性)非常低"。林和布兰尼根(Lin & Brannigan, 2003)认为,"对于非平稳时间序列引起的'伪回归'问题,协整模型可被视为一项补救措施"。他们甚至认为,伪回归和协整是相反的概念,因为协整意味着单整时间序列之间存在有意义的关系。

吉桑(Guisan, 2001)是为数不多的、质疑协整正统地位的经济学家。她指出,"协整检验通常不能发现因果关系,另一方面,接受实际上虚假的因果关系会带来风险,但协整检验无法处处避免这种风险"。为了说明协整检验的不足和局限性,吉桑考察了 1961—1997 年间,25 个经合组织国家(OECD)的私人消费支出与国内生产总值(GDP)之间的关系。她的研究结果证实了协整检验的局限性。研究表明,英国的消费与其 GDP 无关,但却与其他 23 个经合组织国家的 GDP 相关。由此可见,协整的结果会让人们拒绝真正的关系,接受虚假的关系。

为了检验这一观点,穆萨(Moosa, 2016a)考察了一些高度相关的变量,但按照常识,这些变量是伪相关的。穆萨总结说,如果协整是可靠的伪相关检验,那么相应的结果告诉我们:(1)人造奶油对婚姻生活不利;(2)滑雪场必须自行设计床铺,以便让客人更容易因为床单缠绕而死亡,因为这会增加滑雪场的收入;(3)为了提高收入,购物广场必须开展竞赛,好让澳大利无法降低向美国出口的铀的价格;(4)为了自身安全,摩托车驾驶员不仅要避免食用酸奶油,还应该鼓励他人照做;(5)为了减少自杀,美国各大学必须阻止研究生攻读数学博士学位,并鼓励他们转向市场营销或其他方向;(6)另一种减少自杀的办法是,美国政府应关闭美国航空航天局(NASA)。上述结果表明,协整并不是可靠的伪相关检验,我们只能通过常识(或者更正式的理论推理)来进行判断。此外,穆萨指出:协整检验可能无法找出理论所隐含的真实关系,这

8. 协整分析：原则和谬误

由利率期限结构理论的例子可见一斑（美国的长期利率与短期利率不存在协整）。

一些结果

在这个演算中，我们将考察四个明显的伪相关，看潜在变量之间是否存在协整。如图 8.4 所示，其中两个例子中的相关性为正，另外两个例子中的相关性为负。我们用到了五个协整检验：ADF、CRDW、$t(\phi)$、F 和 W。尽管这些例子明显都是伪相关，但没有哪个检验能够拒绝"无协整"的原假设。这里并没有用到约翰森检验，因为它总是拒绝"无协整"的原假设。表 8.1 给出了这四个例子和相应的检验统计量，其中至少有两个检验统计拒绝"无协整"的原假设。由这些结果，我们可以得到一个有趣的政策结论：为了提升产蜜的蜂群数量，必须减少铀的进口。在这种情形下，依循常识而非协整检验的结果，是更明智的选择。

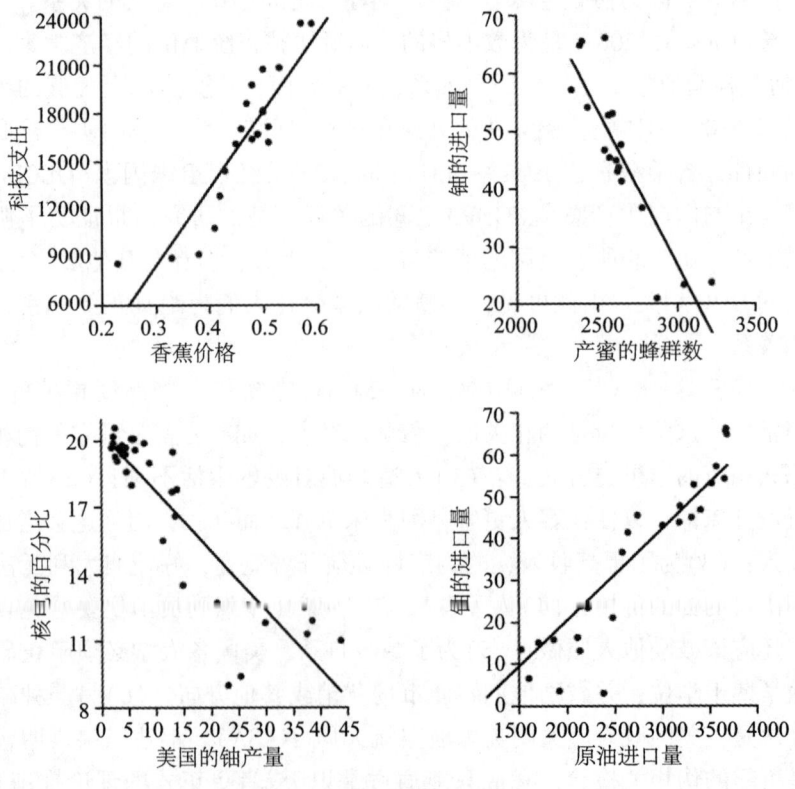

图 8.4　伪回归的四种情形

表 8.1　　虚假关系的协整检验

变量 1	变量 2	相关系数	ADF	CRDW	$t(\phi)$	F	W
香蕉价格	科技支出	0.91	-3.06	1.13*	-4.58*	11.85*	23.71*
产蜜的蜂群数	铀的进口量	0.91	-2.55	0.90*	-2.52*	2.24	4.49
美国的铀产量	核电的百分比	0.89	-4.60*	0.58*	-2.17*	1.43	2.86
原油进口量	铀的进口量	0.92	-3.28	0.76*	-2.76*	4.93	9.86

注：*表示在5%的水平下显著。

8.5　线性吸引子与非线性吸引子

式(8.1)表示的协整回归(也称为长期均衡条件或"吸引子")，显然是线性的。如果没有发现协整，可能是因为吸引子是非线性时，却作了吸引子为线性的假设。这好比改变气压，记录其对气体体积的影响，再用一条直线去拟合实验产生的数据，以此检验波义耳定律。用直线去拟合，效果显然不会好。当然，这里的类比并不恰当，因为实验得到的观察结果，是在控制了温度等因素之后才记录的。而在经济学和金融学中，观察到两个变量相关，并不是因为一个变量影响另一个变量，而是所有变量影响某个变量。不过，为了论述方便，让我们暂且搁置怀疑，假设经济学与物理学一样。由图 8.5 可以看到，一组模拟数据中的两个变量是相关的，其吸引子既有线性的，也有非线性的。只有使用非线性吸引子时，才能得到平稳的残差。因此，这两个变量是通过一个非线性吸引子产生协整的。

穆萨和马(Moosa & Ma，2017)用模拟数据证明，如果从线性吸引子转到高阶多项式，那么，残差会变得越来越平稳。从理论上说，一个阶数足够高的多项式，能够完美地拟合一组特定的点。在达到完美拟合之前，我们可以使用一个阶数足够高的多项式进行拟合，得到平稳的残差。因此，我们总可以找到一个非线性吸引子来产生平稳的残差，进而得到协整的结果。的确，在这种情况下，对于迪基-福勒检验和其他协整检验，其统计量的临界值可能是无效的。对残差进行目测会发现：多项式的阶数越高，残差越平稳。这样，在没有相关性的情况下，我们得到了协整。但这有什么好处呢？如果一个阶数足够高的多项式产生了平稳的残差，而另一个阶数更高的多项式产生了零残差(完美拟合)，那么，我们应该选择完美的拟合而不是协整。在计量经济学中，我们似

8. 协整分析：原则和谬误

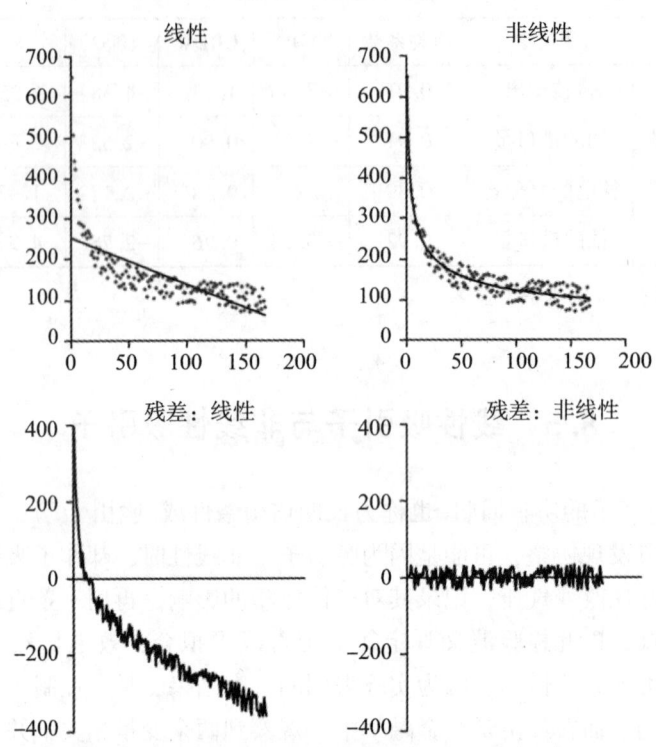

图 8.5 线性吸引子和非线性吸引子产生的残差

乎更关注协整，而不是拟合度。而在物理学中，学者们甚至连协整的概念都没有用到，他们关心好的、或者说完美的拟合。计量经济学家关注平稳的残差，而物理学家只对零残差表示满意——鉴于此，物理学中的定理才能被称作定理。

来看图 8.6，它本质上是两个变量的散点图，这两个变量的相关系数为 -0.06。线性吸引子看起来像一条水平线，其方程为 $y=10.81$——事实上，吸引子并不存在，因为 x 与 y 无关。由于 ADF 不显著，"无协整"的原假设不能被拒绝。另一方面，存在一个 6 阶多项式的非线性吸引子，其 ADF 的值为 -6.24，因此拒绝"无协整"的原假设。的确，这里的 ADF 临界值并不成立，但是使用阶数为 6 的多项式时，残差变小了，也更平稳了——因此，这个吸引子更好。在极端情况下，21 阶多项式能够完美地拟合数据，穿过每一个点。得到的零残差即完全平稳的残差。即使得不到零残差，计量经济学家也应该像物理学家看齐，追求高拟合度或是小的残差，而不是平稳性和大的残差。

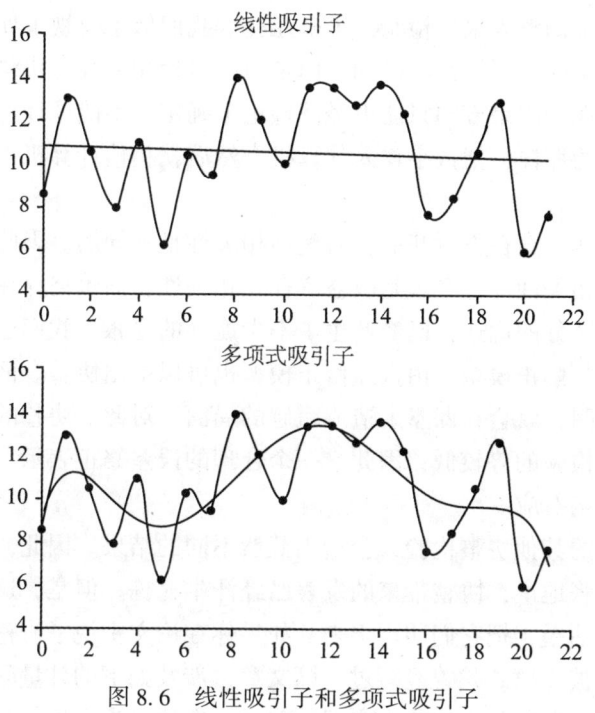

图 8.6 线性吸引子和多项式吸引子

8.6 结 束 语

自 20 世纪 80 年代中期以来,我们一直被告知并且告知学生:在过去几百年里,人类对非平稳变量进行回归,并以此基础所进行的推断,造成了错误的分析;而协整分析的提出,把人类从这种错误分析中拯救了出来。我们被告知并且告诉学生的第一件事是:协整检验可以用来区分伪相关和真实的相关。自此,我们宣誓效忠于协整,于是我们相信:人造黄油会引发离婚,美国航空航天局(NASA)会导致自杀。我们丢掉了逻辑思考能力,而是遵从协整产生的结果:如果协整检验告诉我们某个关系不是虚假的,那么它就是真实的,哪怕逻辑和常识告诉我们它是虚假的。

我们一直被灌输这样的观点:协整是一场取代相关性的革命,但实际上,协整并没有告诉我们相关性之外的东西。事实是,相关性并没有告诉我们因果性;在因果方向的检验方面,协整并不比相关性要好。计量经济学的因果性检验是个笑话，因为一件事发生在另一件事之前，并不意味着前者导致了后者。通过考虑协整来调整因果性检验，于事无补。我们似乎忽视了如下事实：我们并没有讨论相关性与因果性的区别，而是习惯讨论相关性与协整的区别。在经济学中，因果性和因果方向只能由经济理论来确定。不能像计量经济学家编写的软件所指示的那样，把数字输入计算机，然后就相信计算机告诉我们的任何事情。

  真正的信徒一直在告诉我们，协整与相关性是不同的。因此，我们不应该去讨论价格的相关性——必须是收益率存在相关性，而价格存在协整。对相关性与协整如何区分的痴迷，已经产生了不少诡异的主张。我们还被告知：由协整可以推出误差修正模型，由误差修正模型也可以推出协整。但是，如果想用实际数据来证明，就会在课堂上造成尴尬的局面。对此，协整的忠实信徒们给出的理由是：检验的势较低；因此，一个合理的误差修正表示，并没有合理的协整回归与之相对应。

  可供使用的其他协整检验，会给出截然不同的结果。因此，我们可以证明一切。毫不夸张地说，协整带来的发表已经汗牛充栋。但是，这些发表并不值得耗费纸张和油墨，把它们印刷出来。如果你在论文中说了协整的坏话，你的稿子很快就会被毙掉。我曾经写过一篇文章，涉及如下的计量问题：环境库兹涅茨曲线、环境退化与人均收入之间的关系。在这篇论文里，我认为协整被夸大了（我也只说了这些），并很快收到了拒信。在我看来，审稿人肯定是一名热心协整的人士，因为他认为作者（即笔者）并不了解协整。但我认为，任何能够解出偏微分方程的人，都能够理解协整问题。

9. 协整分析：应用与说明

9.1 引　言

在经济学和金融学领域，协整分析已经得到了广泛的应用。哈里斯（Harris，1995）认为，"协整已成为应用经济学家估计时间序列模型必不可少的工具"，因为"如果不进行协整检验，非平稳变量可能会导致伪回归"。第 8 章指出，用协整来检验伪相关是有风险的。为此，我们用模拟的时间序列和明显存在伪相关的变量来说明，协整检验不能用来区分伪相关和真实相关。

在本章中，我们将使用经济和金融时间序列来说明，协整分析是不可靠的；同时，我们将用经济数据来考察第 8 章中提出的关于协整和相关性之间差异的命题。本章讨论的具体问题和假设包括：市场整合、配对交易、购买力平价、抛补利率平价，以及宏观经济学中的协整关系。①

9.2　市场整合及其相关问题

协整和因果性被用来研究市场的相互依存和整合等问题，相应的研究有泰勒和汤克斯（Taylor & Tonks，1989）、马瑟和苏布拉马尼亚姆（Mathur & Subrahmanyam，1990）、殷和申（Eun & Shin，1989），以及马利亚里斯和乌鲁蒂亚（Malliaris & Urrutia，1992）等。例如，泰勒和汤克斯（Taylor & Tonks，1989）用协整分析检验了 1979 年英国废除外汇管制对英国市场和其他市场（德国、荷兰、日本和美国）整合程度的影响。结果显示：1979 年之后，英国的股价与其他市场的股价变为了协整关系，从而缩小了投资分散化的范围。马瑟和苏布拉马尼亚姆（Mathur & Subrahamanyam，1990）用因果性检验，研究了北欧市场（丹麦、挪威、芬兰和瑞典）与美国市场是否存在整合。结果显示，美国

---

① 市场整合（market integration）也译作"市场一体化"——译者注。

市场只影响丹麦市场,而挪威、丹麦和芬兰市场并不影响其他市场(当然,他们并没有解释结果的差异)。通常而言,用协整分析对多个国家、多种货币或其他变量进行研究,检验结果是五花八门的。典型的情况是:结果显示 A 与 B 协整,但 A 与 C 不协整,没有人知道为什么,也没有人给出解释。理论和制度上的考量统统被忽视,因为是否找到协整才是重点。

殷和申(Eun & Shin,1989)对包含九个市场的 VAR 模型做了估计,检测到了大量的多边相互作用,并且发现美国的"新息"(innovations)对其他市场有显著影响。不过,他们发现:任何一个外国市场,都不能充分解释美国市场的变动。马利亚里斯和乌鲁蒂亚(Malliaris & Urrutia,1992)研究了 1987 年 10 月的崩盘之前、期间和之后,处在不同时区的六个市场的领先-滞后关系。他们的结论是:1987 年的股灾可能是一场国际危机,各国股市的崩盘可能是同时开始的。这些结果说明,如果在存在整合的一组市场都持有多头头寸,那么,国际投资分散化是无效的。协整的结果说明了这一点。

协整与市场整合

检验两国股价之间的协整关系,其背后的思想十分简单。协整的隐含意义是:两国的股票市场存在整合(integrated,但不是计量意义上的"单整")。整合意味着,对两个市场进行国际投资分散化是无效的,因为这无法降低风险。然而,这个推理存在两个缺陷。首先,其基本假设是股票价格正相关,即在两个市场上同时持有多头头寸,并不能降低风险。然而,即便存在正相关,也可以实现分散化:可以在一个市场上做空,而在另一个市场上做多。第二个缺陷是,套期保值的有效性取决于相关性,而不是协整。这与亚历山大(Alexander,1999)的观点相反。

穆萨(Moosa,2011b)提供了一个例证,使用的数据是 2001—2010 年间一组国家的季度股价数据。为了检验这些市场与美国市场之间的关系,他对股价的时间序列做了如下检验:基于残差的检验(ADF),两种滞后长度的约翰森检验,基于误差校正项的检验,以及美国市场对其他市场的因果性检验。这个例子得出了如下观点:

(1)根据 ADF 统计量和约翰森检验(带有四个滞后项)判断,没有哪个市场与美国市场存在整合。但神奇的是,把约翰森检验中的滞后期改为 12,所有市场就都存在整合了。

(2)基于误差校正项系数 t 统计量的检验表明,只有英国、新西兰、南非和科威特这四个市场与美国市场是整合的。

(3)由 ADF 统计量可以判断,任何情况都不存在协整。但在四种情况下,误差校正项的系数是显著的。然而,"格兰杰表示定理"认为,任何情况下系数都不应该显著。对换协整回归的自变量和因变量,并不改变结果。

(4)因果性检验的结果表明,新加坡的股价与美国的股价不存在协整关系,但新加坡的股价会影响美国的股价——这没有什么问题,因为协整并不排除因果性。但问题在于:如何解释在这些市场中,只有新加坡市场对美国市场有影响。

(5)此外,唯一一个存在因果性的情形,是美国市场对南非市场有影响,但对其他国家的市场没有影响(问题又来了,为什么是南非?)。对于表现出协整的四种情形,唯一存在单向因果的是南非。协整对因果性的暗示,也就仅限于此了。

(6)只有在两种情形下,套期保值才是有效的(即国际分散化投资是有用的):英国和加拿大。根据误差校正检验,其中一个与美国存在协整,而另一个不存在协整。为什么是这两个市场?因为它们与美国市场收益率的相关性最强。可见,相关性这样的简单概念也可以提供有用的参考,而"复杂"的协整检验则产生了混乱的结果,可能导致错误的财务决策。因此,认为"对套期保值至关重要的是协整,而不是相关性"的观点,是毫无根据的。

有人希望证明,在全球化的时代,所有市场应该融为一体。令他们失望的是,没有哪个市场与美国市场是整合的。基于穆萨(Moosa,2011b)的结果,如果已经接受了"协整会(或者不会)影响国际分散化的好处"这个主张,想要证明一个预设的观点,那么我会按照下面的方式来做。如果认为国际分散化投资有发展的余地,那么我会报告 ADF 检验的结果;如果认为国际分散化投资是无效的,那么我会报告滞后期为 12 的约翰森检验的结果;如果认为国际分散化投资有时有效、有时无效,或许有效、或许无效,我会报告基于误差校正项的检验结果。可是,我该如何解释科威特、南非和新西兰的市场与美国市场是整合的,而日本、加拿大和新加坡的市场与美国市场不是整合的呢?由以上结果得出的任何推断,都是令人尴尬的,甚至是十分危险的。

一个例证

这里进行一个类似的演算,使用的数据是 2000 年 1 月至 2015 年 12 月间,14 个国家的月度股票价格指数(来源是《国际金融统计》)。在所有可能的组合中,我们选取了 41 个例子,根据其相关性的取值范围来确定相关性和协整是否同时存在。对协整的检验,依据的是如下的统计量:协整回归的

DW 统计量(CRDW)，协整回归残差的 ADF 检验，误差校正项系数的 t 统计量 $t(\phi)$，以及边界检验的 F 统计量和 W 统计量。如表 9.1 所示(完整的结果见本章附录)。在 41 个例子中，至少有一个检验显示，协整的情况只有 9 个。

表9.1　　　　　　　　　至少一项检验显示协整

1	2	相关系数	CRDW	ADF	$t(\phi)$	F	W
加拿大	印度	0.91	0.14	−2.27	−2.25*	2.81	5.62
加拿大	马来西亚	0.87	0.11	−2.39	−2.48*	3.07	6.15
加拿大	毛里求斯	0.88	0.13	−2.87	−2.23*	2.62	5.25
加拿大	英国	0.86	0.07	−2.52	−2.42*	2.95	5.91
丹麦	新西兰	0.92	0.12	−3.86*	−2.56*	3.43	6.87
丹麦	美国	0.92	0.14	−3.83*	−3.14*	5.58	11.16
法国	日本	0.87	0.10	−3.78*	−2.39*	3.44	6.89
德国	英国	0.93	0.02	−2.63	−3.37*	6.69*	13.99*
英国	美国	0.90	0.02	−2.47	−2.51*	3.90	7.80

注：* 表示在 5%的水平上显著。

首要的问题是，我们应该相信哪个检验？由 t 检验可知，印度和加拿大的市场是整合的(因为二者的股价存在协整)；但由其他检验，这两个市场不存在协整。另一方面，由 ADF 检验和 t 检验可知，法国和日本的市场存在协整；但其他三个检验显示，二者并不存在协整。当然，用经济术语来解释结果几乎是不可能的。为什么加拿大市场会与印度、马来西亚和毛里求斯的市场整合，但(奇怪的是)却没有与美国市场整合？为什么法国市场没有与德国市场整合，但却与日本市场整合？为什么印度市场没有与马来西亚和毛里求斯的市场整合，而马来西亚的市场也没有与日本的市场整合？没有人知道。

格兰杰和纽博尔德(Granger & Newbold，1974)认为，伪回归的特征是 R^2 高、DW 统计量低。菲利普斯(Phillips，1986)认为，较低的 DW 值和中等的 R^2 值表明存在伪回归。这意味着，根据传统检验，较高的 R^2 不应被视为显著关联的证据。班纳吉等人(Banerjee et al.，1993)认为，R^2>DW 时存在伪回归。如果这是真的，那么附表 9A.1 所列的回归就是伪回归，因为除了少数例外，

其余的情形都满足 R^2>DW。这样一来，股票价格指数究竟是协整的、相关的，还是伪相关的？

引入约翰森检验

由于约翰森检验可以证明任何假设，如果使用该检验，那么假设检验是永无止境的。为此，我们选择了一些股票价格指数。在前面使用过的检验中，至少有一个检验能证明它们是协整的，而另一些不能证明它们协整。任何情形下都可以证明，两个股票价格序列是协整的，还是非协整的。把无趋势、有约束的趋势和无约束的趋势，与无截距、有约束的截距和无约束的截距进行组合，就得到了模型设定的多种可能。一旦选择了截距和趋势的组合，就可以进一步改变滞后长度，对模型进行修改。这样，我们可以从一个基本设定（常截距和趋势项）和一期滞后出发，逐步改变滞后阶数，报告备选设定的结果。这里用到了两个检验统计量：最大特征值和迹统计量。

如表9.2所示，结果非常有趣。使用基本设定，任何情况都得不到协整的结果；通过操纵滞后期长度，所有情形都存在协整。因此，对于有"确认偏误"的人来说，约翰森检验不愧为救星。有人会说，最佳滞后期长度必须用某个信息准则来确定。这并不难，因为总能找到支持某个滞后期的信息准则。或者，可以使用别的方式来选择滞后期长度，例如采用"从一般到特殊"的方法，或是选择把残差变成白噪声所需的滞后期。无论如何，在发表的论文中，没人提到滞后期是如何选择的——报告的结果都是能给出"好结果"的滞后期。

表9.2　　　　　　　　　　约翰森检验的结果

1	2	3	最大特征值		迹	
			基本	备选	基本	备选
加拿大	印度		13.21	19.90	16.99	25.57
加拿大	毛里求斯		11.62	21.47	14.62	26.20
丹麦	美国		11.12	22.43	14.09	28.39
德国	英国		13.73	21.33	19.43	28.12
澳大利亚	加拿大		11.60	21.20	15.05	27.44
澳大利亚	新西兰		6.85	19.98	6.95	20.05
印度	马来西亚		8.63	18.60	12.34	25.01

9. 协整分析：应用与说明

续表

1	2	3	最大特征值		迹	
			基本	备选	基本	备选
印度	新西兰		12.32	19.36	12.79	20.16
法国	印度		9.03	18.54	11.17	25.84
法国	马来西亚		7.59	19.09	9.89	27.97
日本	毛里求斯		14.42	23.60	15.77	24.96
中国	日本	马来西亚	18.68	27.84	35.44	49.04
埃及	印度	毛里求斯	14.30	26.69	19.20	37.59
法国	毛里求斯	新西兰	24.79	39.76	30.82	47.78
加拿大	印度	埃及	13.38	27.75	21.46	42.61
澳大利亚	新西兰	英国	11.04	29.18	17.84	43.21
澳大利亚	埃及	毛里求斯	21.28	24.57	37.93	40.13

注：两个和三个国家最大特征值统计量的5%临界值分别为18.33和24.35；两个和三个国家迹统计量的5%临界值分别为23.83和39.33。

对三个及更多市场进行检验，情况就变得更加有趣了。可以看到，澳大利亚、埃及和毛里求斯的股票价格构成了一个协整向量，加拿大、印度和埃及也是一样。这里的协整向量有什么含义呢？这些市场之间有什么联系呢？当然，我们可以选取由基本设定推出的结果，自始至终宣称，这些市场没有形成协整向量。反过来，我们也可以选取其他设定，宣称澳大利亚、新西兰和英国的市场构成了协整向量，因为这更合理。总之，我们可以得到想要的结果。

协整与相关性

接下来，我们考察协整与相关性之间的关系。由图9.1，可以看到三个协整检验统计量(CRDW、ADF 和 t 统计量)和可决系数(相关系数的平方)的散点图。除了协整检验统计量，可以看到散点图中有两个聚类(cluster)：一个是高相关范围内的集聚，另一个是低相关范围内的集聚。可以看到，较高的协整检验统计量，往往伴随着较高的相关性；反之亦然。看起来，高度相关至少是协整的必要条件——也就是说,协整与较高的相关性是相联系的。正是由于这个原因,协整不能也不应该被用作伪相关的检验。

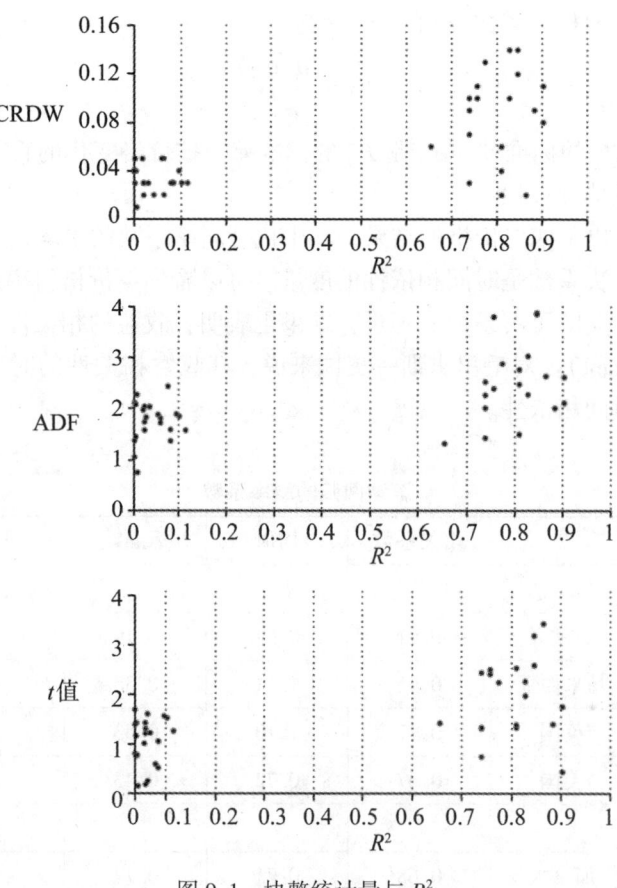

图 9.1 协整统计量与 R^2

股票价格和收益

我们可以使用同一组股票价格指数,来考察第 8 章中股票价格和收益之间关系的两个命题。这两个命题是:(1)价格的相关性是时间相依的(time dependent),但是收益的相关性不是;(2)预测收益要比预测价格更容易。为此,我们选取了四对股票价格指数:澳大利亚—加拿大、印度—马来西亚、新西兰—英国和毛里求斯—美国。对每个对子(如 A 和 B)进行如下的滚动回归。对样本容量为 n 的 P_A 和 P_B 的观测值,回归式形式如下:

$$P_{A,t} = \alpha + \beta P_{B,t} + \varepsilon_t \tag{9.1}$$

首先,在子样本 $t=1, 2, \cdots, k$, $k<n$ 上估计回归式。接着,在子样本 $t=2$, $3, \cdots, k, k+1$ 以及 $t=3, 4, \cdots, k+1, k+2$ 上依次进行估计。斜率系数 β 与两个价格之间的相关系数(r)有关,因为:

$$\beta = \frac{r(\sigma_A \sigma_B)}{\sigma_A^2} \tag{9.2}$$

其中,σ_A 是 P_A 的标准差,σ_B 是 P_B 的标准差。按价格变化的百分比来计算收益,重复上述估计过程。

表 9.3 给出了四对价格的结果,其中包括斜率系数的平均值、标准差和可决系数,而可决系数是时间相依性的度量。可以看到,价格斜率系数的可决系数要略高于收益的可决系数。不过,结果也表明,收益的相关性并不是时不变的(time-invariant)。对毛里求斯—美国来说,其收益相关性的时间相依性,要大于价格的时间相依性。

表9.3 滚动回归的斜率系数

1	2	相关系数	均值	标准差	可决系数(%)
价格					
澳大利亚	加拿大	0.91	0.97	0.19	19.96
印度	马来西亚	0.95	1.14	0.35	30.94
新西兰	英国	0.77	1.10	0.53	48.01
毛里求斯	美国	0.67	0.72	0.43	59.65
收益					
澳大利亚	加拿大	0.68	0.71	0.12	16.64
印度	马来西亚	0.51	0.99	0.27	26.79
新西兰	英国	0.39	0.33	0.15	45.05
毛里求斯	美国	0.36	0.49	0.31	62.77

在预测方面,则由递归回归计算出一步向前预测。预测的准确度,可以用预测误差与其标准差之比来度量。图 9.2 和图 9.3 分别给出了价格和收益的实际值和预测值。表 9.4 给出了误差与其标准差之比的最小值和最大值,这并未提供"收益率比价格更容易预测"的证据。

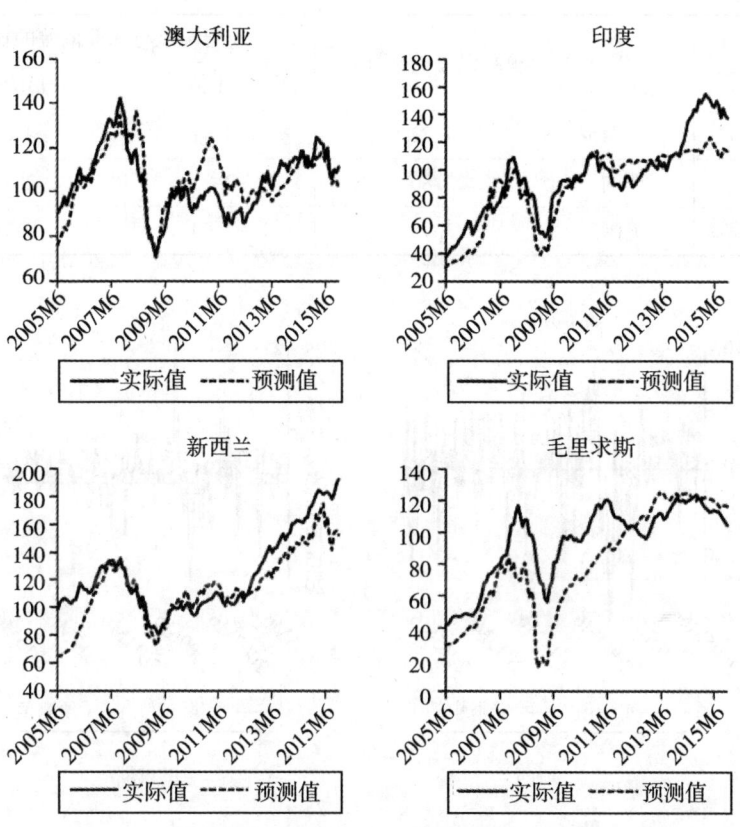

图 9.2 实际价格与预测价格

表 9.4 股票价格和收益的一步滚动预测

1	2	预测误差的标准差	预测误差与标准偏差的比率	
			最小值	最大值
价格				
澳大利亚	加拿大	9.07	-2.02	2.06
印度	马来西亚	18.29	-1.15	2.89
新西兰	英国	15.48	-0.68	3.99
毛里求斯	美国	60.44	-0.21	6.35
收益				
澳大利亚	加拿大	2.79	-3.04	2.39

9. 协整分析：应用与说明

续表

1	2	预测误差的标准差	预测误差与标准偏差的比率	
			最小值	最大值
印度	马来西亚	4.72	-3.41	4.04
新西兰	英国	2.80	-2.22	2.14
毛里求斯	美国	3.95	-2.64	3.76

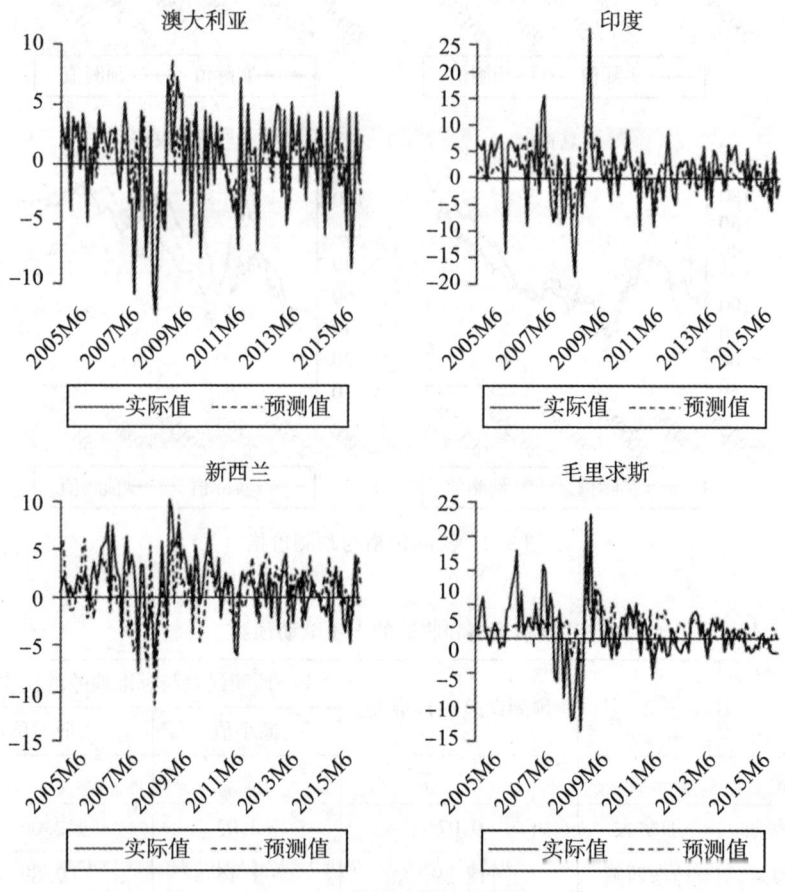

图 9.3 实际收益与预测收益

因果性检验

对股票价格指数样本进行的最后一项演算，是因果性的检验。表 9.5 给出了价格存在协整时,一个市场到另一个市场(或反过来)因果性检验的结果,其中包括"无因果"原假设的 F 统计量和对应的 p 值。不过,结果莫衷一是。以下是我们的发现:(1)加拿大的股价影响印度的股价,但反之不成立;(2)丹麦的股价影响加拿大的股价,反之亦然;(3)加拿大的股价影响毛里求斯的股价,但反之不成立。除此之外,其他情形均未发现因果性,即使是英国和德国、英国和美国之间也不存在。虽然加拿大和毛里求斯之间存在因果关系,但二者有什么联系呢?"如果两个变量协整,那么至少在一个方向上,应当存在因果性"这种说法又如何解释呢?如果价格是协整的,那么使用误差修正模型来检验因果性,并没有本质上的区别。表 9.6 给出了不存在协整时的因果性检验结果。我们发现,存在因果性的有:新西兰和澳大利亚的股价(这是有道理的)、印度和马来西亚的股价(这是可以解释的)以及马来西亚和法国的股价(这毫无道理)。

表 9.5　　　　　　　　　　协整序列的因果性检验

国家	F	p 值
印度→加拿大	0.173	0.91
加拿大→印度	9.47*	0.00
丹麦→加拿大	2.91*	0.04
加拿大→丹麦	14.14*	0.00
毛里求斯→加拿大	2.04	0.11
加拿大→毛里求斯	10.51*	0.00
英国→加拿大	1.64	0.50
加拿大→英国	1.09	0.35
新西兰→丹麦	2.04	0.11
丹麦→新西兰	1.32	0.27
美国→丹麦	1.59	0.19
丹麦→美国	0.59	0.63
日本→法国	0.85	0.47
法国→日本	0.67	0.57
英国→德国	1.49	0.22

续表

国家	F	p 值
德国→英国	2.07	0.11
美国→英国	1.99	0.12
英国→美国	23.18*	0.00
印度→加拿大	0.15	0.92
加拿大→印度	9.58*	0.00
丹麦→加拿大	2.87*	0.04
加拿大→丹麦	12.51*	0.00

注：*表示在5%的水平上显著。

表9.6　　　　　　　　　　不协整序列的因果性检验

因果关系的方向	F	p 值
加拿大→澳大利亚	0.69	0.56
澳大利亚→加拿大	0.41	0.74
新西兰→澳大利亚	0.94	0.42
澳大利亚→新西兰	22.24*	0.00
马来西亚→印度	0.45	0.65
印度→马来西亚	3.31*	0.02
新西兰→印度	1.45	0.23
印度→新西兰	0.46	0.71
印度→法国	1.67	0.17
印度→法国	2.46	0.06
马来西亚→法国	3.76*	0.01
法国→马来西亚	3.58*	0.02
毛里求斯→日本	0.56	0.64
日本→毛里求斯	2.04	0.11

注：*表示在5%的水平上显著。

我们必须记住，经济学中的因果性不是因果关系，而是时间上的先后顺序。一件事情发生在另一件事情之前，并不意味前者导致了后者。使用月度数据可能不合适，但使用日数据可能也不合适，因为影响应当很快就出现。

9.3 配对交易

在金融领域，因果关系的一个应用是名为"配对交易"（pairs trading）的投资策略。配对交易的基本思想是：两支股票的价格存在协整，如果二者的价差（或价格的比率）暂时扩大，那么就有机会做空一支股票而做多另一支股票；接着，在价差回到合理区间时——换句话说，当价差经历均值回复时，再平掉这两个头寸。因此，重点在于协整而不是相关性，因为协整意味着均值回复。

施密特（Schmidt，2008）用约翰森检验识别了适于配对交易策略的股票对，并把这个交易策略应用到了在澳大利亚证券交易所挂牌的一些股票上。结果显示，"存在协整的两支股票，可以组成一个确定的线性组合，由此得到的资产组合的动态变化，受一个平稳过程的支配"。但她并没有使用某个交易规则来进行实验，而是根据残差序列的图形（残差显示出很高的"过零率"，并且对均值的偏离较大）就得出结论，认为"这种策略很可能是有利可图的"。可以想象，提出这些投资策略的人，并不愿意根据协整检验的预测结果，用自己的资金来下注。我肯定不会建议任何人用基于约翰森检验的交易策略，把养老金投资出去。

协整还是相关

有关配对交易的描述，让我们回到了相关与协整如何区别的问题上来。原因是对因为套利交易的其他描述依据的是相关性，而（价格的）高相关则会产生均值回复。例如，福尔杰（Folger，2014）并没有提到协整，而是这样描述配对交易的：

> 配对交易是一种市场中性的交易策略，即在一对高度相关的金融工具（如两支股票、交易所交易基金、货币、商品或期权）上，把多头头寸和空头头寸匹配起来。等到相关性减弱，配对交易者会做多当前市场表现欠佳的工具，同时做空当前市场表现较好的工具，在相关关系恢复到统计上的正常水平时进行平仓……其研究的核心是提出量化方法，识别历史价格变动相似或价格高度相关的证券对……配对交易的中心思想是，如果两支股票（或其他金融工具）的相关性足够强，那么相关性变化后，会马上回复到证券对的平均趋势上，从而创造获利机会。

福尔杰指出，配对交易的起源可以追溯到20世纪80年代中期。当时，摩根士丹利集结了一群计算机科学家、数学家和物理学家，研究了股票市场的套利机会。他们采用先进的统计建模，开发了自动化交易程序以利用市场上的差异。但计算机科学家、数学家和物理学家讨论的并不是协整，而是相关性，尤其是在20世纪80年代早期，协整概念还未提出的时候。对协整爱好者来说，这增加了"协整与相关性不同"的可信度。福尔杰解释了相关性对配对交易的重要性：

> 如果从一开始，这两种金融工具就不相关，那么一般来说，价格的任何偏离和后续的趋同，都不会有太大的意义。举例来说，请考虑沿河而建的道路。一般来说，这条道路会紧挨着河流。偶尔，由于地形或者开发问题，道路必须偏离河流（类似于价格的"价差"）。尽管如此，每每发生这种情况，道路最终还是会回到与河流平行的地方。在这个例子里，道路与河流具有相关关系。然而，如果把这条河流与附近的另一条土路做比较，而这条土路与河流没有明确的相关性（即二者的移动是完全随机的），那么预测二者的相对变动，将是徒劳无功的。然而，道路与河流之间的正相关关系，会让人们产生合理的预期，认为主路和河流会最终靠近。

同样，范达姆（van Dam, 2012）在描述配对交易时并没有提到协整。但他提到了同一行业的一对股票，这对股票的价格被认为是相关的。但接下来，他讲了个故事：一名德国亿万富翁对大众汽车的两类股票进行配对交易，但以在火车前跳轨自杀而告终。范达姆于是警告说："如果配对交易可以把亿万富翁逼得自杀，那么你也应该对其敬而远之。"他给出了以下建议："让生活简单点——不要参与配对交易。"协整爱好者并不认同这个警告或者建议，因为他们认为，协整揭示的东西类似于自然法则。与范达姆一样，埃利奥特等人（van Dam, Elliott et al., 2005）也没有提到协整关系，而是提到了"两只相似股票的交易存在价差"；盖特夫等人（Gatev et al., 2006）提到了"标准化后的历史价格距离最小的一些对子"。

相关和均值回复

可以证明，两个序列不论是否协整，相关性较高都意味着均值回复。为此，我们选取了四个对子：丹麦—新西兰、丹麦—美国、法国—印度和印度—

毛里求斯，包括高相关且协整、高相关且不协整、低相关的情形。在这个演算中，我们考察了协整回归残差的均值回复，并用残差的取值范围来衡量均值回复的强度。由表9.7可见，相关性最高的一对（印度—毛里求斯）其标准差最低，残差的取值范围最窄，但这两个股票价格指数并不协整。相反，相关性最弱的一对（法国—印度），其均值回复也最弱，如图9.4所示。

表9.7 股价指数的均值回复

1	2	相关系数	标准差	最小值	最大值	范围
丹麦	新西兰	0.916	0.179	-0.289	0.496	0.785
丹麦	美国	0.918	0.162	-0.413	0.388	0.801
法国	印度	-0.017	0.317	-0.506	0.615	1.116
印度	毛里求斯	0.953	0.148	-0.362	0.349	0.712

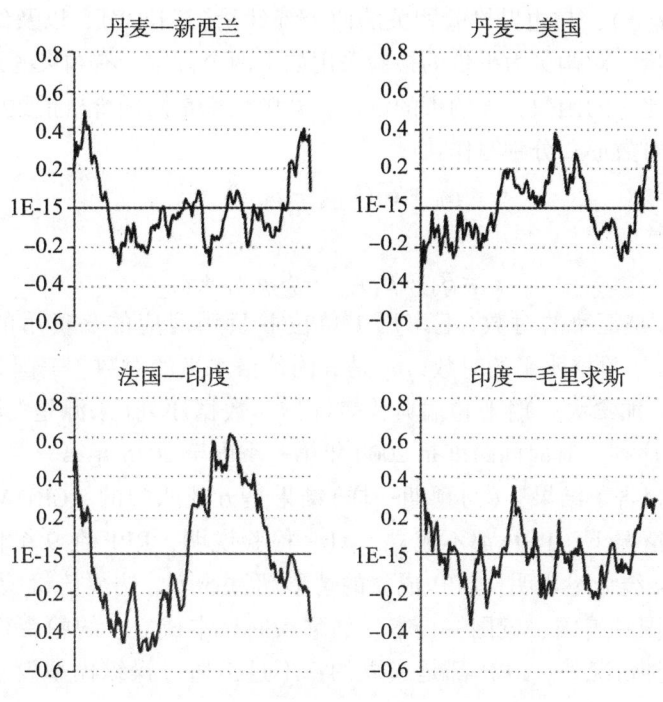

图9.4 股票价格指数残差的均值回复

9.4 购买力平价

在国际金融中,国际平价条件的检验是协整最常见的应用之一,其肇始是泰勒(Taylor,1988)和恩德斯(Enders,1988)发起的购买力平价(PPP)研究。时至今日,用协整来检验购买力平价的论文仍层出不穷,但我们对购买力平价的理解,却没有提升。购买力平价假说在长期内可能成立,在恶性通货膨胀时期一定成立。用协整分析来检验购买力平价,特别是采用约翰森检验,会给人错误的暗示:购买力平价在正常条件和短期内也成立。但对有观察力的人来说,汇率的波动太大,以至于无法用平稳的价格走势来解释。

一个例证

在本节中,我们通过购买力平价的检验来说明协整分析能造成多大的误导。为此,我们使用了六个协整检验统计量:CRDW、ADF、误差修正项系数的 t 统计量 $t(\phi)$,与边界检验相关的两个统计量(F 和 W),以及约翰森最大特征值统计量。对购买力平价的检验采用如下两个设定:有约束的设定,其中汇率是价格比率的函数;无约束的设定,其中汇率是两国价格指数的函数。这两个设定用对数形式分别写作:

$$s_t = \alpha_0 + \alpha_1(p_{a,t} - p_{b,t}) + \varepsilon_t \tag{9.3}$$

以及:

$$s_t = \beta_0 + \beta_1 p_{a,t} - \beta_2 p_{b,t} + \zeta_t \tag{9.4}$$

其中,s 是汇率的对数(汇率用 1 单位 b 货币对应的 a 货币的价格来表示),p_a 是 a 国价格水平的对数,p_b 是 b 国价格水平的对数。美国和日本代表 b 国,英国、加拿大、瑞士和瑞典代表 a 国。数据序列(来源是《国际金融统计》)是季度序列,其时间跨度是 2000 年第一季度至 2015 年第三季度。

表 9.8 报告了结果,(与预期一样)结果是五花八门的。CRDW 检验告诉我们,任何情况下,PPP 都不成立。ADF 检验说明,PPP 在 9 个情形中的 5 个成立。但 t 统计量表明,PPP 成立的情形超过 5 个。边界值检验结果显示,PPP 只对英国—美国、英国—日本、加拿大—日本成立。约翰森检验的结果表明,除两种情况外,PPP 都是成立的;不过,通过操纵模型设定,总是可以把不协整的结果转化为协整。因此,确认偏误会让人们报告约翰森检验的结果,而隐瞒其他检验的结果;而反对 PPP 的人们则会报告 CRDW 检验、F 和 W 检验的结果。在某些情况下,检验会告诉我们,PPP 对某个模型成立,而

对另一个模型不成立。例如，在无约束的形式下，PPP对日本—美国是成立的，但在有约束的形式下则不成立。这听起来十分合理，因为加上比例性和对称性约束，可能会导致模型误设。

表9.8　　　　　　　购买力平价(PPP)的协整检验

1	2	形式	CRDW	ADF	$t(\phi)$	F	W	EV
日本	美国	R	0.12	−2.48	−1.75	2.43	4.87	62.62*
日本	美国	U	0.18	−3.95*	−2.24*	2.36	7.08	79.92*
英国	美国	R	0.20	−3.93*	−3.03*	5.24	10.49	19.47*
英国	美国	U	0.21	−3.86*	−3.82*	6.26*	18.80*	64.06*
加拿大	美国	R	0.08	−1.81	−1.59	1.13	2.26	3.55
加拿大	美国	U	0.10	−1.96	−1.95	2.58	7.76	54.73*
瑞士	美国	R	0.19	−2.95	−2.43*	3.07	6.14	49.43*
瑞士	美国	U	0.70	−3.08	−2.57*	2.29	6.87	16.35*
瑞典	美国	R	0.12	−3.10	−2.67*	4.23	8.47	17.99*
瑞典	美国	U	0.14	−3.02	−2.47*	2.81	8.49	16.57*
英国	日本	R	0.11	−2.63	−2.23*	4.34	8.68	21.84*
英国	日本	U	0.16	−3.25	−2.86*	5.69*	17.08*	31.22*
加拿大	日本	R	0.10	−2.02	−1.68	2.67	5.35	51.52*
加拿大	日本	U	0.24	−4.18*	−3.07*	6.83*	20.52*	71.04*
瑞士	日本	R	0.15	−2.41	−2.43*	4.14	8.27	9.45
瑞士	日本	U	0.24	−4.32*	−2.86*	3.56	10.68	56.31*
瑞典	日本	R	0.02	−2.08	−2.78*	3.91	7.83	13.31
瑞典	日本	U	0.20	−3.97*	−3.03*	4.13	12.39	77.64*

注：*表示在5%的水平上显著。

根据这样的结果来制定政策、进行商业决策，是明智的吗？在这种情况下，政策的制定牵涉到汇率是否失调的判定。政客和一些反华右翼经济学家声称，人民币被低估了，于是要求与中国进行贸易战。这种思想主要是以PPP为基础的(Moosa, 2011c, 2011d; Moosa & Ma, 2015)。在商业决策中，人们可能会把 PPP 作为一个货币交易规则，或是用 PPP 来衡量经济体的外汇风险敞口。对于"根据这样的结果来制定政策、进行商业决策，是明智的吗"这个问题，答案是否定的，除非有人希望同中国进行贸易战。

9.5 抛补利率平价

令我感到困惑的是，为什么要用协整来检验抛补利率平价(CIP)。因为按照定义，作为套利或是有套期保值的条件，CIP 是一定成立的(Moosa, 2004)。奇怪的是，协整检验可能会告诉我们，CIP 不成立；但银行家们却使用相应的公式来计算报给客户的远期汇率。CIP 并不是一个理论，而是一个确定性的方程。这意味着，CIP 是个不可检验的假设。事实上，对 CIP 的检验体现了学术圈经济学家与现实的脱节。

人们已经反复证明，只要是使用公开的数据进行实证检验，哪怕考虑了利率和汇率的买卖差价，都能观察到对 CIP 的偏离(Moosa, 2016b)。正如伯格曼(Bergmann, 1999)所说，CIP 检验的错误实践，是"退回到研究上来"(retire-to-your-study)这一方法的直接后果。计量经济学家提供了工具库，而经济学家受此激励，退回到了他们的研究上来，进行"检验、检验、再检验"，而不是去询问银行家，他们是如何向客户报出远期汇率的。

检验 CIP 的一种方法是，看实际汇率和远期汇率是否协整。不过，CIP 必须像自明之理一样成立，因为银行绝不会报出与 CIP 不相容的远期汇率，因为 CIP 即所谓的"利率平价远期汇率"。这是因为，利率平价远期汇率是唯一排除了无风险套利可能性的汇率(因此，CIP 是个无套利条件)，并且是唯一能让报价银行完全对冲其敞口的汇率(因此，CIP 是个套期保值条件)。利率平价远期汇率的计算公式是：

$$F_t = S_t \left[\frac{1 + i_a}{1 + i_b} \right] \tag{9.5}$$

其中，F 是远期汇率，S 是即期汇率(二者都按 1 单位 b 货币的价格来计算)，i_a 是货币 a 的利率，i_b 是货币 b 的利率。尽管按照定义 CIP 必须成立，但协整检验可能会指向 CIP 不成立。考虑如下的协整回归：

$$F_t = \alpha + \beta S_t + \varepsilon_t \tag{9.6}$$

F_t 和 S_t 之间协整需要 $\varepsilon_t \sim I(0)$。由于 $\alpha = 0$ 并且 $\beta = (1+i_a)/(1+i_b)$，因此，F 和 S 由一个确定性方程联系起来。在这种情况下，从定义上说，F 和 S 是协整的。

9.5 抛补利率平价

无论协整检验的结果如何，CIP 必须始终成立，即银行只能对外报出式 (9.5)所隐含的远期汇率。偏离这一条件的情况不存在，因为偏离意味着存在无风险套利的可能性。对 CIP 而言，协整的结果没有任何意义。用来确定 CIP 是否成立的检验，完全是浪费时间。有时候，CIP 的检验并不是通过协整进行的，而是用远期价差和利率的利差这些平稳变量来设定模型。然而，这仍然没有意义，因为银行家用来计算远期汇率的公式，与价差等于利差的式子是一致的。

一个例子

这里给出的结果，依据的是美国、加拿大、日本、瑞典、瑞士和英国的季度汇率数据和三个月期的利率。我们对 14 种货币组合估计了 CIP 方程，其中包括对美元的汇率和交叉汇率。图 9.5 给出了 14 种货币组合协整回归的 ADF (水平线表示 ADF 统计量的临界值)。只有在四种情况下，远期汇率和即期汇率才存在协整。这是一种机械性的关系，对任何货币组合都应该成立，因为远期汇率 F 是用一个因子对即期汇率 S 进行调整得到的。

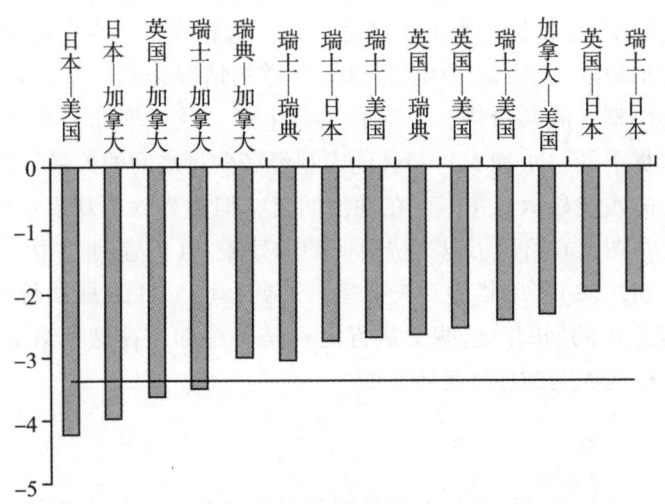

图 9.5 CIP 方程的 ADF 统计量

经济学家通常会检验所谓的"无偏效率假设"(Unbiased Efficiency Hypothesis，UEH)。UEH 假设是指，即期汇率与远期汇率之间存在一个滞后关系(而不是同期关系)。CIP 属于定义上的关系；相比之下，UEH 在理论上是行不通的，因为根据 CIP，即期汇率和远期汇率是同期联合决定的。有些经济学家找不到证据支持来支持 UEH，于是把它称作谜，但事实上，这个谜并不存在。要么检验有效而理论无效，要么理论有效而检验无效。真相是，理论和检验结果都无效。对于这一点，我们将在第 11 章的计量经济学预测中再次进行探讨。

9.6 宏观经济变量的协整

协整检验总是会产生无意义的结果——例如，两个并无关联的变量存在协整，而可能的原因是二者高度相关；两个在理论或定义上均有关联的变量，却不存在协整。为了说明协整检验结果的误导性，我们采用美国 1980 年第一季度到 2015 年第三季度的季度数据进行说明(来源是《国际金融统计》)。我们从 30 个宏观经济变量中选取了一些对子进行三种协整检验。完整的结果见附表 9A.2。

首先，基于误差校正项系数的 t 统计量与边界检验的两个统计量之间存在矛盾。通常，t 检验比边界检验更多地拒绝"无协整"的原假设。但令人惊讶的是，在很多情况下，t 统计量为正或显著为正，这意味着不存在均值回复；然而，边界检验却拒绝"无协整"的原假设。这样的情况包括：基础货币与一系列利率之间的协整，股票价格、工资和工业生产、就业率和失业率之间的协整。对于广义货币量(M1 和 M2)与其他宏观经济变量之间的关系，也是如此。

协整回归的残差显示，并不存在均值回复，但边界检验却显示变量协整，这怎么可能呢？图 9.6 给出了以下协整回归的残差：(1)基础货币对十年期国债收益率的回归；(2)基础货币对失业率的回归；(3)M1 对股票价格的回归；(4)M1 对工业产出的回归。这些变量肯定不是平稳的；在这种情况下，它们不应该像边界检验表明的那样是协整的。

无意义的结果

结果表明，协整和不协整这两种情况都没有意义。在某些情况下，根据理论或是某种程度的关联，变量之间应该是协整的。例如，由 t 检验，名义汇率和实际有效汇率是协整的。这是有道理的，因为从定义来看，这两个变量存在关联：一个是汇率相对值的加权平均，另一个是调整了通货膨胀后汇率相对值的加权平均。如果边界检验告诉我们，这两个汇率不存在协整，那么这是没有道理的。协整的结果在理论和常识上均具有重大意义的另一些例子包括：名义

9.6 宏观经济变量的协整

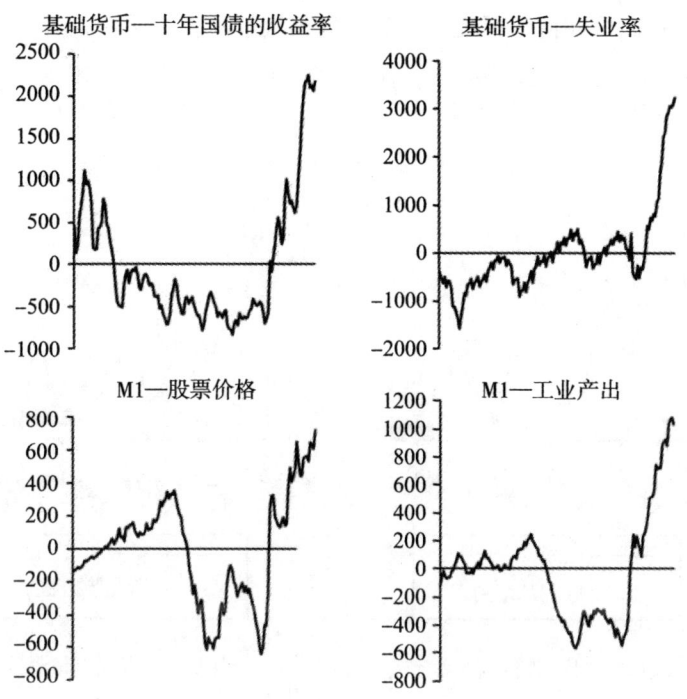

图 9.6 协整回归的非均值回复残差

有效汇率(NEER)—出口额、名义有效汇率—出口价格、M1—股票价格、股票价格—政府支出、生产价格指数(PPI)—工资,以及进口额—政府支出。然而,在大多数情况下,至少有一个检验拒绝协整。另一些情况下,常识和理论告诉我们,两个变量应该是协整的,但检验结果却是不协整。这包括:基础货币和 M1 及 M2,而三者本应通过货币乘数模型联系起来。虽然 M1 是 M2 的组成部分,但 M1 和 M2 并不协整。其他例子包括:债券收益率—股票价格、股票价格—生产价格指数(PPI)、股票价格—居民价格指数(CPI)、生产价格指数—居民价格指数、生产价格指数—出口价格、工业生产—就业率、工业生产—出口、工业生产—固定资本形成,以及进口价格—经常账户等。

最后,我们考察了利率的协整问题。按照利率期限结构理论,各种利率应该协整,并且所有利率都是相关的,因为利差(两个利率之间的差)倾向于保持不变,或者至少是平稳的。由图 9.7 可以看到一些利率是如何相关的。由图明显可见,所有利率必须与贴现率相关。三年期和十年期的政府债券收益率必须紧密相关,因为期限结构把二者联系了起来。然而,边界检验的结果表明,这四对利率都不协整。贴现率与三年期国债收益率协整,但不与十年期国债收益率协整，我们该如何解释呢？我认为这很难解释。

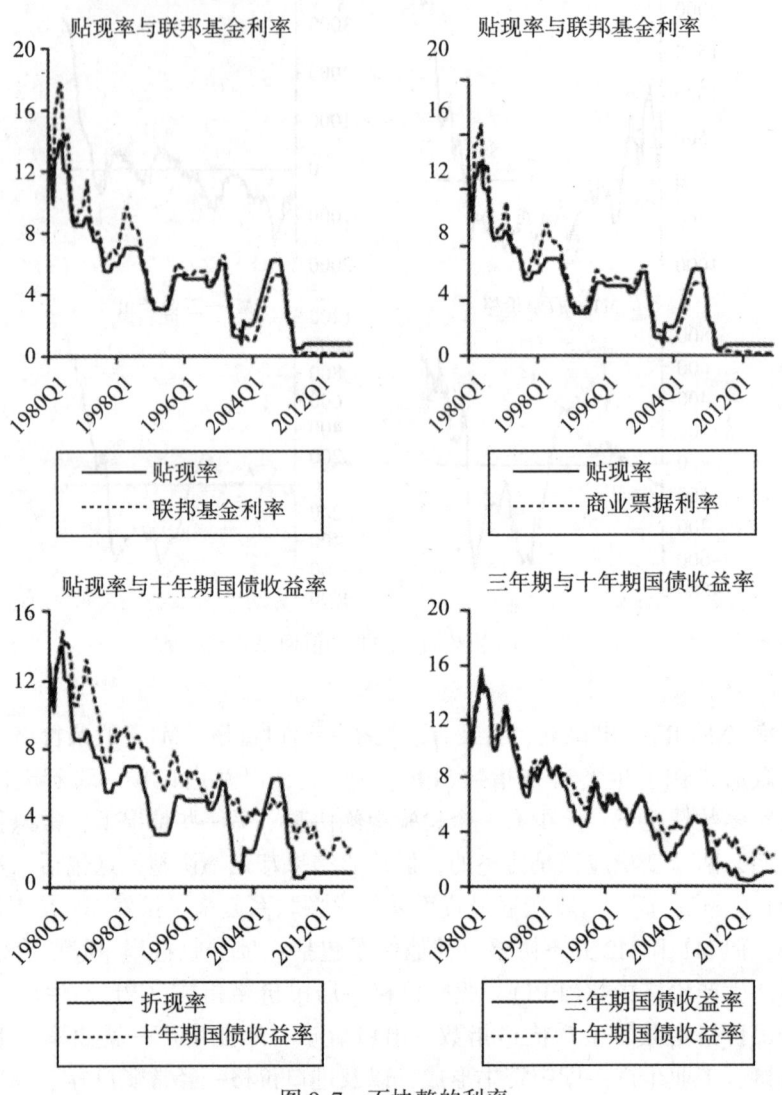

图 9.7 不协整的利率

9.7 结 束 语

看上去，协整革命根本不是一场革命。协整是另一套计量的"把戏"，它无益于我们理解经济和金融系统是如何运行的。相反，协整分析产生的结果，可能具有高度的误导性（例如，CIP 不成立，因此可以无风险地获取免费资金）。有人会疑惑，为什么这个花招对我们的生活如此重要，就像青霉素的发现那样（至少在诺贝尔奖评审委员会的眼中）？

与协整分析相关的问题多如牛毛。首先，不同检验得到的结果通常差异巨大，并且检验对模型设定（例如，线性与对数线性、有约束与无约束、改变滞后结构、改变标准化方向、添加或删除时间趋势）并不稳健。因此，协整提供了机会，让所有人都能证明自己想要证明的东西。如果根据结果来制定政策或是进行财务决策，可能是非常危险的。协整分析虽然有区分虚假关系和真实关系的盛名，但这名不符实。我们只能用常识、理论和/或直觉来区分。此外，协整分析的一些重要支柱，本章的研究结果并不支持：协整不一定意味着，存在有效的误差校正表示；有效的误差校正表示，也不一定意味着协整；协整并不一定意味着至少在一个方向上存在因果性。在某些情况下，简单的相关分析比协整检验的表现更好。

与计量上的许多技巧一样，在协整分析的开发上投入脑力并不值得。虽然协整为金融学和经济学学者们提供了发表论文的手段，为这两个领域的学生提供了获取博士学位的途径，但协整技术并没有提供任何有用的洞见。相反，它通常会提供错误、不一致、缺乏稳健性的结果，而使用这样的结果，是非常危险的。在描述协整检验的结果时，有人主张使用"小心处理"这类警告语。对此，我是一定会支持的。

◎ 附录

表 9A.1　　　　　　　完整的协整检验结果（股票价格指数）

1	2	相关系数	CRDW	ADF	$t(\phi)$	F	W
澳大利亚	加拿大	0.91	0.10	−3.02	−1.97	2.19	4.39
澳大利亚	新西兰	0.86	0.09	−2.01	−1.34	1.41	2.82
加拿大	印度	0.91	0.14	−2.27	−2.25*	2.81	5.62
加拿大	马来西亚	0.87	0.11	−2.39	−2.48*	3.07	6.15
加拿大	毛里求斯	0.88	0.13	−2.87	−2.23*	2.62	5.25
加拿大	新西兰	0.86	0.10	−2.26	−1.36	1.32	2.65

9. 协整分析：应用与说明

续表

1	2	相关系数	CRDW	ADF	$t(\phi)$	F	W
加拿大	英国	0.86	0.07	-2.52	-2.42*	2.95	5.91
加拿大	美国	0.81	0.06	-1.32	-1.44	2.14	4.28
中国	法国	0.25	0.05	-1.81	-1.62	3.27	6.54
中国	日本	0.24	0.05	-1.88	-1.45	4.35	8.71
丹麦	埃及	0.15	0.02	-2.04	-0.19	0.02	0.04
丹麦	法国	0.25	0.02	-1.72	-0.32	0.06	0.11
丹麦	新西兰	0.92	0.12	-3.86*	-2.56*	3.43	6.87
丹麦	美国	0.92	0.14	-3.83*	-3.14*	5.58	11.16
埃及	法国	0.20	0.02	-2.03	-1.45	1.26	2.53
埃及	德国	0.15	0.03	-1.58	-1.32	113	2.28
埃及	印度	0.29	0.03	-1.37	-1.09	2.21	4.41
埃及	日本	0.32	0.03	-1.85	-1.54	1.53	3.07
埃及	马来西亚	0.15	0.03	-1.74	-1.22	1.18	2.37
埃及	毛里求斯	0.34	0.03	-1.58	-1.29	2.24	4.48
埃及	新西兰	0.29	0.03	-1.59	-0.58	0.56	1.12
埃及	英国	0.18	0.03	-1.83	-1.23	0.83	1.66
埃及	美国	0.05	0.03	-1.45	-1.17	1.09	2.17
法国	印度	-0.02	0.04	-2.11	-1.40	1.22	2.45
法国	日本	0.87	0.10	-3.78*	-2.39*	3.44	6.89
法国	马来西亚	-0.05	0.05	-2.08	-0.76	1.03	2.05
法国	毛里求斯	-0.14	0.05	-1.97	-1.02	2.13	4.28
法国	新西兰	0.07	0.04	-2.27	-0.79	0.42	0.85
法国	美国	0.28	0.03	-2.43	-0.65	0.23	0.46
德国	英国	0.93	0.02	-2.63	-3.37*	6.69*	13.99*
印度	日本	0.08	0.01	-0.75	-0.16	0.23	0.47
印度	马来西亚	0.95	0.08	-2.61	-1.76	1.78	3.56
印度	毛里求斯	0.95	0.11	-2.11	-0.50	0.13	0.26

续表

1	2	相关系数	CRDW	ADF	$t(\phi)$	F	W
印度	新西兰	0.90	0.04	-1.50	-1.36	0.94	1.88
日本	马来西亚	0.01	0.04	-1.05	-0.82	1.75	3.50
日本	毛里求斯	-0.01	0.04	-1.37	-1.70	1.76	3.51
日本	新西兰	0.31	0.04	-1.89	-1.58	2.26	4.53
马来西亚	毛里求斯	0.94	0.09	-2.01	-1.42	1.02	2.04
马来西亚	新西兰	0.86	0.03	-1.43	-0.79	0.52	1.03
新西兰	美国	0.90	0.06	-2.75	-1.41	2.09	4.15
英国	美国	0.90	0.02	-2.47	-2.51*	3.90	7.80

注：*表示在5%的水平上显著。

表9A.2　　完整的协整检验结果(美国宏观经济数据)

1	2	$t(\phi)$	F	W
名义有效汇率	实际有效汇率	-2.51*	4.30	8.61
名义有效汇率	基础货币	-2.58*	3.23	6.46
名义有效汇率	M1	-2.59*	3.43	6.87
名义有效汇率	M2	-1.99	2.55	5.10
名义有效汇率	贴现率	-1.55	2.52	5.03
名义有效汇率	美国联邦基金利率	-0.98	2.73	5.46
名义有效汇率	三月期商业票据利率	-0.84	2.83	5.66
名义有效汇率	十年期国债收益率	-0.89	2.58	5.17
名义有效汇率	股票价格	-2.09*	2.64	5.29
名义有效汇率	居民价格指数	-1.95	3.98	7.96
名义有效汇率	工资率	-1.36	2.52	5.05
名义有效汇率	工业生产	-1.29	2.56	5.13
名义有效汇率	就业率	-1.19	2.54	5.08
名义有效汇率	失业率	-2.32*	3.59	7.18
名义有效汇率	出口额	-2.48*	3.22	0.05

续表

1	2	$t(\phi)$	F	W
名义有效汇率	进口额	-1.60	2.07	0.02
名义有效汇率	出口价格	-3.74*	7.80	15.60*
名义有效汇率	进口价格	-3.04*	4.83	9.64
名义有效汇率	经常账户	-0.20	4.05	8.10
实际有效汇率	基础货币	-1.01	1.19	2.39
实际有效汇率	M1	-1.24	1.02	2.04
实际有效汇率	M2	-1.44	1.12	2.24
实际有效汇率	三月期商业票据利率	-2.54*	4.63	9.26
实际有效汇率	三月期国债收益率	-2.50*	4.87	9.79
实际有效汇率	十年期国债收益率	-2.71*	4.18	8.36
实际有效汇率	股票价格	-1.46	1.42	2.84
实际有效汇率	居民价格指数	-1.68	1.36	2.72
实际有效汇率	工业产出	-1.56	1.16	2.32
实际有效汇率	就业率	-1.85	1.77	3.53
实际有效汇率	失业率	-1.45	1.18	2.36
实际有效汇率	总储蓄	-1.22	1.02	2.05
基础货币	M1	-0.98	3.82	7.65
基础货币	M2	-0.53	2.15	4.31
基础货币	贴现率	1.82	8.65*	17.30*
基础货币	美国联邦基金利率	1.90	8.48*	16.97*
基础货币	三月期商业票据利率	1.99	8.57*	17.14*
基础货币	三月期国债收益率	1.80	8.62*	17.25*
基础货币	三年期国债收益率	1.74	8.72*	17.45*
基础货币	十年期国债收益率	2.21	8.39*	16.78*
基础货币	股票价格	2.37	9.58*	19.17*
基础货币	生产价格指数	-1.55	16.03*	32.07*
基础货币	工资率	1.03	9.30*	18.60*

续表

1	2	$t(\phi)$	F	W
基础货币	工业产出	2.88	9.38*	18.77*
基础货币	就业率	2.47	8.36*	16.72*
基础货币	失业率	2.26	9.92*	19.85*
基础货币	出口额	-0.75	13.04*	0.00
基础货币	进口额	0.43	11.75*	0.00
基础货币	出口价格	-0.89	12.08*	24.17*
基础货币	进口价格	-1.55	16.72*	33.44*
M1	M2	0.57	0.28	0.56
M1	贴现率	1.83	11.84*	23.68*
M1	美国联邦基金利率	1.67	9.65*	19.27*
M1	三月期商业票据利率	1.59	9.91*	19.82*
M1	三月期国债收益率	1.34	9.84*	19.68*
M1	三年期国债收益率	1.25	9.69*	19.39*
M1	十年期国债收益率	2.18	9.49*	18.98*
M1	股票价格	3.64	12.9*	25.58*
M1	居民价格指数	1.61	8.73*	17.46*
M1	工资率	1.73	9.42*	18.85*
M1	工业产出	4.58	14.59*	29.19*
M1	就业率	3.62	10.59*	21.18*
M1	出口额	-0.58	10.93*	0.00
M1	进口额	0.91	10.71	0.00
贴现率	美国联邦基金利率	-2.75*	4.44	8.89
贴现率	三月期商业票据利率	-3.23*	5.67	11.34
贴现率	三月期国债收益率	-3.50*	6.32*	12.65*
贴现率	三年期国债收益率	-3.38*	6.29*	12.58*
贴现率	十年期国债收益率	-2.80*	4.70	9.41

9. 协整分析：应用与说明

续表

1	2	$t(\phi)$	F	W
贴现率	股票价格	−2.54*	3.34	6.68
贴现率	居民价格指数	−3.31*	6.13*	12.27*
贴现率	工业产出	−1.57	1.82	3.64
美国联邦基金利率	三月期商业票据利率	−7.23*	26.18*	52.36*
美国联邦基金利率	三月期国债收益率	−6.34*	20.37*	40.74*
美国联邦基金利率	三年期国债收益率	−4.67*	11.16*	22.33*
美国联邦基金利率	十年期国债收益率	−3.64*	7.11*	14.23*
美国联邦基金利率	股票价格	−2.51*	3.72	7.45
三月期商业票据利率	三月期国债收益率	−6.55*	21.61*	43.22*
三月期商业票据利率	三年期国债收益率	−4.63*	10.98*	21.96*
三月期商业票据利率	十年期国债收益率	−3.63*	7.08*	14.17*
三月期商业票据利率	股票价格	−2.54*	3.73	7.46
三月期国债收益率	三年期国债收益率	−4.56*	10.89*	21.78*
三月期国债收益率	十年期国债收益率	−3.47*	6.71*	13.42*
三月期国债收益率	股票价格	−2.52*	3.78	7.57
三年期债券收益率	十年期国债收益率	−2.59*	3.66	7.33
三年期债券收益率	股票价格	−1.76	1.62	3.25
三年期债券收益率	生产价格指数	−2.37*	2.86	5.72
10年期债券收益率	股票价格	−1.51	1.81	3.62
股票价格	生产价格指数	−0.50	0.52	1.03
股票价格	居民价格指数	−1.71	2.40	4.81
股票价格	工资率	−1.43	1.75	3.51
股票价格	工业产出	−0.98	0.75	1.50
股票价格	就业率	−0.29	0.19	0.37
股票价格	失业率	0.37	1.68	3.37
股票价格	出口额	−1.25	1.22	0.02
股票价格	进口额	−0.27	0.14	0.02

续表

1	2	$t(\phi)$	F	W
股票价格	出口价格	-0.90	1.81	3.6
股票价格	进口价格	-0.03	0.41	0.81
股票价格	消费	-3.44*	6.78*	13.57*
股票价格	政府支出	-0.65	0.63	1.26
股票价格	资本形成总额	-1.77	1.67	3.35
生产价格指数	居民价格指数	-1.95	3.58	7.16
生产价格指数	工资率	-2.19*	2.49	4.99
生产价格指数	工业产出	-1.23	0.92	1.84
生产价格指数	就业率	-1.36	0.57	1.14
生产价格指数	出口额	-2.85*	4.16	0.002
生产价格指数	进口额	-2.80*	3.92	0.008
生产价格指数	出口价格	-1.73	2.37	4.74
生产价格指数	进口价格	-2.03*	2.76	5.52
生产价格指数	消费	0.58	5.30	10.61
生产价格指数	政府支出	-1.57	1.24	2.47
生产价格指数	资本形成总额	-1.44	1.07	2.14
生产价格指数	总储蓄	-0.67	0.22	0.45
居民价格指数	工资率	-2.29*	3.91	7.82
居民价格指数	工业产出	-2.05*	2.27	4.54
居民价格指数	进口额	-2.34*	3.58	0.002
居民价格指数	出口价格	-0.67	0.26	0.54
居民价格指数	消费	-2.64*	9.73*	19.47*
居民价格指数	政府支出	-2.03*	2.82	5.64
居民价格指数	资本形成总额	-2.14*	2.69	5.39
工业产出	就业率	-1.46	1.09	2.18
工业产出	失业率	-0.20	0.02	0.05
工业产出	出口额	-0.42	0.11	0.002

续表

1	2	$t(\phi)$	F	W
工业产出	进口额	0.09	0.19	0.001
工业产出	消费	−2.26*	7.21*	14.44*
工业产出	政府支出	0.28	0.08	0.16
工业产出	资本形成总额	−1.28	1.12	2.25
工业产出	总储蓄	−2.31*	2.70	5.40
进口额	消费	−3.12*	8.30*	0.00
进口额	资本形成总额	−2.41*	2.92	0.00
出口价格	经常账户	−2.44*	2.11	4.22
进口价格	经常账户	−1.69	2.17	3.54

注：*表示在5%的水平上显著。

10. 实证结果的敏感性和不敏感性

10.1 导　　论

　　在第 7 章中我们看到，从资本结构的截面模型得到的实证结果，对模型所包含的解释变量，以及这些变量的定义、测量方式高度敏感。在本章中，我们将研究由时间序列模型推出的结果，对模型设定、估计方法、变量定义和测量方式的敏感性。敏感性的问题在于，它让研究人员能够得到想要的结果，使数据挖掘非常诱人。我们还会研究，结果对模型设定、估计方法的不敏感性。如果模型设定和估计方法的效应被另一个因素的效应盖过，那么，结果将是不敏感的。对于估计套期保值比率、度量套期有效性的各种模型，相关性是唯一重要的因素。这些模型最能充分体现结果的不敏感性。在这种情况下，相比从相关性的简单概念得到的结果，复杂的计量模型和方法不能产生任何附加价值。

　　由时间序列模型得到的实证结果，对各种因素均十分敏感。这是个规律，而非例外。以向量自回归(VAR)模型为例，模型中的每个变量，都要对其他变量的同期项和滞后项做回归。VAR 通常不考虑任何理论，因为理论并没有告诉我们多少经济结构的信息，也没有指出"让数据说话"这种做法的缺陷。①VAR 模型的结果，对变量定义、样本期间以及自回归结构中的滞后期长度高度敏感。VAR 模型可以设定为水平值或一阶差分形式。对称模型的结果与不对称模型的结果不同。② 在对环境库兹涅茨曲线的研究中，结果取决于模型是二次多项式还是三次多项式，用的是水平值还是对数形式的设定。通常，对数设定(隐含非线性)的使用十分随意，并且缺乏理论或实证上的依据。同样，

---

　　① 在简化形式的 VAR 模型中，每个变量只对其他变量的滞后变量进行回归，并不包含同期。包含同期的 VAR 是结构向量自回归(SVAR)模型——译者注。

　　② 对称模型指的是一个变量的正负值对另一个变量的影响只有符号上的差异，没有绝对大小的差异，不对称模型则不然——译者注。

请不要忘记 ARCH/GARCH 类的系列模型。

很多例子都说明，模型结果对变量的测量方式十分敏感。在新息模型（news model）中，解释变量中未预期到的部分十分重要，因此，相应的结果对预期成分的推导方式十分敏感。在周期性协变的研究中（如工资和价格的周期性变化），模型结果对周期性成分的推导方式高度敏感。如果潜在的模型包含期望值，那么结果会对期望的潜在形成机制（静态预期、适应性预期、退行性预期、混合预期、反向预期、理性预期等）高度敏感。①

改变估计方法，就可以得到任何结果。例如，尝试下列菜单：普通最小二乘法（OLS）、非线性最小二乘法（NLS）、带约束的最小二乘法、完全修正的最小二乘法（FMOLS）、两阶段最小二乘法（2SLS）、动态普通最小二乘法（dynamic OLS）、广义矩法（GMM）、动态广义最小二乘法（dynamic GLS）、完全信息极大似然估计（FIML）、有限信息最大似然估计（LIML）、工具变量（IV）、logit 和 probit 模型、定序选择模型、分位数回归、广义线性模型、逐步最小二乘法、不可观测成分模型、时变参数估计，以及删失回归（censored regression）。本章稍后会介绍一些估计方法，如残差服从自回归过程的极大似然法、残差服从自回归过程的科克伦-奥克特（Cochrane-Orcutt）方法、残差服从自回归过程的高斯-牛顿（Gauss-Newton）方法，以及残差服从移动平均过程的极大似然法等。

在本章中，我们将使用瓦格纳定律（Wagner's Law）、奥肯定律和 J 曲线效应，来展示时间序列模型结果的敏感性。研究人员在报告涉及大量国家的法律和实证规律（如果有的话）时，时常会感到尴尬。敢于报告所有国家（例如，30 个）全部结果的人，通常无法解释国与国之间的差异。例如，为什么瓦格纳定律在奥地利和索马里成立，而在瑞士不成立，而瑞士的结果又与尼泊尔相似？对于模型结果的不敏感性，我们将用跨币种套期保值比率的各种模型来说明。

10.2　瓦格纳定律

瓦格纳定律以德国经济学家阿道夫·瓦格纳（Adolph Wagner）的名字命名。

---

① 下面以利率为例说明"退行性预期"（regressive expectation）的含义。经济行为人对利率调整的预期，取决于他们对"正常"利率的主观评价，至于什么是"正常"利率，不同个体有不同的看法。如果正常利率高于当前利率，那么预期利率会上升；如果正常利率低于当前利率，预期利率会下降——译者注。

10.2 瓦格纳定律

瓦格纳定律认为，经济增长会导致公共支出占国内生产总值(GDP)的比例不断升高。但在实证文献中，瓦格纳定律是否成立，存在明显的跨国差异。拉姆(Ram，1987)研究了1950—1980年115个国家的收入和政府支出的数据。他发现，"各国的状况显示出了极大的多样性"。这说明，虽然瓦格纳定律在时间序列数据上得到了一些支持，但大多数截面数据并不支持。很多早期研究之所以支持该假设(抱歉，应该说定律)，很可能是因为这些研究使用的样本有限，或者不同观察值之间缺乏数据上的可比性。

模型设定

瓦格纳定律有多种表达形式。亨里克森(Henrekson，1992)指出，检验瓦格纳定律的重点是单个国家公共支出的时间序列行为，其时间跨度应当尽可能地长；检验的重点并不是收入水平各异的一组国家的截面数据，虽然这听上去是合理的。与亨里克森一样，这里报告的实证研究结果依据的是如下的时间序列设定：

$$g_t = \alpha + \beta y_t + \varepsilon_t \tag{10.1}$$

$$g_t = \alpha + \beta(y_t - n_t) + \varepsilon_t \tag{10.2}$$

$$g_t - n_t = \alpha + \beta(y_t - n_t) + \varepsilon_t \tag{10.3}$$

$$g_t - y_t = \alpha + \beta(y_t - n_t) + \varepsilon_t \tag{10.4}$$

$$g_t - y_t = \alpha + \beta y_t + \varepsilon_t \tag{10.5}$$

其中，g 是政府支出的对数，y 是实际 GDP 的对数，n 是人口的对数，因此 $(y_t - n_t)$ 是人均实际 GDP 的对数，而 $(g_t - y_t)$ 是政府支出占 GDP 的比重的对数。要得到模型的其他形式，可以设定无对数的模型、用国民生产总值(GNP)代替 GDP、使用政府支出的各种定义，以及使用变量的名义值而非真实值。但是不要忘记，检验这些方程的隐含条件是，影响因变量的其他变量均保持不变。

一个例子

在这个演算中，我们估计了15个表示瓦格纳定律的方程，它们包含五种不同的设定、两种估计方法(菲利普斯-汉森完全修正最小二乘法，以及协整的自回归分布滞后方法)，以及政府支出和 GDP 的三个不同度量(美元现值、本币现值，以及美元不变价格)。估计结果依据的是澳大利亚 1960—2014 年间的年度数据(来自世界银行数据库)。表 10.1 报告了(10.1)式至(10.5)式的估计结果,其中A、B、C分别表示变量是按照美元现值、本币现值和美元不变价格来测量的。

报告的检验统计量有四种:菲利普斯-汉森完全修正最小二乘法得到的斜率系数的t统计量,误差修正项系数的t统计量,以及与协整边界检验相关的F统计量和W统计量。在所有情况下,菲利普斯-汉森检验均得到了支持瓦格纳定律的证据,因为斜率系数的t统计值显著为正。但是请注意,这些变量带有很强的趋势,因此存在伪回归的可能。边界检验显示,15个方程中有4个存在协整关系。误差修正项系数的t统计量显示,15个方程中有3个方程的残差存在显著的均值回复。因此,如果想得到支持瓦格纳定律的证据,可以报告方程(10.1):C、(10.2):A、(10.2):C和(10.4):C。另一方面,如果想提供反对瓦格纳定律的证据,则可以报告方程(10.1):A、(10.2):B、(10.4):A和(10.5):C。这真是对人类知识的巨大贡献啊!

表10.1 瓦格纳定律的方程估计结果

估计方程	t值(菲利普斯-汉森完全修正最小二乘法)	t值(误差校正项系数)	F值(边界检验)	W值(边界检验)
(10.1):A	50.57*	−1.99	4.33	8.67
(10.1):B	78.63*	−0.81	3.57	7.14
(10.1):C	37.72*	−2.61*	10.48*	20.96*
(10.2):A	5.12*	−2.89*	7.62*	15.24*
(10.2):B	6.07*	−0.36	4.73	9.47
(10.2):C	12.31*	−2.70*	10.08*	20.02*
(10.3):A	42.93*	−1.98	4.21	8.41
(10.3):B	76.99*	−0.69	3.48	6.97
(10.3):C	21.62*	−1.94	5.36	10.72
(10.4):A	4.25*	−1.97	4.20	8.41
(10.4):B	8.01*	−1.34	3.41	6.82
(10.4):C	3.52*	−2.19*	7.38*	14.62*
(10.5):A	36.64*	−1.11	1.98	3.96

续表

估计方程	t值(菲利普斯-汉森完全修正最小二乘法)	t值(误差校正项系数)	F值(边界检验)	W值(边界检验)
(10.5):B	52.46*	-0.70	2.31	4.62
(10.5):C	27.19*	-1.78	5.61	11.22

注：(10.1)至(10.5)是正文中等式的编号。A、B、C指的是变量g和y的三种测量方法：美元现值、本币现值和美元不变价格。*表示在5%的水平下显著。

10.3 奥肯定律

失业与产出增长关系方面的实证研究，绘出了一系列产出增长系数的值，这些系数即奥肯系数(Okun's coefficient)。奥肯系数估计值的取值范围颇广，因为从不同的因素出发，可以得到不同的系数解释。这些因素包括：(1)使用动态还是静态设定，这决定了关系式是同期的还是滞后的；(2)是否允许其他变量产生效应，如产能利用率、人均工时和劳动参与率；(3)提取失业和产出周期性成分的方法；(4)需求冲击和供给冲击的区分；(5)用来估计模型的计量方法；(6)长期效应和短期效应的区分，以及(7)样本区间。第(1)点可以归纳为：关系的检验是应该以静态回归为基础，考虑同期效应，还是应该使用动态模型，允许滞后效应存在。第(2)点涉及的问题是，应该在双变量还是多变量框架下进行检验。

总的来说，最近的研究表明：产出增长对失业的影响超过了奥肯(Okun, 1962)最初的结果。产生这一结论的主要原因，似乎是使用了动态设定，使长期效应得以估计出来。例如，奥肯(Okun, 1962)采用的是静态回归，得到的系数为-0.3；戈登(Gordon, 1984)和埃文斯(Evans, 1989)采用了自回归分布滞后(ARDL)模型来估计滞后效应，得到的系数绝对值超过了0.4。另一方面，考虑其他因素似乎会降低系数值。例如，普拉曲尼(Prachowny, 1993)在模型中引入了其他因素，得到的系数远远小于戈登(Gordon, 1984)、埃文斯(Evans, 1989)和奥肯(Okun, 1962)得到的系数。得到这一结果的原因是，在引入了其他变量的同时，没有考虑滞后效应。韦伯(Weber, 1995)使用静态OLS回归、协整回归、带二阶和四阶滞后项的ARDL模型，以及布兰查德

(Blanchard,1989)的 VAR 新息方法,给出了奥肯系数的 18 个估计。该研究的三个样本观察期分别是:1948 年第一季度—1988 年第四季度、1948 年第一季度—1973 年第三季度,以及 1973 年第四季度—1988 年第四季度。穆萨(Moosa,1997)对 G7 各国的检验,得到的结果也是各异的。

模型设定

周期性失业率 u^c 和周期性产出 y^c 之间的关系,可以写成如下的随机形式:

$$u_t^c = \phi y_t^c + \varepsilon_t \tag{10.6}$$

引入因变量的一个滞后项,对上述方程进行修改,得到:

$$u_t^c = \alpha + \beta u_{t-1}^c + \phi y_t^c + \varepsilon_t \tag{10.7}$$

包含更多动态的模型,可以用自回归分布滞后(ARDL)方程来表示:

$$u_t^c = \sum_{i=1}^{m} \delta_i u_{t-i}^c + \sum_{i=0}^{m} \alpha_i y_{t-i}^c + v_t \tag{10.8}$$

由式(10.8),奥肯系数可以用影响系数(impact coefficient,即 y^c 的系数 α_0)来表示,也可以用下面的长期系数来表示:

$$\varphi = \frac{\sum_{i=0}^{m} \alpha_0}{1 - \sum_{i=1}^{m} \delta_i} \tag{10.9}$$

这里的问题是,奥肯系数是式(10.8)中的 α_0,还是式(10.9)中的 φ?把奥肯系数定义为长期效应的原因是:失业率和产出之间的关系不一定是同期的。在这种情况下,奥肯系数是 φ。韦伯(Weber,1995)认为,奥肯系数是长期系数,但在计算奥肯系数时,他排除了影响系数 α_0。由此得到的奥肯系数肯定较小。

如果不使用周期成分,也可以使用百分比变化。在这种情况下,简单模型可以写作:

$$\Delta u_t = \phi \Delta y_t + \varepsilon_t \tag{10.10}$$

或者,引入滞后因变量,使模型变为:

$$\Delta u_t = \alpha + \beta \Delta u_{t-1} + \phi \Delta y_t + \varepsilon_t \tag{10.11}$$

值得注意的是,虽然式(10.10)没有明确用到因变量的滞后项,但它隐含了因变量的滞后项,第 11 章将对此进行介绍。这里给出(10.6)式到(10.11)

式的实证结果。

结果

这里,我们给出了一个算例,用来说明奥肯系数的估计对模型设定和产出定义的敏感度。为此,我们使用了澳大利亚季度数据(来自《国际金融统计》),数据区间是1990年第一季度至2015年第三季度。我们使用了三种产出的度量:国内生产总值(GDP)、国民总收入(GNI)和工业产出(industrial production),结果如表10.2所示。可见,奥肯系数的估计值对产出变量的选择和模型设定十分敏感。

表 10.2　　　　　　　**奥肯系数的估计(澳大利亚数据)**

模型	国内生产总值 GDP	国民总收入 GNI	工业产出总值
周期性成分—静态(10.6)	-0.27 (-6.14)	-0.03 (-1.93)	-0.37 (-0.20)
周期性成分—有限动态(10.7)	-0.15 (-3.15)	-0.12 (-2.79)	-0.78 (-0.50)
ARDL—冲击系数(10.8)	-0.16 (-2.16)	-0.13 (-1.90)	-0.72 (-1.25)
ARDL—长期系数(10.8)+(10.9)	-0.17 (-1.46)	-0.08 (-0.69)	-0.31 (-0.94)
百分比变动(10.10)	-0.13 (-2.07)	-0.12 (-1.97)	-0.07 (-1.55)
百分比变动(10.11)	-0.16 (-2.58)	-0.13 (-2.29)	-0.11 (-2.35)

注:括号中为 t 统计量。

敏感性的其他来源

在这个算例中,我们使用了 Hodrick-Prescott(HP)滤子来提取周期性成分,但 HP 滤子并不是唯一可行的方法。例如,可以采用时间多项式的离差作为周期性成分,或者使用哈维(Harvey,1989)的结构时间序列模型(参见 Moosa,1997)。去趋势方法的选择,会引入另一个敏感性来源。此外,还可以使用其他模型设定。例如,可以假设产出和失业的关系是不对称的,即在经济扩张和经济收缩时,产出增长率对失业有不同的影响。这与传统的模型设定不同。传统模型是对称的,即经济扩张和收缩时,产出对失业的绝对影响是相同的。

对于不对称性,内夫特奇(Neftci, 1984)指出,美国的失业率在经济下行时期的上升,要超过经济上行时期失业率的下降。布伦纳(Brunner, 1997)采用另一种估计方法,发现美国的产出数据遵循同样的模式。类似地,罗斯曼(Rothman, 1991)提供了一些证据,认为失业对正负增长冲击的反应是不对称的。帕利(Palley, 1993)把周期性不对称的增加归结为就业增长模式的变化,认为就业率对女性劳动供给行为的变化有更高的周期敏感度;如今,女性的劳动力供给受经济下滑的影响较小。使用不对称模型,是敏感性的另一个来源。必须提到的是,不对称性有很多表现形式。例如,可以把产出的变化分解为正向变化和负向变化,或是在误差修正设定中增加一个变量,用以表示误差修正项的符号。

10.4 J 曲线效应

J 曲线效应描述了本国货币主动贬值(devaluation)或被动贬值(depreciation)后,贸易差额(或经常项目差额)随时间变动的路径。① 其基本原理是:货币贬值后,贸易差额会立即恶化,然后开始改善;因此,贸易差额的时间路径图呈示出字母 J 的形状。对于这一现象,现有的证据五花八门。

乔治保罗斯(Georgopoulos, 2008)研究了加拿大 1981 年 1 月到 2005 年 12 月的数据。他得出的结论是:"J 曲线并不存在。"他对相关文献提出了批评,因为这些文献忽略了两个关键点:汇率变动传导到本币价格的程度,以及贸易量对汇率的反应程度。这两个因素不仅会阻碍 J 曲线效应的出现,还会阻碍汇率对贸易差额产生影响。一些研究找到了支持 N 曲线、M 曲线、I 曲线、V 曲线、L 曲线、S 曲线、倒 J 曲线及延迟 J 曲线的证据。这很棒——通过研究 J 曲线效应拿到博士学位,仍然有空间。

巴赫马尼 - 奥斯库耶和拉瑟(Bahmani-Oskooee & Ratha, 2004)对相关文献作了综述,其结论是:"尽管有理由相信,J 曲线现象是短期动态的特征,但也有证据显示,J 曲线可能不是短期动态的特征";"实证证据五花八门,或者

---

① 贸易差额(trade balance/balance of trade)指的是一国在一定时期内出口与进口之间的差额——译者注。

说尚无定论"。事实证明，J曲线效应可能只是个反常现象。巴赫马尼-奥斯库耶和拉瑟(Bahmani-Oskooee & Ratha)的综述指出，有些研究得到了如下结论：(1)J曲线可能存在，也可能不存在；(2)存在支持倒J曲线的证据；(3)没有支持J曲线或延迟J曲线的证据；(4)没有支持J曲线的证据；(5)在某些情况下，有支持J曲线的证据；(6)18种情况下，有11个的结果支持J曲线的某个新定义；(7)有支持延迟J曲线的证据；(8)有支持J曲线、N曲线、M曲线和I曲线的证据；(9)有支持S曲线的证据；(10)不存在支持J曲线现象的特定短期模式；(11)五种情况中有两个支持J曲线；(12)各国J曲线效应的持续期和程度存在显著差异。

在巴赫马尼-奥斯库耶和哈格蒂(Bahmani-Oskooee & Hegerty，2010)对J曲线和S曲线所作的另一篇文献综述中，结果同样也各不相同：J曲线存在；J曲线不存在；某些国家存在J曲线，但其他国家不存在；只有日本存在J曲线；除了日本，其他国家都存在J曲线效应；60个国家中有41个国家存在S形曲线；等等。巴赫马尼-奥斯库耶和阿尔斯(Bahmani-Oskooee & Alse，1994)对19个发达国家和22个不发达国家检验了J曲线效应，得到的结果也各不相同。他们发现，哥斯达黎加、爱尔兰、荷兰和土耳其都存在J曲线效应，但其他国家不存在。目前还不清楚，这些国家的什么特殊特征使其呈现出了J曲线效应。很难想象，爱尔兰和荷兰会与土耳其、哥斯达黎加有什么共同点。

在另一项研究中，巴赫马尼-奥斯库耶等人(Bahmani-Oskooee et al.，2015)总结了1985—2014年J曲线效应的一些研究结果。他们发现，结果莫衷一是。表10.3列出了一部分结果。鉴于长期以来大量的研究都无法得出定论，这种无用的演算没有重复的价值。

表10.3　　　　　　　　J曲线研究的一些结果

研究	结　　论
1	短期不支持J曲线效应，但长期有一定的支持
2	短期或长期都不支持
3	支持J曲线效应
4	短期恶化加上长期改善，均支持J曲线效应
5	支持J曲线现象
6	长期效应较小

续表

研究	结 论
7	J 曲线现象不存在
8	大多数短期动态都不支持 J 曲线效应
9	贸易差额与汇率之间存在协整，但没有支持 J 曲线的证据
10	没有支持 J 曲线效应的证据
11	贸易差额、汇率和两国收入之间存在长期关系
12	存在长期效应，但不存在 J 曲线效应
13	在货币被动贬值之后，短期内的贸易差额可能向任何方向移动
14	从长期来看，货币主动升值对贸易差额没有影响
15	受利率冲击后，汇率下跌，贸易差额恶化
16	在 148 个行业中，有 58 个行业存在支持 J 曲线效应的证据

10.5　结果的不敏感性：套期保值比率

在本节中，我们证明，套期保值的有效性不依赖于模型设定或估计方法。这个问题源于"协整革命"，因为有人认为，套期保值的有效性依赖于协整而不是相关性。例如，亚历山大（Alexander，1999）解释了如何使用协整来达到套期保值的目的。她认为："基于协整金融资产的套期保值策略，可能在长期更有效"，而"仅基于收益的波动性和相关性的投资管理策略，不能保证长期有良好表现"。她建议，"由于高度相关不足以确保套期保值有良好的长期表现，因此，还需要用标准的风险—收益建模方法进行扩展，从而把价格的长期趋势纳入考量"，这正是"协整的用处"。

同样，利恩（Lien，1996）提出，如果未套保头寸（unhedged position）的价格和套保工具的价格之间存在协整，并且套期保值比率是由一阶差分模型估计得到的，那么，会存在头寸套保不充分的问题。这可由"格兰杰表示定理"推出。格兰杰表示定理意味着，如果价格是协整的，那么一阶差分模型就是误设的，因为它忽略了协整。利恩（Lien，1996）的分析显示，如果套期保值比率是用不含误差修正项的一阶差分模型计算的，那么，套期保值者（hedger）根据这个套期保值比率做出的决策，将是错误的。这一观点得到了戈希（Ghosh，

1993)的支持。戈希发现：由一阶差分模型得到的套期保值比率是低估的，因为模型是误设的。

这个问题不仅关系到协整和误差修正，还会影响一般的模型设定。例如有人认为，应该用条件矩而不是非条件矩来估计套期保值比率。克罗纳和苏丹(Kroner & Sultan, 1993)以及布鲁克斯和张(Brooks & Chong, 2001)就是用条件矩来估计的。很多研究都使用 GARCH 模型来估计套期保值比率(如 Scarpa & Manera, 2006)。在文献中，用于估计该比率的其他模型还包括 BEKK、EWMA、VAR、VECM 和 EGARCH。在估计方法上，科菲等人(Coffey et al., 2000)使用了科克伦-奥克特方法(广义最小二乘法)，而斯科尔斯和威廉姆斯(Scholes & Williams, 1977)则使用了工具变量。

另一种观点

有人已经证明，在套期保值有效性的改进方面，套期保值比率的计量建模并没有带来多少价值。设定精巧、"复杂"的估计模型与所谓的天真模型(套期保值比率为 1)相比，二者得到的结果是类似的(Moosa, 2003, 2011a)。马哈拉杰等人(Maharaj et al., 2008)使用了小波分析来估计 WTI 原油、大豆和标准普尔 500 指数现货头寸的套期保值比率，并用两阶段区制转换门限模型，估计了与期货合约正负收益相对应的非对称套期保值比率。[①] 为了进行比较，他们还以其他的简单技术和复杂技术作为基准。这些技术包括：天真模型，以及非对称误差修正的 GJR-GARCH 模型。根据方差比检验和方差缩减率的结果，该研究说明：计量上的复杂性，并不能提升套期保值的有效性。

交叉货币套期保值的有效性

交叉货币套期保值(cross-currency hedging)是通过持有某种货币的头寸来实现的。这种货币对基准货币的汇率，与基准货币对敞口货币(exposure currency)的汇率相关。设 x、y 和 z 分别是基础货币、敞口货币和第三种货币。在交叉货币套期保值的情况下，未套保头寸的价格为 $S(x/y)$，而套保工具的价格为 $S(x/z)$。设 s_1 和 s_2 分别为两个汇率的对数，则未套保头寸的收益率为 Δs_1，而套保工具的收益率为 Δs_2。要对冲货币 y 的头寸，必须持有相反头寸的

[①] WTI 原油(West Texas Intermediate crude oil)，直译为美国西得克萨斯的中质原油，是世界原油市场上的三大基准价格之一——译者注。

货币 z。由此，套保头寸的收益率为 $\Delta s_1 - h\Delta s_2$，其中，h 为套期保值比率。

外汇风险敞口套期保值的有效性，可以用未套保头寸收益率的方差与套保头寸收益率的方差之比来度量。由此，我们可以检验未套保头寸收益率的方差和套保头寸收益率的方差是否相等，相应的原假设为 $\sigma^2(\Delta s_1) = \sigma^2(\Delta s_1 - h\Delta s_2)$。如果拒绝原假设，支持备择假设 $\sigma^2(\Delta s_1) > \sigma^2(\Delta s_1 - h\Delta s_2)$，那么，这意味着套期保值是有效的。如果出现下列情况，则拒绝原假设：

$$\text{VR} = \frac{\sigma^2(\Delta s_1)}{\sigma^2(\Delta s_1 - h\Delta s_2)} > F(n-1, n-1) \tag{10.12}$$

其中，VR 是方差比，n 是样本量。可以计算方差缩减率(variance reduction)，作为方差比检验的补充：

$$\text{VD} = 1 - \frac{1}{\text{VR}} \tag{10.13}$$

如果套期保值有效，那么方差缩减率的值应满足 $0 < \text{VD} < 1$。

模型

基本的一阶差分模型设为：

$$\Delta s_{1,t} = \alpha + h\Delta s_{2,t} + \varepsilon_t \tag{10.14}$$

为了检验估计方法的效果，可以：用普通最小二乘法(OLS)估计式(10.14)；设残差服从 AR(2)，用极大似然进行估计；设残差服从 AR(2) 过程，再用科克伦-奥克特方法进行估计；设残差服从 AR(2) 过程，用高斯-牛顿方法进行估计；设残差服从 MA(2) 过程，用极大似然进行估计。

相应的有约束误差修正模型为：

$$\Delta s_{1,t} = \alpha + h\Delta s_{2,t} + \phi\varepsilon_{t-1} + \zeta_t \tag{10.15}$$

无约束误差修正模型为：

$$\Delta s_{1,t} = \alpha + h\Delta s_{2,t} + \sum_{i=1}^{n}\beta_i\Delta s_{1,t-i} + \sum_{i=1}^{n}\gamma_i\Delta s_{2,t-i} + \phi\varepsilon_{t-1} + \zeta_t \tag{10.16}$$

与布罗尔等人(Broll et al., 2001)一样，可以采用非线性模型来估计套期保值比率。该模型可以写为一阶差分形式：

$$\Delta s_{1,t} = \alpha + h\Delta s_{2,t} + \gamma\Delta s_{2,t}^2 + \varepsilon_t \tag{10.17}$$

有约束的非线性误差修正模型，也可用来估计套期保值比率。该模型的设定为：

$$\Delta s_{1,t} = \alpha + h\Delta s_{2,t} + \sum_{i=1}^{3} \phi_i \varepsilon_{t-1}^i + \zeta_t \qquad (10.18)$$

(10.18)式的误差修正项包含一个三阶多项式。韩德瑞和埃里克森(Hendry & Ericsson, 1991)认为, 在误差修正项中包含三次多项式, 足以捕捉调整过程的特性。算例中用来估计套期保值比率的最后一个模型设定, 是如下的自回归分布滞后(ARDL)模型:

$$\Delta s_{1,t} = h\Delta s_{2,t} + \sum_{i=1}^{m} \alpha_i s_{1,t-i} + \sum_{i=1}^{n} \beta_i \Delta s_{2,t-i} + \zeta_t \qquad (10.19)$$

表 10.4 总结了用于估计交叉货币套期保值比率的各种模型设定和估计方法。

表 10.4 **套期保值比率的各种模型设定和估计方法**

	模 型 设 定	估 计 方 法
1	一阶差分	普通最小二乘法(OLS)
2	一阶差分	极大似然估计, 误差项服从 AR(2)过程
3	一阶差分	科克伦-奥克特(Cochrane-Orcutt)方法, 误差项服从 AR(2)过程
4	一阶差分	高斯-牛顿法, 误差项服从 AR(2)过程
5	一阶差分	极大似然估计, 误差项服从 MA(2)过程
6	有约束的误差修正模型	普通最小二乘法(OLS)
7	无约束的误差修正模型	普通最小二乘法(OLS)
8	一阶差分的二次型	普通最小二乘法(OLS)
9	有约束的非线性误差校正模型	普通最小二乘法(OLS)
10	一阶差分的自回归分布滞后模型	普通最小二乘法(OLS)

结论

在这个算例中, 我们使用了 1973 年第一季度—2014 年第三季度的季度数据(来源于《国际金融统计》)。样本包含三对汇率: 日元/美元对日元/英镑(JPY/USD-JPY/GBP), 瑞士法郎/美元对瑞士法郎/瑞典克朗(CHF/USD-CHF/

SEK)和英镑/美元对英镑/加元(GBP/USD-GBP/CAD)。如表10.5所示，使用各种模型和估计方法得到的套期保值比率，几乎没有区别。同样，以方差缩减率度量的套期保值的有效性，也几乎没有差别。套期保值的有效性取决于相关性，而不是模型的设定或估计方法。如果我们不估计套期保值比率，而是将之直接等同于相关系数，结果也不会有什么改变。既然用各种设定和方法，会得同样的套期保值有效性，那为什么要费力去估计套期保值比率，而不是直接令套期保值比率等于相关系数呢？

表10.5　　　　交叉货币套期保值比率与方差缩减率

模型/方法	日元/美元对日元/英镑 (JPY/USD-JPY/GBP)		瑞士法郎/美元对瑞士法郎/瑞典克朗 (CHF/USD-CHF/SEK)		英镑/美元对英镑/加元 (GBP/USD-GBP/CAD)	
	套期保值比率(h)	方差缩减率(VD)	套期保值比率(h)	方差缩减率(VD)	套期保值比率(h)	方差缩减率(VD)
1	0.602	0.422	0.661	0.242	0.821	0.664
2	0.616	0.422	0.667	0.242	0.806	0.664
3	0.623	0.423	0.682	0.242	0.502	0.664
4	0.623	0.423	0.682	0.242	0.802	0.664
5	0.618	0.423	0.682	0.242	0.797	0.664
6	0.600	0.422	0.652	0.242	0.801	0.664
7	0.623	0.423	0.675	0.242	0.793	0.664
8	0.653	0.421	0.645	0.241	0.814	0.664
9	0.602	0.422	0.661	0.242	0.809	0.664
10	0.626	0.423	0.677	0.242	0.804	0.664
h=相关系数	0.650	0.422	0.491	0.224	0.815	0.664

另一个值得研究的问题是，对套期保值的有效性而言，究竟是水平值的相关性重要，还是收益率的相关性重要？如果套期保值者的目标是稳定价格，而不是稳定收益，那么水平值而非收益的相关性，是十分重要的。考虑日元/美元对日元/英镑(JPY/USD-JPY/GBP)的情况，一阶差分模型的套期保值比率为

0.602，而水平值模型的套期保值比率为0.408。上述计算说明，如果一阶差分模型导出的套期保值比率被用来稳定价格，那么方差缩减率(VD)的值为0.691。另一方面，如果水平值模型导出的套期保值比率被用来稳定价格，那么方差缩减率(VD)的值为0.871，此时，套期保值更为有效。由此可见，价格的相关性应被纳入考量范围(不过我们不应该讨论这个问题，因为价格相关性这个东西并不存在！)。

10.6 结 束 语

与基于截面数据的结果一样，基于时间序列数据的结果也对模型设定、估计方法、变量定义及其测量方式十分敏感。敏感性的问题在于，它让研究人员能够得到想要的结果，诱使他们沉迷于数据挖掘。另一方面，结果可能对上述变化不敏感。这同样不好，因为这意味着：提出更复杂的估计和检验方法，是毫无意义的。本章则在实证上考察了上述命题。对于存在敏感性的情形，我们估计了与瓦格纳定律、奥肯定律和J曲线效应相关的关系，检验了相应的假设；对于不存在敏感性的情形，我们评价了各种套期保值比率模型的结果。

在很大程度上，已有文献忽略了实证结果的敏感性问题。面对五花八门的结果，很少有人质疑这些结果是否真的有用。不过，一些相信利默(Leamer，1983)研究的学者们明确考虑了这些问题，尽管这类研究在很大程度上遭到了忽视。例如，扬和克勒格尔(Young & Kroeger, 2015)承认，社会科学中的"模型不确定性"问题十分严重，由此提出了"对于模型设定的合理变化，实证结果有多稳健"的问题。他们认为，虽然理论提供了可供实证检验的观点，但对于如何进行检验，理论并未提供具体的指导；此外，理论很少会说明，模型应该包含哪些解释变量，如何定义变量，应该采用什么函数形式，以及如何设定标准误。因此，他们认为，检验理论的方式有很多种，而方法上的细微差异可能会对结果产生巨大的影响。

为了解决这一问题，他们提出了一种方法。用这种方法可以确定：对于解释变量、模型设定和变量定义的所有可能组合，不同模型的估计值的分布。他们认为，按照这个步骤，研究人员就能"在合理的估计值服从某个分布的情况下，展示他们偏好的核心估计值"。他们还提出了"模型影响力分析"(model influence analysis)，展示了模型的各个成分如何影响待考察的系数。问题在于，偏好的核心模型在选择上是主观的，主要受先入为主的信念、确认偏误所驱动。扬和克勒格尔的建议，并没有解决实证结果对模型设定、估计方法和变量定义的敏感性问题。固守计量经济学，注定是没有前途的。

11. 预测的惨败

11.1 引　　言

我们已经看到，计量经济学有两个主要功能：假设检验和预测。也有一些计量经济学家认为，预测是计量经济学的主要功能（如 Brown, 2010）。有人认为，用历史数据估计的计量模型，可以用来生成因变量的预测值。这把计量经济学拔高到了自然科学的层面。然而，用计量模型来进行预测是一幕滑稽戏。如果决策者过于相信计量预测，就会造成灾难性的后果。的确，所有制定决策的场合，都涉及某种类型的预测。但是，认为计量预测比业界人士根据个人判断和特殊信息所做的预测更准确，则是错误的。

在现实中，成功的预测者并没有使用计量经济学。1992 年，乔治·索罗斯（George Soros）通过自己的预测发现，欧洲货币体系内部的两种货币将承受巨大的压力。因此，他做空英镑和意大利里拉，获得了暴利。20 世纪 90 年代末，索罗斯在亚洲金融危机期间做空泰铢，再次获得暴利。沃伦·巴菲特（Warren Buffett）通过分析财务报表计算出资产价值，然后对赌估值偏低的资产会升值，赚取了巨额财富。身为一名医生而非计量经济学家的迈克尔·巴里（Michael Burry）曾正确地预测，房地产泡沫最早会在 2007 年破灭。他通过研究住宅和抵押支持债券的价值得出了这一结论。他认为，次级贷款很容易遭受违约，于是，他说服高盛向他出售次级贷款的信用违约掉期。巴里的判断是对的，而且没有用到计量经济学。另一方面，对计量预测颇有信心的一群人，则导致一家大型对冲基金（长期资本管理公司）因巨亏而破产（而这并非个案）。

事实是，计量预测并不是真正的预测。样本内预测只是曲线拟合的演算。而样本外的事后预测，尽管可以用来撰写学术论文，但却不能用来制定决策。样本外预测虽然是用解释变量的实际实现值计算得到的，但预测的效果往往不佳。事前预测对决策十分有用，但它必须先预测解释变量，再预测因变量，因此增大了预测的误差。因此，由简单的趋势外推（trend extrapolation）得到的预测，要好过"结构"计量模型的预测。

在本章中，我们探讨了与预测相关的几个问题。首先，我们讨论了所谓的米斯-罗戈夫之谜(Meese-Rogoff puzzle)，即任何模型的样本外预测，都无法超越随机游走。我们认为，这个所谓的谜题，实际上并不是个谜题。接着，我们讨论了预测的骗术，即用动态模型来得到优于随机游走的表现。接下来，我们批判性地评价了如下(错误)做法：用即期价格和期货价格作为预测元，并把随机游走作为评估预测准确性的基准。我们还讨论了把预测的准确性与协整联系在一起的做法。不过，正如前几章讨论的那样，这是对协整的美化。我们还列举了一个例子，用来说明：动态模型预测是骗人的把戏，用远期价格和期货价格进行预测，属于错误的做法。

11.2 米斯-罗格夫之谜

米斯和罗格夫(Meese & Rogoff, 1983a)是一篇引用率颇高、被认为具有"开创性"的论文。该文指出，用来预测汇率的各种宏观时间序列模型，没有哪一个的均方根误差(或者类似指标)能够低于随机游走。米斯和罗格夫对这一发现的解释是：没有哪个汇率模型的样本外预测能够超越随机游走。这听起来像是个谜：如果随机游走能够免费提供优质的预测，那么，企业对内部预测和外部预测支付费用是不合理的。不过，米斯和罗格夫没有提到的是，他们的结论依赖于量化预测准确度的度量，而这一度量只与预测误差的大小有关(Moosa & Burns, 2012, 2014b, 2014c, 2015)。

后续研究

对于"任何模型的样本外预测，都无法超越随机游走"的观点，经济学界已然信以为真，并且引发了一场旷日持久的讨论。这个观点应该用条件句的形式来表述，即：如果预测精度的度量只与预测误差的大小有关，那么，任何模型都不能超越随机游走。这是因为，人们已经证明：在模型对变化方向的预测力、基于预测的交易操作的盈利性方面，随机游走的表现是可以被超越的。

米斯-罗格夫的结果极大地刺激了这一领域的研究。人们进行了大量的尝试，用各种各样的数据、样本期、方法和模型设定，想要推翻米斯-罗格夫的结果。这些尝试大多数都是"不成功的"，因为它们产生的预测误差并不比随机游走的要小。一些经济学家声称，他们战胜了随机游走(产生的预测误差数值更小)，推翻了米斯-罗格夫的结果。然而，他们没有进行正式的检验，而是根据预测精度度量的数值进行了推断。或者,他们("获胜者们")采用的流程并不诚实,使用了包含解释变量的、扩展的随机游走(即动态模型)来打败随机游走。少数经济学家使用预测准确度的替代度量,试图解决这个谜题,并且获得了成功。不过,他们低估了其研究的重要性,并没有宣称已经推翻了米斯-罗格夫的结论。这至多是个确认偏误,揭示出一个无足轻重的问题,是如何成为个一边倒的辩论论题的。说它一边倒,是因为经济学家不断验证了"随机游走不可战胜"的谜题。

米斯-罗格夫之谜好比一头神牛,而提出这个谜题的论文,则成了一篇"开创性"论文。① 事实上,这篇开创性论文并没有开创性,这个谜题也不是谜题。在米斯和罗格夫的论文发表 25 周年之际,各路文章纷纷献上贺词。后来人们发现,米斯和罗格夫的论文曾被《美国经济评论》(*American Economic Review*)拒稿,因为编辑认为,该文的结果会冒犯潜在的审稿人,使之难堪!隐含的意味是,文章的结果将对学界造成破坏,因为人们无法提出比随机游走更好的模型。然而,该文是有缺陷的。可令人困惑的是,为什么一些卓越的经济学家会因为无法打败随机游走(在米斯-罗格夫一文的意义上)而感到羞愧,而这一结论已经被证明是一个自然的结果。

解释谜题

经济学家们认为,这个谜题是存在的,并且提出了好几种解释,试图揭开这个谜题的面纱。米斯和罗格夫本人则用一些计量问题对这个谜题做了解释,其中包括:联立方程偏误、抽样误差、真实潜在参数的随机变动、模型误设、未考虑非线性,以及通货膨胀预期的代理变量。许多经济学家都支持该模型存在不足的观点,即:在实践中,各种汇率模型都没能给出汇率行为的有效表达式(Cheung & Chinn, 1998)。经济学家们并没有意识到,最好的解释最有可能是最简单的解释,而是提出了更多的解释来解决这个谜题。

已有文献忽视了米斯-罗格夫之谜背后的主要原因和根源。仅仅根据预测误差的大小(米斯和罗格夫就是这么做的)来评估预测的准确性,就能解释为何随机游走没能被超越。事实上,除了汇率模型没能产生小于随机游走的预测误差,我们得不到别的结论(Moosa, 2013)。正如穆萨和伯恩斯(Moosa & Burns, 2014b, 2014c, 2015)及穆萨和瓦兹(Moosa & Vaz, 2015)所说。真实

---

① 神牛的英文是 a sacred cow,指的是某个观点、习俗或制度虽然不合理,但却无人批评,好比印度教徒把牛作为圣物一样——译者注。

情况是，上述观察结果对其他金融价格和宏观经济变量同样成立。如果用更广泛的度量来评估预测的准确度，那么，米斯和罗格夫的结果很容易被推翻。穆萨和伯恩斯（Moosa & Burns，2015）采用更广泛的预测精度度量重新考虑了米斯-罗格夫之谜，这些度量不只依赖于预测误差的大小。穆萨和伯恩斯的主要观点是：如果预测精度的度量除了考虑预测误差的大小，还考虑了别的因素，那么汇率模型的样本外预测就会优于随机游走。他们还指出，其他解释并不能说明这个谜题，哪怕是米斯和罗格夫本人提出的解释。

米斯和罗格夫的分析

在这篇最早引发争议的研究论文中，米斯和罗格夫（Meese & Rogoff，1983a）以各种模型预测力的评估作为出发点。这些模型有的是用同期宏观经济变量来解释名义汇率，有的是用时间序列模型来解释远期汇率。具体而言，米斯和罗格夫使用了三种汇率决定的货币模型：灵活价格货币模型、黏性价格货币模型，以及胡珀-莫顿模型（Hooper-Morton Model）。他们用 1973—1981 年间的月度数据，估计了三组双边汇率（美元兑德国马克、美元兑日元和美元兑英镑）。他们还使用了各种计量方法，包括普通最小二乘法（OLS）、广义最小二乘法（GLS）和费尔的工具变量法（IV；Fair，1970）。GLS 和 IV 被用来"校正"序列相关、解决联立偏误。样本外预测的时间区间是 1976—1981 年。

米斯和罗格夫把上述模型产生的预测和随机游走（有漂移和无漂移）做了比较。通过比较预测误差的数值，他们得出结论：在汇率的预测方面，随机游走不可能被超越。这虽然不假，但预测值是用解释变量样本外的实际值（而不是解释变量的预测值）计算而得的，这使得模型达到了最大的预测力（在事后预测中，这是一种常见做法）。对于模型的预测误差和随机游走的预测误差，他们没有对二者之差的统计显著性做正式的检验。在后续研究中，米斯和罗格夫（Meese & Rogoff，1983b）弱化了其最初的结论，而是说：随机游走的表现与结构模型"一样好"。这意味着，强大的随机游走并不是不可战胜的。

米斯-罗格夫发现的荣光

自 1983 年以来，米斯-罗格夫的发现一直是经济学圈广泛讨论的对象。然而，现状一边倒地指向如下结论：米斯-罗格夫的发现尚未被"全面"推翻，它是一个谜题，表明国际货币经济学领域存在一个严重的弱点。例如，阿比杨卡等人（Abhyankar，2005）把米斯-罗格夫的研究结果描述成是"国际金融学中的重要谜题"。伊万斯和莱昂斯（Evans & Lyons，2005）评论说，米斯-罗格夫的发现"在过去几十年里被证明是稳健的",尽管它是"国际宏观经济学中被研究最多的谜题"。费尔(Fair, 2008)对各种汇率模型的描述是"并不是开放经济宏观经济学的骄傲",并认为"总的来看,仍旧不容乐观"。

人们普遍认为,米斯-罗格夫的研究令国际货币经济学蒙羞,哪怕是高水平的经济学家,也认为如此。恩格尔等人(Engel et al., 2007)对现状的看法是"这些(汇率)模型的解释力基本为零"。弗兰克尔和罗斯(Frankel & Rose, 1995)认为,这个谜题对汇率模型领域,尤其是国际金融领域,产生了"悲观效应"。巴凯塔和凡·温库普(Bacchetta & van Wincoop, 2006)将这一谜题描述为国际宏观经济学的主要弱点。尼利和萨尔诺(Neely & Sarno, 2002)认为,米斯和罗格夫的结论,对汇率决定的货币方法是"毁灭性的批判",并且"标志着汇率经济学的分水岭"。弗勒德和罗斯(Flood & Rose, 2008)强调,米斯-罗格夫的结果"对国际金融领域具有破坏性";二人甚至认为,它让"该领域(国际金融)名声扫地",而"许多一流的学术机构甚至都不设这个领域"!这虽然言过其实,但也说明:一个微不足道的问题,是可以引发燎原之势的。

一个明显令人困惑的问题是,为何各种汇率模型都无法超越随机游走?这导致人们夸大了国际金融学和国际货币经济学的悲惨状况,使这两个领域名声扫地。即便一些经济学家采用预测精度的其他度量,推翻了米斯-罗格夫的结果,但他们对自己的结果太过谦逊,以至于米斯-罗格夫之谜在延续,米斯-罗格夫研究的重大历史意义在延续。毫不夸张地说,那些随大流的经济学家们,让米斯和罗格夫的研究看起来像是格里戈里·佩雷尔曼(Grigori Perelman)的研究一样。佩雷尔曼是一名俄罗斯数学家,他在21世纪之初解决了庞加莱猜想。而庞加莱猜想则是1904年以来,拓扑学中尚未解决的、最重要的也是最困难的问题之一。如果连顶尖的高水平经济学家和计量经济学家都这么说,那么,即使一名初出茅庐的研究人员或博士生偶然对这一架构提出了挑战,我们又能指望什么呢?

米斯-罗格夫结论的缺陷

令人惊讶的是,尽管米斯和罗格夫的研究存在缺陷,但米斯-罗格夫之谜还是受到了严肃对待。虽然这些缺陷本质上是计量问题,但没有哪个计量经济学家提出过抱怨。米斯和罗格夫研究的第一个缺陷是,它不能检验两个均方根误差(RMSE)之差的统计显著性。大多数后续研究也犯了同样的错误。虽然一些研究正确使用了迪伯尔德-马里亚诺检验(Diebold & Mariano, 1995),但却没有强调，米斯和罗格夫没有用到这个检验。① 因此，米斯和罗格夫的结果不能被严肃对待。的确，在20世纪80年代早期，迪伯尔德-马里亚诺检验还未问世，但仍有阿什利等人的检验（Ashley et al.，1980）可以使用。即使没有检验可用，用标准误来估计统计量，再根据统计量的数值进行推断，也不怎么正确，尤其是对一篇广受关注的论文而言。格言不是说"检验、检验、再检验"吗？可这并不意味着，根据预测误差的大小，就能检验出随机游走超越了各种汇率模型。

然而，最大的缺陷是，按预测误差的大小来看，模型无法超越随机游走，是个很自然的结果，而不是一个谜题。我们应当预料到模型的失败，尤其是预测区间较短、使用高频数据的时候。基利恩和泰勒（Kilian & Taylor，2003）在其论文的标题中提出了一个问题：为何打败随机游走十分困难？不过，他们认为米斯-罗格夫的结果是出人意料的，相反的结果才在意料之中。穆萨（2013）使用模拟数据考察了一系列汇率的波动率。结果表明，随着波动率的上升，任何模型的预测误差都要高于随机游走的预测误差。同样，穆萨和瓦兹（Moosa & Vaz，2015）使用了两支股票的价格模型，结果说明：随着价格波动率的上升，随机游走的均方根误差（RMSE）会上升，但其他模型的均方根误差上升得更快。因此，米斯-罗格夫的发现是一个自然的结果，并不是一个谜题，这个发现并没有什么非凡的地方。

米斯和罗格夫使用了三个只涉及大小的度量来衡量预测精度：平均误差、平均绝对误差和均方误（或均方根误差）。然而，预测精度应当参考生成和使用预测的目的而定。在现实世界中，汇率预测被用作财务决策过程的输入项。因此，预测力的最终检验，应当是基于预测的交易的盈利性，而这涉及模型对

---

① 迪伯尔德-马里亚诺检验（Diebold & Mariano，1995）的基本思想如下：假设两个模型的预测误差分别为 ε_{1t} 和 ε_{2t}，损失函数为 $g(\varepsilon_{it}) = \exp(\lambda \varepsilon_{it}) - \lambda \varepsilon_{it} - 1$，两个模型损失之差为 $d_t = g(\varepsilon_{1t}) - g(\varepsilon_{2t})$。原假设为：两个模型的误差无差异，即 $H_0: E[d_t] = 0$，则迪伯尔德-马里亚诺检验的检验统计量为：

$$DM = \frac{\bar{d}}{\sqrt{2\pi \hat{f}_d(0)/T}}$$

其中，

$$\bar{d} = \frac{1}{T}\sum_{t=1}^{T} d_t, \quad \hat{f}_d(0) = \frac{1}{2\pi}\sum_{k=-(T-1)}^{T-1} I\left(\left|\frac{k}{h-1}\right| \leq 1\right)\hat{\gamma}_d(k), \quad \hat{\gamma}_d(k) = \frac{1}{T}\sum_{t=|k|+1}^{T}(d_t - \bar{d})(d_{t-|k|} - \bar{d})$$

$I(\cdot)$ 为核函数；DM检验统计量渐进服从标准正态分布——译者注。

汇率变化方向的预测力(Moosa, 2014)。关键的问题是：如果评估预测精度的指标，不只依赖于预测误差的大小，那么米斯和罗格夫的结果是否稳健？穆萨和伯恩斯(Moosa & Burns, 2014b, 2014c, 2015)指出，在这个意义上，米斯-罗格夫的结果并不稳健。

尽管随机游走的预测看起来不错，但随机游走实际上是个笨拙的预测模型。从直觉上说，我们期望任何模型的表现，都优于笨拙的随机游走。这是因为不带漂移项的随机游走告诉我们，没有变化是最好的预测；而带漂移的随机游走告诉我们，汇率总是会上升或下降。随机游走(随机形式)传达了一个合理的观点，即：汇率很可能会上升或下降，用它(其确定性形式)作为基准来衡量预测精度，是不合适的。因此，把随机游走称作"天真的"，是有道理的。看一下实际汇率和随机游走预测的时间序列图，我们会发现：两个图会一起移动，但其中一个会先于另一个改变方向。对预测者来说，这应该是个不错的属性。然而在这种情况下，预测值跟随实际值而动；也就是说，实际值预测了预测值。这听起来很是愚蠢，因为这意味着任何模型都应该比随机游走要好。

同样，米斯和罗格夫用作预测元的远期汇率(更确切地说，是远期汇率的滞后项)，是个糟糕的预测元——它与随机游走所隐含的、即期汇率的滞后项一样糟糕。在预测即期汇率方面，远期汇率并不是个好的预测元，因为即期汇率和远期汇率是同时决定的，并通过抛补的利率平价(CIP)联系在一起。由于这两个汇率是同期相关的，因此，滞后汇率(forecaster, "预测元")在实际利率(forecastee, "预测子")之后改变方向。使用远期汇率的滞后项作为预测元，并以随机游走作为基准，是不恰当的(毫不夸张地说)，因为即期汇率和远期汇率的滞后项几乎完全相关。这一点将在稍后介绍。

解决米斯-罗格夫之谜

解决米斯-罗格夫之谜的研究，可以分为三类。第一类遵循米斯-罗格夫的方法论，犯了同样的错误，得出了类似的结果，使这个谜题以及围绕它的所有赞美得以保留。第二类研究在计量上做了一些修正，例如引入动态和非线性，使用时变参数(TVP)估计，然后宣称它们打败了随机游走。大多数宣称获胜的经济学家，都采用了动态建模，其本质是随机游走战胜随机游走。然而，大多数研究还是保留了这个谜题，因为它们忽视了如下事实：打败随机游走，并不一定意味着产生的预测误差较小。这意味着，人们并没有把注意力放在这个谜题的根本原因上(即预测精度的度量不合适)，而是转到了米斯和罗格夫所强调的计量问题上。

米斯-罗格夫之谜经受住了时间的考验,这一点也不奇怪。研究这个领域的经济学家们(以及全体经济学家),极度缺乏决心去挑战既有的观点,哪怕既有的观点是有缺陷的。这属于一个确认偏误:如果你去挑战既定的观点,你的论文就会被拒稿。由于发表论文比揭示真相更重要,在论文中报告以证实米斯-罗格夫的结论,是十分具有诱惑力的。而这个领域的羸弱不堪,并不是因为各种汇率模型无法在均方根误差(RMSE)上战胜随机游走,而是因为缺乏意愿,去挑战米斯-罗格夫之谜这样既有的错误观点。一般而言,经济和金融模型在解释和预测力方面并不算太好,但在样本外预测方面,其表现并不会糟到无法打败随机游走。

11.3　动态模型预测:骗子伎俩?

一些经济学家试图引入动态成分,包括使用误差修正机制,来提高汇率模型的预测力。例如,泰勒(Taylor,1995)指出:"研究人员发现,要改善基于经济基本面的预测表现,一个关键是在方程中引入动态机制。"他指出:

> 要实现这一点,有多种方法:对于灵活价格货币模型,在其前瞻性的理性预期版本中,对施力变量(forcing variable)采用动态预测方程;在估计方程中加入动态的部分调整项;使用时变参数估计方法;而最近,则是使用动态误差修正形式。①

然而,使用动态机制,包括误差修正模型,隐含和实质地引入了因变量的滞后项,把潜在模型变成了某种"扩展的"随机游走。因变量滞后项所表示的随机游走成分,通常在解释变量的效应中占主导地位。而原有的解释变量是理论得到的,是决定汇率的重要因素。因此,仅仅因为一个模型加入了随机游走成分,就宣称它打败了随机游走,显然是不诚实的。穆萨和伯恩斯(Moosa & Burns,2014a)指出,动态设定的表现要优于相应的静态模型,但预测力的提高,可能不足以让动态模型有比随机游走更好的表现。穆萨和伯恩斯对这些结果的解释是,任何动态设定或对静态模型的变换,都会导致因变量的滞后项被

---

① 施力变量(forcing variable)也作驱动变量(driving variable),即理性预期模型中的外生变量。例如,对于模型 $x_t = \beta E_t[x_{t-1}] + \gamma x_{t-1} + z_t$,$x_t$ 为决策变量(decision variable),z_t 为施力变量——译者注。

包含进来,而这实际上是个随机游走成分。通过分析,他们得出结论:通过在静态模型中加入随机游走成分,指望借此打败随机游走,是不可能的。

给模型添加因变量滞后项的行为,等于把模型变成随机游走,即"扩展的"随机游走。增加因变量的滞后项从而提高预测精度,等于是引入一个随机游走成分来提高模型的预测力。这是个骗人的把戏。

模型设定

考虑一个灵活价格的货币模型,其设定为:

$$s_t = a_0 + a_1(m_t - m_t^*) + a_2(y_t - y_t^*) + a_3(i_t - i_t^*) + \varepsilon_t \quad (11.1)$$

其中,s 是汇率的对数(汇率用一单位外币兑换的本国货币来度量),m 是货币供给的对数,y 是工业产出的对数,i 是短期利率。要把动态机制引入(11.1)式,最简单的方法是加入一个因变量的滞后项,得到:

$$s_t = a_0 + a_1(m_t - m_t^*) + a_2(y_t - y_t^*) + a_3(i_t - i_t^*) + a_4 s_{t-1} + \varepsilon_t \quad (11.2)$$

更精细的一些动态设定有:广义误差修正模型,不带因变量滞后项显式的误差修正模型,带因变量滞后项的一阶差分模型,以及不带因变量滞后项的一阶差分模型。广义误差修正模型的设定是:

$$\Delta s_t = \alpha_0 + \sum_{j=1}^{\ell} \alpha_j \Delta s_{t-j} + \sum_{j=0}^{\ell} \beta_j \Delta(m_{t-j} - m_{t-j}^*) + \sum_{j=0}^{\ell} \gamma_j \Delta(y_{t-j} - y_{t-j}^*) +$$

$$\sum_{j=0}^{\ell} \delta_j \Delta(i_{t-j} - i_{t-j}^*) + \phi \varepsilon_{t-1} + \zeta_t \quad (11.3)$$

我们可以对(11.3)式施加适当的系数约束,得到更精简的设定,从一般到特殊。首先,加上 $\alpha_j = 0$,$j = 1, \cdots, \ell$ 的约束,得到一个不带因变量滞后项显式的误差修正模型。这个模型可以写作:

$$\Delta s_t = \alpha_0 + \sum_{j=0}^{\ell} \beta_j \Delta(m_{t-j} - m_{t-j}^*) + \sum_{j=0}^{\ell} \gamma_j \Delta(y_{t-j} - y_{t-j}^*) + \sum_{j=0}^{\ell} \delta_j \Delta(i_{t-j} - i_{t-j}^*) +$$

$$\phi \varepsilon_{t-1} + \zeta_t \quad (11.4)$$

还可以给(11.3)式和(11.4)式加上 $\phi = 0$ 的约束,从而设定带有和不带有因变量滞后项的一阶差分模型。这些模型可写成如下形式:

$$\Delta s_t = \alpha_0 + \sum_{j=1}^{\ell} \alpha_j \Delta s_{t-j} + \sum_{j=0}^{\ell} \beta_j \Delta(m_{t-j} - m_{t-j}^*) + \sum_{j=0}^{\ell} \gamma_j \Delta(y_{t-j} - y_{t-j}^*) +$$

$$\sum_{j=0}^{\ell} \delta_j \Delta(i_{t-j} - i_{t-j}^*) + \zeta_t \quad (11.5)$$

$$\Delta s_t = \alpha_0 + \sum_{j=0}^{\ell} \beta_j \Delta(m_{t-j} - m_{t-j}^*) + \sum_{j=0}^{\ell} \gamma_j \Delta(y_{t-j} - y_{t-j}^*) + \sum_{j=0}^{\ell} \delta_j \Delta(i_{t-j} - i_{t-j}^*) + \zeta_t$$

$$(11.6)$$

把动态机制引入静态模型，可以提高预测的精度。原因是，这个过程等于引入了随机游走成分。对于汇率模型，希纳西和斯沃米（Schinasi & Swamy, 1989）明确地说明了这一点。他们指出，"随机游走模型和带有因变量滞后项的结构模型是嵌套的"。由此，他们发现了"令人震惊的观察结果"，即"增加因变量的一个滞后项，会显著改变三种结构模型的预测力"。希纳西和斯沃米（Schinasi & Swamy, 1989）认为，在带有因变量滞后项的结构模型中，因变量的滞后项（代表一个随机游走过程）和解释变量"可以解释即期汇率"。然而演算发现，随机游走成分总是占主导（Kling, 2010, 2011）。在这种情况下，带解释变量的随机游走的表现，很少会打败纯粹的随机游走（从均方根误差来看）。

动态机制隐含随机游走

可以证明，无论采用动态机制的何种形式，所有的动态设定都可以归结为因变量滞后项的引入。因此，改变模型的动态形式，并不会对预测精度有太大的影响。例如，从（11.3）式表示的误差修正模型出发，用一个向量 x_t 来代替三个解释变量，并加上 $\ell=1$ 的限制，对该式进行简化。由于 $\Delta s_t = s_t - s_{t-1}$，$\Delta x_t = x_t - x_{t-1}$，（11.3）式变为：①

$$s_t - s_{t-1} = \alpha_0 + \alpha_1(s_{t-1} - s_{t-2}) + \beta_0(x_t - x_{t-1}) + \beta_1(x_{t-1} - x_{t-2}) + \phi(s_{t-1} - a_0 - a_1 x_{t-1}) + \zeta_t \tag{11.7}$$

可以简化为：

$$s_t = (\alpha_0 - \phi a_0) + (1 + \alpha_1 + \phi)s_{t-1} - \alpha_1 s_{t-2} + \beta_0 x_t + (-\beta_0 + \beta_1 - \phi a_1)x_{t-1} - \beta_1 x_{t-2} + \zeta_t \tag{11.8}$$

如果 $(\alpha_0-\phi a_0)=0$，$(1+\alpha_1+\phi)=1$，那么 $s_t=(\alpha_0-\phi a_0)+(1+\alpha_1+\phi)s_{t-1}+s_t$ 这个过程表示无漂移的随机游走。由于汇率是一个单整过程，故因变量滞后项的系数通常接近于1（即不显著异于1）。因此，以一阶差分形式表示的误差修正模型，可以重写成带因变量滞后项的模型（以水平形式表示）。这实际上引入了随机游走成分。

对（11.4）式进行处理（加上同样的约束），可以得到同样的结果。在这种情况下，有：

---

① 原书中的（11.7）式、（11.8）式、（11.10）式均存在打印错误，这里根据上下文做了修改——译者注。

$$s_t - s_{t-1} = \alpha_0 + \beta_0(x_t - x_{t-1}) + \beta_1(x_{t-1} - x_{t-2})$$
$$+ \phi(s_{t-1} - a_0 - a_1 x_{t-1}) + \zeta_t \tag{11.9}$$

移项后如下：
$$s_t = (\alpha_0 - \phi a_0) + (1 + \phi)s_{t-1} + \beta_0 x_t$$
$$+ (\beta_1 - \phi\alpha_1)x_{t-1} - \beta_1 x_{t-2} + \zeta_t \tag{11.10}$$

其中，随机游走过程为 $s_t = (\alpha_0 - \phi a_0) + (1+\phi)s_{t-1} + \zeta_t$。因此，不带因变量滞后项显式的一阶差分模型，也可以表示为带有随机游走成分的模型。

类似地，(11.6)式可以重写为：
$$\Delta s_t = \alpha_0 + \beta_0 \Delta x_t + \beta_1 \Delta x_{t-1} + \zeta_t \tag{11.11}$$

移项得到：
$$s_t = \alpha_0 + s_{t-1} + \beta_0 x_t + (\beta_1 - \beta_0)x_{t-1} + \zeta_t \tag{11.12}$$

如果 $\alpha_0 = 0$，则 $s_t = \alpha_0 + s_{t-1} + \zeta_t$ 是没有漂移的随机游走。在这种情况下，根据构造，因变量滞后项的系数为1。

可以证明，使用纳洛夫(Nerlove, 1958b)的部分调整机制，可以得到一个带因变量滞后项的模型。这里，我们对实际汇率 s_t 和均衡汇率 $\bar{s}_t$ 作了区分。假设：
$$\bar{s}_t = \alpha + \beta x_t + \varepsilon_t \tag{11.13}$$

部分调整机制写为：
$$s_t - s_{t-1} = k(\bar{s}_t - s_{t-1}) + u_t \tag{11.14}$$

其中，k 是调整系数。把(11.13)式代入(11.14)式，得到：
$$s_t - s_{t-1} = k(\alpha + \beta x_t + \varepsilon_t - s_{t-1}) + u_t \tag{11.15}$$

即：
$$s_t = k\alpha + k\beta x_t + (1 - k)s_{t-1} + (u_t - k\varepsilon_t) \tag{11.16}$$

这显然包含因变量的滞后项，因此包含随机游走成分。

同样可以证明：如果模型的解释变量含有自回归分布滞后结构，那么对这个模型进行处理，就能得到带因变量滞后项的模型，这也是科伊克变换(Koyck, 1954)的本质。从自回归分布滞后(ARDL)模型出发：
$$s_t = \alpha + \sum_{j=0}^{\ell} \beta_j x_{t-j} + \varepsilon_t \tag{11.17}$$

假设分布滞后呈几何级数下降，即 $\beta_j = k^j \beta_0$，其中 k 在0与1之间。(11.17)式可以重写为：
$$s_t = \alpha + \sum_{j=0}^{\ell} k^j \beta_0 x_{t-j} + \varepsilon_t \tag{11.18}$$

对(11.18)式应用滞后算子，得到：

$$s_{t-1} = \alpha + \sum_{j=0}^{\ell} k^j \beta_0 x_{t-j-1} + \varepsilon_{t-1} \tag{11.19}$$

从(11.18)中减去 k 倍的(11.19)，得到：

$$s_t - k s_{t-1} = \alpha(1-k) + \beta_0 x_t + (\varepsilon_t - k\varepsilon_{t-1}) \tag{11.20}$$

即：

$$s_t = \alpha(1-k) + k s_{t-1} + \beta_0 x_t + (\varepsilon_t - k\varepsilon_{t-1}) \tag{11.21}$$

它同样包含因变量的滞后项。克林(Kling，2010)认为，滞后项呈几何级数下降的假设，使纳洛夫不必估计包含多个解释变量滞后项的回归式。鉴于"在20世纪50年代，当时的计量经济学家还在手工求解回归系数，这是不小的考虑因素"。

由此可见，无论如何引入动态机制，我们最终都会得到一个包含因变量滞后项的式子，它实际上表示了一个随机游走成分。因此，任何带有动态设定的模型，其预测都不会与简单的随机游走(至少在均方根误差方面)相差太远。对此，第11.6节将举例进行说明。

11.4　用远期价格和期货价格进行预测

米斯和罗格夫(Meese & Rogoff，1983a)一文发表之后，在汇率预测演算中把随机游走(即期汇率的滞后项)作为预测精度的基准，已经成为惯例。就汇率的水平值(而非对数)来说，广义的随机游走(带漂移项)模型的设定为：

$$S_t = \alpha_0 + \alpha_1 S_{t-1} + \varepsilon_t \tag{11.22}$$

对系数施加$(\alpha_0, \alpha_1) = (0, 1)$的约束，在实证上是合理的。若如此，预测元就变成了即期汇率的滞后项，即$\hat{S}_t = S_{t-1}$。

用远期汇率作为预测元，依据的是无偏效率假说(Unbiased Efficiency Hypothesis，UEH)。该假说认为，远期汇率是未来即期汇率的无偏、有效预测元(即期汇率取远期合约到期日的观察值)。UEH 可以写成：

$$S_t = \beta_0 + \beta_1 F_{t-1} + \varepsilon_t \tag{11.23}$$

同样，如果对系数加上$(\beta_0, \beta_1) = (0, 1)$的限制，在实证上也是合理的。这时，预测元就变成了远期汇率的滞后项，即$\hat{S}_t = F_{t-1}$。

无偏效率假说在外汇市场的失效

在外汇市场上，无偏效率假说并不成立，相应的解释包括：抛补利率平价

（CIP）、比索问题、中央银行干预、交易成本、政治风险、外汇风险、购买力风险、利率风险、实际利率和汇率存在差异，以及新闻的影响（Moosa，2000）。在这些解释中，抛补利率平价（CIP）是最不被强调、但也是最合理的解释。原因是，CIP条件意味着：即期汇率和远期汇率存在同期相关，因此，表示UEH的滞后关系（(11.23)式）是误设的。

在实践中，银行会报出不同期限的远期汇率。银行报价的依据，并不是未来即期汇率水平的期望值或预测值，而是用一个反映利率差异的因子，对即期汇率进行调整。而由此得到的报价，是远期汇率的唯一数值，它消除了无风险套利机会，让银行能够对冲潜在的远期空头头寸（Moosa，2004）。有了这个简单而现实的解释，下列说法就很难解释了：远期和即期的关系"在理论和实证上仍然是个谜"（Aggarwal & Zong，2008），"国际金融中的一个重要的谜题是，远期汇率并不是未来即期汇率的理性预测"（Aggarwal et al.，2009）。这不过是另一个不是谜题的新古典谜题（与米斯-罗格夫之谜一样）。远期汇率并不是一个期望变量，而是"简单算术运算"的结果（Lavoie，2000）。

商品期货

在国际金融文献中，人们已经不再广泛接受"远期汇率是即期汇率的一个准确、无偏、有效的预测元"这一观点了。不过，人们似乎接受"原油的期货价格可以用来预测现货价格"的观点，而没有提出太多质疑。然而，这个观点受到了理论和实证两方面的挑战，这意味着：期货价格与预测无关。由于现货价格和期货价格是同期相关的，把期货价格作为预测元，与把现货价格作为预测元一样好或是一样差。因此，把期货价格作为预测元，而把现货价格作为基准，是不合理的。穆萨（Moosa，2016c）的结果显示，现货价格和期货价格并没有说得那么好，二者都不是很好的预测元。虽然期货价格产生的预测误差较小，但由于它们与现货价格同期相关，因此无法捕捉到拐点，并且显示出有偏、低效的迹象。加入时变的风险溢价或漂移因子，由此调整随机游走和无偏效率方程，并不能改善模型在预测拐点方面的表现。

人们已经进行了许多尝试，以无偏效率为基础，考察期货价格的预测力。这些研究的动机是如下观点：商品期货市场的功能之一，是提供现货价格的无偏预测。不过，期货价格预测力方面的实证证据莫衷一是。有些研究找到了无偏效率的证据，从而认为，使用期货价格作为预测元是合理的。然而其结论的依据是，现货价格和期货价格之间存在协整。但协整并不是无偏效率的充要条件。也就是说，现货价格和期货价格的滞后项之间存在协整，并不能排除预测元持续高估或低估真实值的可能性，而持续高估或低估是有偏的表现。如果协整的证据较弱，那么无偏效率的不成立，就可以用预期的非理性和/或时变的风险溢价来解释。与国际金融文献不同的是，以期货价格作为预测元的文献，似乎并不承认期货价格与现货价格是通过持有成本(cost of carry)的关系或是其修正关系联系在一起的。被人们忽视的是，现货价格和期货价格是同期决定的，并且期货价格与预测无关，因为它们并不是由预期决定的。

无偏效率的实证证据，充其量而言，是五花八门的。塞莱提斯和巴那克(Serletis & Banack, 1990)找到了"与效率一致"的证据，他们指出，在解释未来现货价格的变动方面，现货价格比当前的期货价格更重要。问题在于，他们把效率定义为现货价格和期货价格滞后项之间的协整，但协整并不是无偏效率的充要条件。另一方面，塞莱提斯(Serletis, 1991)发现了时变风险溢价的证据。博普和拉迪(Bopp & Lady, 1991)在一个预测模型中，比较了把期货价格和现货价格滞后项作为解释变量的两种做法，他们的结论是：现货价格或期货价格，哪个是更好的预测变量，取决于市场条件；这两个价格序列的信息含量，本质上是相同的。萨米(Samii, 1992)指出，期货价格是现货价格的无偏预测元。不过，全(Quan, 1992)发现，现货价格和报价期小于等于三个月的期货价格，二者是协整的；但是，如果期货价格的报价期超过三个月，那么二者不是协整的。穆萨和阿尔-隆哈尼(Moosa & Al-Loughani, 1994)报告的结果表明，期货价格不是现货价格的无偏或有效预测元。不过，古伦(Gulen, 1998)发现，期货价格是现货价格的有效预测元。马(Ma, 1989)和库玛(Kumar, 1992)发现，在样本外预测方面，期货价格的预测力要优于不变模型(随机游走)，而这几乎是不可能的。

哪怕是最近的文献，也有人提议，把原油的期货价格作为市场对现货价格预期的代理变量。例如，奥奎斯托和阿巴特利(Alquist & Arbatli, 2010)认为，"政策制定者和市场分析师通常用原油期货合约的价格，来解释全球原油市场的发展"。不过，他们对期货价格预测的充分性表示怀疑，认为"这种预测是有波动的"。事实上，在这种情况下，预测元与被预测的序列一样有波动，因为预测值会紧跟实际值。"相对于不变的预测"，预测元(在定义和设计上)"高度不稳定"。他们认为，现有证据普遍支持"期货价格是预期现货价格的度量"这一观点(即他们所说的假设)，而这是不可思议的。

似乎大多数声称"期货价格在预测方面要优于现货价格(不变模型)"的研究，其结论都是依据预测精度度量的数值大小，而这个度量又取决于预测误差的大小。例如，契尔年科等人(Chernenko et al., 2004)提供的证据显示，"基于期货的预测，其均方预测误差在边际上要小于不变模型。"他们似乎忽略了如下事实："边际上"并没有意义，因为这些度量是用标准误来估计的，这意味着二者差异的数值大小不是关键，而统计显著性才是关键。很可能边际差异在统计上是不显著的，也就是说，基于期货的预测并不比不变模型的预测要好。

虽然陈等人（Chinn et al.，2005）得到的结论是："基于期货的预测，是石油现货价格的无偏预测元"，以及"其表现系统性地优于随机游走的预测"，但陈和科伊比恩（Chinn & Coibion，2009）发现，"期货价格的表现并没有系统性地优于随机游走的预测"。吴和麦科勒姆（Wu & 2005）也发现，"期货价格往往不如不变模型的预测准确"。同样，奥奎斯托和基利恩（Alquist & Kilian，2010）得到的结论是，不变模型的预测表现，要优于期货价格。不过，如奥奎斯托和阿巴特利（Alquist & Arbatli，2010）所说，这些证据并没有倾向无偏效率。事实是，期货价格本不应该作为预测元。不过，只有尼奇（Knetsch，2007）指出，期货价格不应作为现货价格的预测元。尼奇提出的替代方案是：使用持有成本方程，并用自回归过程来预测边际便利收益率(convenience yield)。

认为远期价格和期货价格可以预测现货价格的观点，是受了数字计算的驱使，而不是对这个问题的逻辑思考。在计算机里输入现货价格和远期价格的滞后项，研究人员就能根据均方根误差或类似的指标，找出"好的"结果。研究人员会依循"好的"计量结果，而不考虑为何远期价格和期货价格能够预测现货价格，以及均方根误差为何很小。然而，实际价格和预测价格的图表清楚地说明，远期价格和期货价格是愚蠢的预测元，因为它们识别的拐点并不一致。当然，没有作者敢报告这样的图表，因为毫不夸张地说，这样的图表令人尴尬。

11.5 预测与协整

在11.6节中，我们将证明：误差修正模型的预测力，并不比对应的一阶差分模型要好。已有文献对这个问题进行了研究，因为有人提出，米斯-罗格夫之谜的一个解释是它没有考虑协整。

研究协整对预测精度的影响，需要比较误差修正模型（ECM）和直接的一阶差分模型（或水平形式和一阶差分形式的VAR）。这类文献大多发现，考虑协整并没有达到效果，即预测的精确度并没有提高。更具体地说，人们发现，基于协整的误差修正模型的预测结果，并不比相应的一阶差分模型更好。对于这一发现，人们从多个因素的角度进行了解释，如：长期关系中的测量误差、预测精度的度量、结构断点、预测期的长度，以及简单ECM的不足。穆萨和瓦兹(Moosa & Vaz, 2016b)进一步探讨了这个问题,他们考察了表现出协整和没有表现出协整的各种动态模型,比较了其预测能力。他们并不赞成目前流行的、测量误差的解释,并对这个似是而非的谜题提出了新的解释。

原理

由格兰杰表示定理可知,如果变量之间存在协整,那么,一阶差分模型是误设的,并且预测效果可能不佳,不论其包含的变量是否相关。为了说明这个观点,我们从长期关系出发:

$$y_t = a + bx_t + \varepsilon_t \tag{11.24}$$

根据格兰杰表示定理,协整意味着存在一个有效的误差修正模型(ECM)。即如果$x_t \sim I(1)$,$y_t \sim I(1)$,并且$\varepsilon_t \sim I(0)$,那么相应的ECM有如下设定:

$$\Delta y_t = \alpha + \sum_{i=1}^{k} \beta_i \Delta y_{t-i} + \sum_{i=0}^{k} \gamma_i \Delta x_{t-i} + \phi \varepsilon_{t-1} + \zeta_t \tag{11.25}$$

其中$\phi<0$。换句话说,要使式(11.25)成为一个ECM,那么ϕ必须为负,并且是统计显著的。因此,协整意味着存在一个有效的ECM。反过来,误差校正意味着协整。在这种情况下,我们从ECM出发:

$$\Delta y_t = \alpha + \sum_{i=1}^{k} \beta_i \Delta y_{t-i} + \sum_{i=0}^{k} \gamma_i \Delta x_{t-i} + \phi(y_{t-1} - x_{t-1}) + \zeta_t \tag{11.26}$$

如果ϕ显著为负,那么$\varepsilon_t \sim I(0)$。(11.25)式和(11.26)式所表示的ECM模型之间的区别在于:在(11.26)式中,误差校正项被加上了$(a, b) = (0, 1)$的约束——这个约束可能是理论规定的。潜在的观点是,如果x和y协整,那么误差修正模型(11.25)产生的预测,要比排除误差修正项的一阶差分模型更为准确——而后者具有如下形式:

$$\Delta y_t = \alpha + \sum_{i=1}^{k} \beta_i \Delta y_{t-i} + \sum_{i=0}^{k} \gamma_i \Delta x_{t-i} + \zeta_t \tag{11.27}$$

但在现实中,(11.25)式的预测效果并不比(11.27)式更好。

解释

排除误差修正项,为何会导致预测精度下降?克里斯托弗森和迪伯尔德(Christofferson & Diebold, 1998)提供了一个解释。回想一下:在任何时点上,误差修正项的值,都是因变量的实际值对(11.24)式所表示的长期关系的偏离。误差修正项的系数ϕ,度量的是长期均衡偏离消除的速率。他们认为,协整关系是否处于均衡状态的信息(如果不在均衡状态,离均衡有多远),有助于预测因变量在不久的将来会如何变动,因为对均衡的偏离会被消除。因此,任何时点上,对近期预测而言,误差修正项的值都是十分有价值的,因为它包含了能够提高预测精度的信息。不过,克里斯托弗森和迪伯尔德认为,由于误差修正项的长期预测值总是为零,它能否提供信息来改善长期预测是存疑的。

克里斯托弗森和迪伯尔德(Christofferson & Diebold, 1998)不仅提供了协整重要性的一种解释,还找到了协整无关紧要的条件。尽管我们会直观地认为,如果存在协整关系,排除误差修正项对预测力有害无利,但常见的情况是:向量误差修正模型(VECM)的预测表现,并没有优于向量自回归(VAR)模型(Clements & Hendry, 1996; Hoffman & Rasche, 1996; Lin & Tsay, 1996)。

对于这个实证结果(听起来像是个谜),文献中给出的一个解释是:(11.25)式所表示的 ECM 与(11.26)式不同,前者并不包含经济理论所隐含的系数限制;这意味着,(11.26)式表示的 ECM,其预测效果应该比(11.25)式更好。换句话说,由于长期关系中的系数估计存在误差,(11.25)式得到的预测可能并不好。例如,如果系数 a 和 b 的估计值是 $\hat{a}$ 和 $\hat{b}$,那么,由 ECM 得到的预测是:

$$\Delta y_t = \alpha + \sum_{i=1}^{k} \beta_i \Delta y_{t-i} + \sum_{i=0}^{k} \gamma_i \Delta x_{t-i} + \phi(y_{t-1} - \hat{a} - \hat{b}x_{t-1}) + \zeta_t \tag{11.28}$$

如果 $\hat{a} = a + \eta$,$\hat{b} = b + \omega$,其中 η 和 ω 是估计误差,那么由 ECM 得到的预测是:

$$\Delta y_t = \alpha + \sum_{i=1}^{k} \beta_i \Delta y_{t-i} + \sum_{i=0}^{k} \gamma_i \Delta x_{t-i} + \phi[y_{t-1} - (a+\eta) - (b+\omega)x_{t-1}] + \zeta_t \tag{11.29}$$

而真实的 ECM 是:

$$\Delta y_t = \alpha + \sum_{i=1}^{k} \beta_i \Delta y_{t-i} + \sum_{i=0}^{k} \gamma_i \Delta x_{t-i} + \phi[y_{t-1} - a - bx_{t-1}] + \zeta_t \tag{11.30}$$

很多经济学家都提出了这个解释。例如,给协整向量加上经济理论所隐含的长期关系,为何会提高 ECM 的预测表现,斯旺森(Swanson, 2002)给出了其理论基础。霍夫曼和拉希(Hoffman & Rasche, 1996)加上了经济学理论所建议的约束,并发现,加上协整有一些好处,特别是与 VAR 模型相比。巴赫梅耶和斯旺森(Bachmeier & Swanson, 2005)考虑了估计的协整和理论设定的协整,并发现：根据货币数量论给出的货币、价格和产出之间的约束，把货币总量融入预测模型，会得到更好的预测表现。他们甚至认为，由于参数估计误差，随机游走的预测要优于正确设定的替代模型——这是对米斯-罗格夫之谜的错误解释。

为何基于协整的 ECM 实际表现不佳？克莱门茨和韩德瑞（Clements & Hendry，1999）提出了另一种解释。他们指出，均衡均值的变化会导致预测的惨败。这意味着，只有均衡的均值没有发生变化，加上协整才能提高预测的精度。如果有结构断点，均衡的均值发生了变化，ECM 就会把这种变化解释为非均衡（disequilibrium）。由于 ECM 的目标是通过反方向调整来消除非均衡，如果潜在变量上升，ECM 的会预测出一个下降的变化。克莱门茨和韩德瑞（Clements & Hendry，1996）指出，如果协整关系的均值不是常数，那么，VAR 模型的表现要优于基于协整的 ECM。在另一篇文章中，韩德瑞和克莱门茨（Hendry & Clements，2001）认为，协整使模型对均衡均值的变化十分敏感。

人们还从预测精度、预测的产生方式的角度，对 ECM 为何无法打败随机游走，提出了一些解释。安德森等人（Anderson et al.，2002）指出，如果把广义预测误差的二阶矩作为预测精度的度量，那么 ECM 的表现要优于随机游走（尤其是在短期）；如果使用均方根误差（RMSE），则不然。另一方面，阿塞马赫-韦舍和佩萨兰（Assenmacher-Wesche & Pesaran，2008）以及佩萨兰等人（Pesaran et al.，2009）指出，ECM 产生的混合预测（pooled forecast）打败了随机游走。班纳吉等人（Banerjee et al.，2013）认为，稳健的 ECM 设定要比直接的 ECM 有更好的表现。为此，他们主张采用班纳吉和马赛林诺（Banerjee & Marcellino，2009）提出的"因子扩展的误差修正模型（factor-augmented error correction model，FECM）。他们通过实例分析、蒙特卡罗模拟和几个实证应用，考察了 FECM 的预测表现。结果发现，相对于因子扩展的向量自回归模型（FAVAR），FECM 的预测精度通常更高，并且总体上"是用大数据集进行预测的一个有用步骤"。人们又一次认为，新模型能够实现其先导模型无法完成的事，并且任何动态模型都与随机游走无异。

基于协整的 ECM 表现不佳，人们将之归结为几个因素。然而，接受度最广的观点是：由于估计的误差修正项存在测量误差，ECM 的表现要劣于 VAR。这就解释了为何加上理论提出的限制条件，会得到更准确的预测。但对于这个观点，仍然可以从如下角度提出质疑：隐含的理论可能是不合理的。例如，汇率的货币模型，是购买力平价加上比例性和对称性约束而推得的——这些约束应当是可检验的假设，而不是理论所隐含的约束（Moosa，1994）。

事实上，加上这样的限制条件，可能是货币模型的预测力不佳的一个原因。鲍姆等人(Baum et al., 2001)考察了购买力平价的非线性调整。他们用协整分析估计了对均衡的偏离，而不是施加严格的购买力平价(PPP)协整向量来计算实际汇率。他们认为这是对文献的一个贡献。并且各国的价格指数在构成上有差异，生产率的冲击有差异，由于加总和指数构造导致价格存在测量误差，"强 PPP"(即无约束的 PPP)可能不成立。同样，尼利和萨尔诺(Neely & Sarno, 2002)以及塔瓦多斯(Tawadros, 2001)也认为，加上比例性和对称性约束可能是误设的来源，有可能会损害预测精度。奇怪的是，计量经济学应当是"检验、检验、再检验"，而我们现在所看到的，却是可以不用检验。

基于协整的 ECM，为何表现不如一阶差分模型？穆萨和瓦兹(Moosa & Vaz, 2016b)给出了另一种解释。他们认为，误差修正项除了提供解释变量分布滞后结构的信息，并没有增加任何价值。文献中的假设是，ECM 的预测力在于其误差修正机制，因为对长期关系的偏离，决定了因变量应该朝哪个方向移动、移动多少。从直观上说，这个观点是合理的。但是可以证明，ECM 和相应的一阶差分模型具有相似的动态结构。这意味着，哪个模型的表现更优，是个实证问题。对于隐含的问题，这是个简单、但更合乎逻辑的解释。

11.6 一个例子

考虑一个有 n 个观测值的样本，其中 $t=1, 2, \cdots, n$。在估计区间 $t=1, 2, \cdots, m$ 上估计模型。接着，对模型进行递归的样本外预测，得到第 $m+1$ 期的预测值。对于(11.1)式所表示的灵活价格货币模型，用来计算预测值的式子是：

$$\hat{S}_{m+1} = \hat{a}_0 + \hat{a}_1(m_{m+1} - m_{m+1}^*) + \hat{a}_2(y_{m+1} - y_{m+1}^*) + \hat{a}_3(i_{m+1} - i_{m+1}^*)$$

(11.31)

其中，$\hat{a}_i$ 是 a_i 的估计值。接着，重复上述过程，在 $t=1, 2, \cdots, m+1$ 这段时间上估计模型，得到第 $m+2$ 期的预测，即 $\hat{S}_{m+2}$。① 如此，直至得到 $\hat{S}_n$，其中 n 为样本总量。

在这个演算中，我们使用的样本是 1980 年 1 月—2015 年 3 月的季度数据，包括日元兑美元的汇率(用一美元兑换的日元价格来度量)和相应的解释变量。

---

① (11.31)式和后面的文字有打字错误，根据上下文订正——译者注。

数据序列取自国际货币基金组织的《国际金融统计》。接着，计算向前一期的样本外递归预测，预测区间是 1998 年 1 月—2015 年 3 月。用于预测的几个模型是：静态灵活价格货币模型((11.1)式)，同一模型但带因变量的滞后项((11.2)式)，广义的误差修正模型((11.3)式)，无因变量滞后项的误差修正模型((11.4)式)，带因变量滞后项的一阶差分模型((11.5)式)，以及不带因变量滞后项的一阶差分模型。我们把这些模型称作模型 A 到模型 F。我们还使用了即期汇率(无漂移的随机游走)的滞后项和远期汇率的滞后项。

结果

上述八个模型/预测元的均方根误差(RMSE)如图 11.1 所示。可以看到，一旦引入动态机制，协方根误差就会急剧下降。不过，这六个动态模型几乎没有什么差异，其表现与随机游走和远期汇率一样好。由图 11.2 可以看到，这六个动态模型得到的预测，与随机游走或远期汇率的预测有类似的模式。

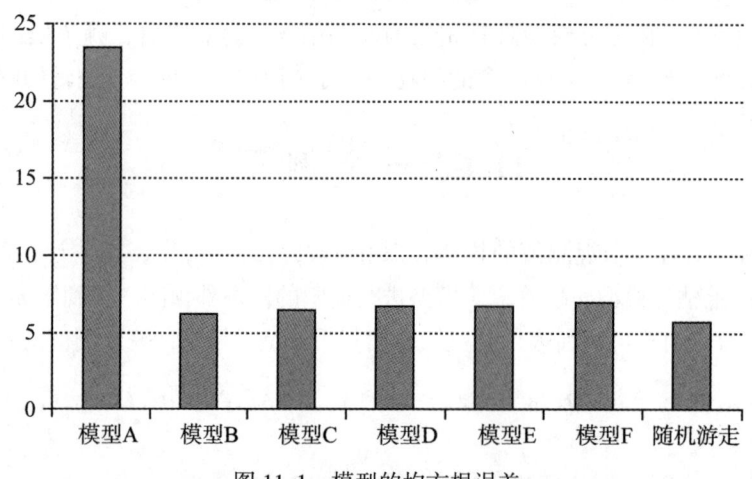

图 11.1　模型的均方根误差

译者注：这些预测模型分别是：静态灵活价格货币模型(模型 A，(11.1)式)，带因变量滞后项的静态灵活价格货币模型(模型 B，(11.2)式)，广义的误差修正模型(模型 C，(11.3)式)，无因变量滞后项的误差修正模型(模型 D，(11.4)式)，带因变量滞后项的一阶差分模型(模型 E，(11.5)式)，以及不带因变量滞后项的一阶差分模型(模型 F)，以即期汇率的滞后项作为预测元的模型(随机游走)。

这些结果引出了两个结论。第一个结论是，动态模型与随机游走不分伯

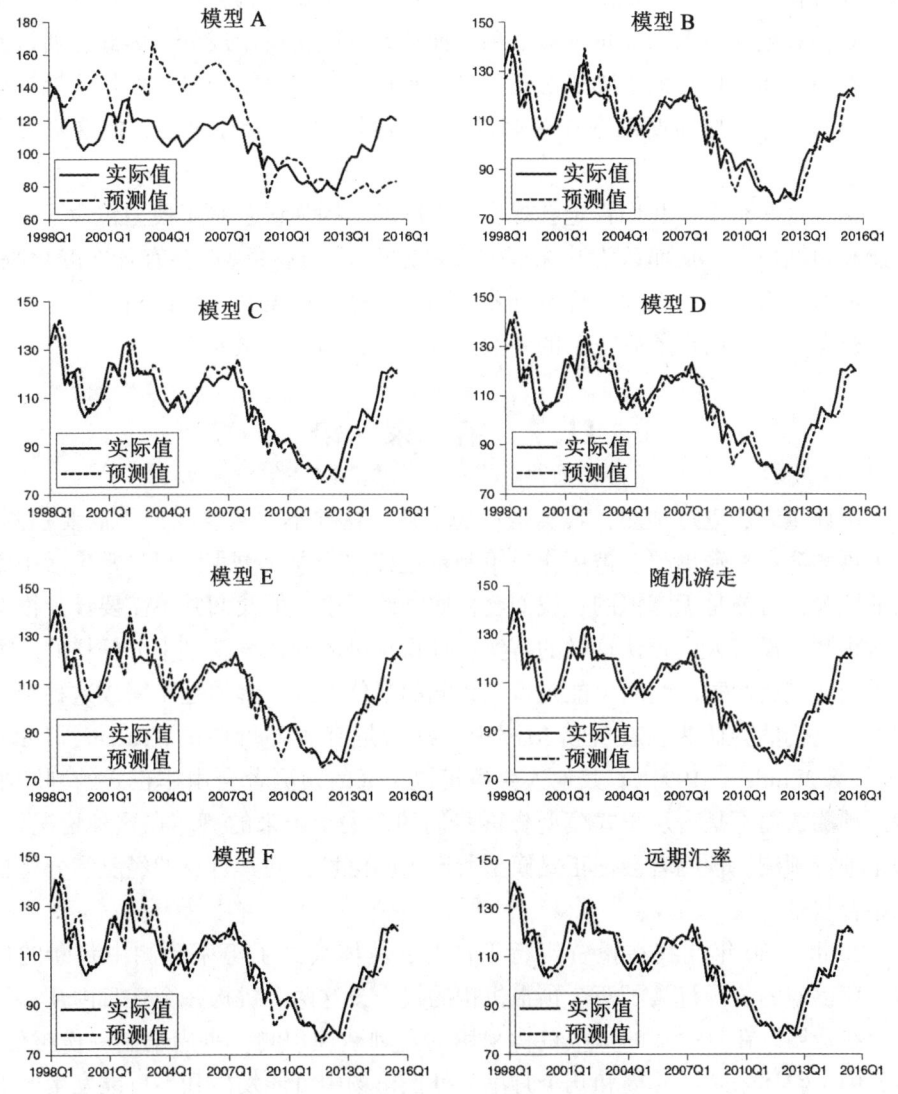

图 11.2 日元兑美元的实际值和预测值

译者注：这些预测模型分别是：静态灵活价格货币模型(模型 A，(11.1)式)，带因变量滞后项的静态灵活价格货币模型(模型 B，(11.2)式)，广义的误差校正模型(模型 C，(11.3)式)，无因变量滞后项的误差修正模型(模型 D，(11.4)式)，带因变量滞后项的一阶差分模型(模型 E，(11.5)式)，以及不带因变量滞后项的一阶差分模型(模型 F)，以即期汇率的滞后项作为预测元的模型(随机游走)，以远期汇率的滞后项作为预测元的模型(远期汇率)。

仲，或者在某些情况下比随机游走更好。这不足为奇，因为引入任何形式的动态机制，总是会引入因变量的滞后项，而这是个随机游走成分。因此，通过使用动态模型而宣称打败了随机游走，是个骗局。第二个结论是，使用远期汇率作为预测元，而把即期汇率作为基准，在预测演算中十分典型，但这毫无意义。

基于这些结果，我们肯定会提出如下问题：因为误差修正模型包含了长期信息和短期信息，从而认为其优于一阶差分模型，这种观点会有什么变化吗？似乎没有什么变化，至少就样本外预测而言。这些证据又一次说明：协整的重要性被夸大了，而误差修正项的系数是否显著，则无关紧要。

11.7 结 束 语

用计量方法进行预测，着实是一场惨败。这并不意味着我们不需要预测，因为预测演算的输出项会被用作决策制定过程的输入项。我们在日常生活中做出的预测，可能是无意识的；我们会依照预测行事，但我们并不需要计量模型来做预测。没有人会否认这样的事实：计量预测的既往表现是十分糟糕的。很多人会认同，明智的判断可能是得到预测的最佳方式。哪怕是不赞成这种观点的人，也仍然会认为，在经济预测中，判断是有额外价值的（Turner, 1990; Wallis & Whitley, 1991）。其他人会争辩说，好的预测者会用非正式的判断来得到预测，而不是盲从正式模型告诉我们的、关于未来的事。在这种情况下，为了进行预测，预测者会把正式模型所产生的信息，同其自身的经验和分析技能结合起来。

20世纪80年代我在投资银行工作时，就体会到了汇率预测中判断的价值。我供职的公司订阅了两个预报机构的报告，这两个机构一个在日内瓦，另一个在费城。在日内瓦的预报机构采用的是判断性预测，每周编制一份报告，报告中会叙述未来的几周和几个月里，外汇市场中可能发生和不可能发生的事情。在费城的预报机构则是采用先进的联立方程模型，对接下来的12、24或36个月内，一些货币对美元的具体汇率进行预测。

作为一名经济学家，我阅读了这些报告，试图得到一致的观点，然后把这个观点传达给高管层和交易室。随着时间的推移，我发现：日内瓦预报机构的描述性报告，要比费城预报机构的点预测更有用。某一次，我前往费城的预测公司，观察他们是如何得到预测的。通常情况下，模型产生的预测看起来很诡异，与市场上盛行的情绪并不一致。接下来发生的事情是，他们对计算机产生的新预测胡乱改动,让其看起来更为合理。让我纳闷的是,一开始使用计算机进行预测的意义是什么呢?

经济预测理论以两个假设为基础:(1)模型很好地代表了经济体;(2)经济结构相对稳定(参见 Klein,1971)。然而,这两个假设并不成立——更像是一厢情愿的想法——因为计量模型总是误设的,而且所有经济体都经历了未预期到的结构性变化。这导致了 20 世纪 70 年代计量模型的大规模消亡。例如,巴雷尔(Barrell,2001)讨论了 20 世纪 90 年代以来地区性结构变化的六个例子;克莱门茨和韩德瑞(Clements & Hendry,2001)试图确定英国产出预测的失败在历史上的普遍性,以及与这种糟糕预测相关的重大经济事件。克莱门茨和韩德瑞(Clements & Hendry,1999)的预测理论以两个弱化假设为基础:(1)模型属于简化表示,在很多方面都不正确;(2)经济体会演化发展,并突然发生变动。

此外,克莱门茨和韩德瑞(Clements & Hendry,1998,1999)还识别了九种预测误差的来源:(1)确定项的系数发生变化;(2)随机项的系数发生变化;(3)确定项的误设;(4)随机项的误设;(5)确定项的系数估计错误;(6)随机项的系数估计错误;(7)数据存在测量误差;(8)误差的方差发生变化;以及(9)预测期间内误差的累积。这是个可怕的列表,说明不准确的预测是不可避免的。我们怎么能指望得到合理而准确的经济预测呢?如果像布朗(Brown,2010)所说,预测"或许是计量经济学存在的主要原因",那么计量经济学家所做的未免太糟糕了。

12. 总结性思考

12.1 概　　括

在前 11 章中，我们介绍了各种观点，说明计量经济学为何是有用的、成功的、无用的、误导性的、危险的、无关紧要的、脆弱不堪的，以及计量经济学是一种骗术。热心人士喜欢把计量经济学描述为经济学进步的基本要素。然而，我们不可能让时钟倒转，回到凯恩斯、琼·罗宾逊、卡尔·马克思、J.K. 加尔布雷思、海曼·明斯基的经济分析上。这听起来与银行业的状况一样，所谓的"金融创新"把我们从一场金融灾难带到了另一场灾难。然而我们无法让时钟倒转。我们必须忍受影子银行业，忍受无人知晓其原理的衍生品，忍受贪婪的文化以及猖獗的腐败。对于计量经济学，我们也无法让时钟倒转，因为我们还要继续进行"计量创新"，产生更多的 ARCH/GARCH 模型。

计量经济学的热心人士认为，计量经济学是不可或缺的。而在一个多世纪以前，杰文斯（Jevons, 1871）曾说：

> 经济学这门演绎科学，必须用统计学这门纯粹的归纳科学来验证，以证明经济学是有用的。理论必须同实际及现实生活相结合。然而，这种结合十分困难。

的确，经济学与统计学之间的结合十分困难，事实上，这个结合太过困难，以至于计量经济学变成了一门无用的垃圾科学。使用计量经济学已经不可避免，而其驱动力，是对"让经济学听起来和看起来像自然科学"的迷恋。科学家所讨论的，是在电子工程中广泛使用的拉普拉斯变换（Laplace transformation）。计量经济学家则一怒而起，提出用比尤利变换（Bewley transformation）来估计长期系数，而这没有任何意义。核物理学家讨论的是半衰期，在核物理学中，这个术语通常用来描述不稳定原子经历放射性衰变的速度，或是稳定的原子能够经受放射性衰变的时长。而计量经济学家所讨论的，则是购买力平价的半衰期，而这个命题不仅在理论上行不通，在实证上也得不到支持。计量经济学家认为，"实际汇率的冲击有很长的半衰期"是一个谜题。但实际上，并不存在任何谜题。

计量经济学家认为，他们在执行重要任务，即用数据和统计工具来验证或驳斥某个理论。但这是否可能，又是另一个问题。对此，马格努斯（Magnus，1999）提到了凯赞卡普和马格努斯（Keuzenkamp & Magnus，1995）的文章，并写下了这段文字：

> 在文章的末尾，我们邀请读者提名一篇论文，论文中要包含一个检验。在读者看来，这个检验必须极大地改变经济学家对某个经济主张的看法。这样的论文，如果存在的话，将是理论检验获得成功的一个例子。我们承诺，最有说服力的贡献者，会被邀请到经济研究中心（CentER for Economic Research）访问一周，并且费用全包。后来发生了什么呢？一名（荷兰）同事向我打电话询问是否可以参加，而且不用接受奖品。我回答说可以。但他并没有参加，也没有其他人回应。这就是计量经济学的现状。

马格努斯（Magnus，1999）把这种状况归因于个人、家庭和企业的非理性行为。由于非理性太过严重，以至于很难找到普适性的经济定律。事实上，经济学中没有这样的定律。那么，计量经济学家为何要说计量经济学取得了成功？即便是马格努斯，一个对计量经济学有复杂感受的人，也提到了这个 s 开头的词（即成功）。他写道：

> 计量经济学理论已经取得了很大成就，但是，这个行业必然存在着一定的阴郁。我认为，造成这种阴郁的原因是，我们（计量经济学家）并没有把自己的工作做好。也就是说，我们没有给应用经济学家提供所需的工具。这并不是因为我们没有提供工具。我们十分努力，并且生产的工具越来越复杂。只是这些工具并不是他们所需要的罢了。

这个说法似乎有些矛盾。计量经济学理论取得了很大的成就，不可能是因为提供了人们不需要的工具。提供的"工具越来越复杂"是问题所在，因为它导致这个行业盲目相信实证研究的结果,却忘掉了常识、理论和直觉。我们务必相信,人造黄油会导致离婚,因为人造奶油的消费量和离婚数这两个时间序列是协整的。在协整的情况下,这两个序列之间的相关性不可能是虚假的。对某些人来说,常识和直觉是过去的事——例如,斯蒂格勒(Stigler, 1939)很久以前就写下了这样的话:

> 统计需求曲线目前尚无定论,但这不应作为退回去使用"常识"和"直觉"的借口。

给常识和直觉加上引号,意味着常识和直觉不应该被严肃对待,我们只应该相信经过计量检验的理论。问题在于,计量检验可以用来验证或驳斥任何理论,就像本书通篇提到的那样。

然而,马格努斯(Magnus, 1999)提到了计量理论的"奇妙成功"和计量理论发展的"惊人速度"和"深度"。那么,让我们再次回顾其所谓的成功指标。马格努斯认为,计量经济学之所以成功,因为几乎所有的经济学领域都有计量方法的应用;因为计量经济模型已经被政府机构、国际组织和商业企业广泛使用;因为世界上几乎每个国家,都建立了宏观经济模型;因为在理论和实践上,计量经济学已经远远超出了其创始人所设想的范畴。计量经济学成功的另一个指标是,现在几乎没有哪个应用经济学领域,是数学和统计理论没有涉足的,包括经济史。帕甘(Pagan, 1987)认为,计量经济学是个"杰出的成功",因为计量经济学家的工作已经成了"经济调查和经济学家训练过程的一部分"。最后,计量经济学之所以成功,是因为对计量经济学家有过度需求。在第 1 章里我们指出,这些论断只不过是空洞的说辞罢了。

从另一个角度来看,进行复杂的计量研究与追寻真相毫无关系,更多的是为了发表,这通常牵涉到确认偏误。一般来说,使用计量和定量方法,已经成为论文被顶尖学术期刊接受的最低要求。计量经济学所谓的成功造成了人才流失,导致物理学家、数学家和工程师转向经济学和金融学,尤其是在金融行业寻找报酬丰厚的工作。与此同时,面对计量经济学的成功,一些优秀的经济学家感到无所适从,于是离开或提早退休了。计量经济学已经变得太过抽象,它已不再是经济学的度量。计量经济学的成功只能从一个意义上来衡量——即提高我们对经济和金融市场的认识。但是从这个意义上讲,计量经济学是个彻头彻尾的失败。

计量经济学作为一门垃圾科学,产生了如下一些"精确的数值事实"。一项计量经济学研究告诉我们，隐蔽持枪的人数增加1%，会"导致"谋杀率下降3.3%。当然，没有人告诉我们这是如何发生的。重要的是，对枪支游说团体来说，这个结果十分悦耳动听。另一项研究告诉我们，每一名囚犯被处决，就会阻止八名潜在的谋杀犯。还有的研究告诉我们，20世纪90年代犯罪率下降了10%~20%，是因为20世纪70年代堕胎率的上升所致；要不是建造了新的监狱，1974年以来的谋杀率会增加250%；20世纪90年代的福利改革，迫使110万儿童陷入贫困。还有一项研究告诉我们，解雇监管者会创造出一定数量的新工作岗位；而另一项研究告诉我们，奴隶制是件好事。计量经济学被用来支持极端的不平等，主张不道德的涓滴效应，放松对金融业的管制，反对最低工资立法。计量上的证据还被用来支持这样的主张：为富人减税对整体经济有好处，从而可以牺牲99%的人来为1%的人谋利。

在现实中，计量建模不能准确地反映经济的运行情况。通过计量研究获得的知识既不公正也不系统，计量研究的结果还会导致盲目自满。银行经理可能会被劝说：从内部模型来看，并没有什么可担心的，因为银行持有的资本足以保护其免于破产，且置信水平为99.99%。计量经济学模型或一般的量化模型还会告诉我们，某个事件每十亿年才会发生一次——至少，长期资本管理公司的管理层在1998年的崩盘之前，就是这么认为的；AIG的管理层在2008年的崩盘之前，也是这么认为的。计量经济学并不是无害的，它不止是个能帮助学者发表论文的无辜工具。而这些论文的结果，只有以获得晋升或保住工作为目标的学者，才会感兴趣。

12.2 现状的专横独断

学术圈的自我审查颇为严重，你不敢批评已有的理论，也不敢挑战现状。这种情况说明，现行的正统观点具有霸权地位。正统观点认为，好的经济学必须包含复杂的计量经济学。因此，我们应该相信计量研究的结果，而放弃常识和直觉。然而在大多数情况下，常识足以让我们区分对错。例如，生造实证证据，告诉人们财政刺激不起作用，并不是什么难事。对那些反对政府在财政上干预经济的人来说，这个结论很有吸引力。然而，常识和描述性经济分析告诉我们，如果财政扩张使用得当，确实会起效。用公共资金去建造基础设施项目，倚重当地的劳动力和资源，必然会创造出新的就业机会。而通过财政扩张来进口坦克和杀人机器，除了发战争财的少数人以外，并不会创造什么就业机会。在这种情况下，我们并不需要实证证据。

我们并不需要实证证据来告诉我们，为富人减税不能促进增长。这是因为，对公众钱包里的收入进行再分配，把得到的资金分给富人，这些资金就会流入避税天堂，而不是用于启动新项目、聘用失业人员，因为富人的消费是有上限的。我们并不需要实证证据来告诉我们，救助（和转嫁救助）倒闭的金融机构在经济上是行不通的，在道德上也应当受谴责。我们并不需要实证证据来告诉我们，过度放松金融管制会导致金融不稳定。在美国，自20世纪30年代《格拉斯-斯蒂格尔法案》（Glass-Steagall Act）实施以来的五十年间，金融一直十分稳定。然而，由于里根政府推行了一系列放松管制的措施，到20世纪80年代，各种问题开始显现。20世纪90年代末，比尔·克林顿最终废除了该法案，使情况进一步恶化。对于这种情况，我们从历史中学到的东西，要远多于从计量经济学中学到的。我们并不需要证据来告诉我们，量化宽松是个非常糟糕的想法。

如果你试图批判计量经济学，你就会遇到麻烦，因为没有哪本重要期刊会刊登质疑现状的论文。即使是凯恩斯这样的人，也曾一次又一次受到指责，说他一无所知。原因是，他拒绝承认计量经济学是经济分析的工具。某一次，我偶然看到了几篇发表在不知名刊物上的论文，它们对整个计量和量化模型持批判态度。这些论文出现在"经济学家的自大"的大标题下，讨论了学术思想（主要基于定量分析）是否与商业或政策应用相关的问题。第一篇论文讨论的是兼并与收购。在文中，索查（Shojai，2009）指出，就管理学中基本的战略问题而言，学术文献基本上没有什么价值。他认为，"说到如何处理每个具体案例，学术文献对我们了解这方面的知识，贡献十分有限"；"很少有经济学/金融学领域的文章能够明确告诉人们，企业在合并后应当如何整合，而对企业管理者来说，这似乎是最有价值的部分"。在另一篇文章中，索查和法伊格（Shojai & Feiger，2009）讨论了各种资产定价模型，得到的结论是："坚定不移地接受这些（资产定价）模型，导致这些模型在研究中得到的支持更加稳固了，这不利于考察如何改造这些定价模型，从而适应真实的世界。"在另一篇论文中，索查和法伊格（Shojai & Feiger，2010）强调，对于提出模型供金融机构使用，进而推行有效的、企业层面的风险管理系统和政策，学术思想存在不足。他们发现，如果从科学的角度进行严格的审查，几乎所有模型都是失败的。在第四篇论文中，索查等人（Shojai et al.，2010）谈到：对于资产管理行业的运作，现代投资组合理论在理论层面提供的洞见非常有限。在资产配置过程中，很少有投资组合经理会去寻找有效边界。

阅读这些论文令我感到愉悦，并决定向同一期刊投稿。我想，在一本不知名期刊上发表批判性论文，总好过根本发表不了。我于是以"金融计量经济学的失败"为主题，撰写并（在这本不知名期刊上）发表了三篇论文（Moosa，2011a，2011b，2012），得到了如下结论：（1）套期保值比率的计量建模对于改善套期保值的有效性，并没有什么价值，而使用所谓的天真模型（即套期保值比为1）得到的结果，与设定更详细的模型和"复杂"估计方法所得的结果类似；（2）使用不同的协整检验，得到的结果差异很大，因为这些检验对模型设定不稳健；（3）"翻炒"回归在金融研究中的应用十分广泛，人们可通过只报告数十个或数百个回归中的一个或少数几个，得到想要的结果。

我曾经看到一篇极力批判协整的论文，这篇论文也发表在一本不知名刊物上。在这篇论文里，吉桑（Guisan，2001）指出，"协整检验经常无法识别因果关系，另一方面，又不能避免接受实际虚假的因果关系所带来的风险"。这给了我了鼓励，我决定撰写一篇关于协整和伪相关的论文。但这篇论文在四周时间内被拒稿了四次，因为它批判了荣膺诺贝尔奖的研究。最终，我设法把这篇论文发表在了一份受众颇广的流行期刊上（Moosa，2016a）。我在文中的观点是：协整不能用来检验伪相关。虽然实事求是的经济学家们报以了正面回应，但赞同我在文中所提主张的计量经济学家，我还没有找到。另一次，一名不愿透露姓名的审稿人告诉我：我所认为的"协整的作用被夸大"的观点是不成立的，并说我不了解协整。这便是现状的独断专横——如果你对已有的想法和步骤提出了质疑，那么没人愿意听。

12.3　通往未来之路

经济学是一门重要学科，因为经济上的管理不善和糟糕的政策决策，会带来灾难性的后果。恶性通货膨胀和萧条，可能会造成比战争和自然灾害更深重的苦难。经济学必须做好，但计量经济学并不是做好经济学的途径。未来的道路应当是让时钟倒转，依靠清晰的思考、直觉和常识，而不是依循"让数据说话"的原则。我们应该回到每个人都能阅读《计量经济学》（*Econometrica*）并参与辩论的日子。我们应该回到所有研讨会和会议参与人都能理解主讲人并参与讨论的时代。与之形成对比的是，目前的会议只有一两个参与者能够理解主讲人，因为这些参与者本身是高纯度的计量经济学家。

我们不应该像对待物理学那样，把经济学看作应用数学的一个分支。经济学家必须承认并接受的是：经济学的本质是一门社会科学；应当避免形式主义，不让经济分析受到量化的影响。我们应该停止构造不切实际的、基于"代表性经济人"假设的模型,因为使用这种模型只是因为它们更容易构造优化问题,进而得到可检验的模型。

在本书中我们反复指出,计量经济学被用来支持意识形态。或许,把意识形态抛到一边,带着揭示真相的驱策,以这个前提作为出发点,会遏制人们使用鲜有人知的计量方法的倾向。对经济学家而言,在讨论其他经济学家的研究成果时,应当更加开放,而不是把他人视为其意识形态的反对者。这也意味着,对于一些有影响力的期刊,期刊的编委会应当考虑不那么传统、不那么数学、更偏应用、对计量分析持批判态度的论文。经济学研究必须侧重强调社会制度(如金融机构等),考虑其他学科和社会科学所提供的知识,包括历史学、哲学、社会学、伦理学等。

计量经济学快速发展的一个负面后果是,经济史和经济思想史方面的课程,几乎从所有经济学学位课程中消失了。这是为何要回到过去的另一个方面。在过去,经济统计要比计量经济学更重要。昌和奥尔德雷德(Chang & Aldred, 2014)认为,"经济学之所以如此独特,是因为这样的事实:经济学是唯一一个有很多学生公然对抗其学位课程的学科,并且对抗的人越来越多。"他们认为,自2008年金融危机爆发以来,这种不满情绪就一直在酝酿。当时学生们发现,面对这场三代人以来最严重的金融危机,教授们却什么也解释不出来,更不用说有些教授本人就是金融鲁莽扩张的鼓吹者了。他们还指出,雇主们也对经济类毕业生心生不满。他们写道:

> 雇主抱怨说,最近的经济学毕业生虽然精通技术,但对现实世界却知之甚少。对于现实世界的经济体,由于缺乏历史背景、制度细节和政治习语方面的知识,他们最终成了白痴学者(idiot savants)——他们能够操控最复杂的数学模型,却不能把洞见转化为现实世界中的商业策略和经济政策。

由于现代经济学家把重心放在计量经济学和定量分析上,对于现实世界,他们说不出什么有用的东西,因为他们所用的语言是非经济学家无法理解的。学生和许多雇主感到:经济学典型毕业生所接受的培训,与理解真实的经济无关。不仅想得到经济建议的目标受众难于理解,而且往往是不正确的。

昌和奥尔德雷德(Chang & Aldred, 2014)建议采用"回到未来"(back to the future)的方法来应对这种情况。学生们需要进一步了解现实世界。他们需要了解世界经济的现状,资本主义的历史(包括金融史),以及当代特定经济体的一些细节——例如，中国和德国的经济，就与英国的经济有很大的不同。换句话说，我们需要强调应用经济学和经济史。

经济学的多元化是可取的。应该向学生介绍不同的经济学方法，而不是因为当前的主流方法适合量化，就坚持认为这是做好经济学的正道。即便是在自由市场经济学的教条之下，也存在着不同的方法，包括：古典方法、奥地利方法，以及目前主流的新古典方法。与新古典经济学家不同的是，奥地利学派的经济学家无法在顶级期刊上发表论文，因为他们不喜欢数量上的形式主义。学生们应该学习其他方法，包括：凯恩斯主义、马克思主义、熊彼特主义、制度主义、发展主义和行为主义。换言之，我们应该回到经济思想史和比较经济理论上。是的，前进的道路，是让时钟倒转。

12.4　计量经济学是一门骗术

在第 3 章中我们提到，与一些计量经济学家的认识相反，计量经济学并不是一门科学，因为经济学中不存在定律。一方面，计量模型达不到科学模型的合意特性，例如理论上的可行性、解释力、模型参数估计的准确性、预测力和简洁性。物理定律可以用普遍成立的精确方程来表示。而与之不同的是，所谓的经济学定律被表示为随机方程，有时会在时变参数的框架下进行估计，而产生的结果对设定、估计方法和数据样本都不稳健。这可不是科学，除非把"科学"一词同其他词连用，把计量经济学描述成是"垃圾科学"或"自大的科学"。

马格努斯（Magnus，1999）对计量经济学的感觉是复杂的。他把我们的注意力引到了一个重要的点上：如何判断计量经济学是一门科学——而这一点与数据有关。物理学家自行生成数据，并对数据的合理性负责；而计量经济学家则依赖他人所产生的数据，通常他们并不知道数据是如何产生的。这便是马格努斯所说的：

> 我们为何不能对使用的数据承担责任？如果有人指出数据的缺陷，以此攻击我们，我们就会回应说：这不是我们的错，是提供数据的人的错。可没有哪个学科会接受这种敷衍塞责。况且，这些数据并非没有价值，它们通常是按照某个经济理论收集的。例如，对于缺失观察值，通常会根据最相关的经济理论来进行填补。因此，检验一个经济学假设，是在联合检验数据和理论。

12. 总结性思考

然而，马格努斯认为，"计量经济学家可以继续作出重要贡献，或许，最终会成为可敬的科学家"。可计量经济学家做了什么重要贡献呢？是协整、因果性，还是 ARCH/GARCH 模型？计量经济学家的贡献是：他们提供了一些工具，可以让任何人证明任何事，而且非常"方便易用"，特别是对受了意识形态驱动的人来说。因此，计量经济学并不是一门科学，而是一门艺术，确切地说，是一门骗术。

参 考 文 献

[1] Abhyankar, A., Sarno, L. and Valente, G. (2005) Exchange Rates and Fundamentals: Evidence on the Economic Value of Predictability, *Journal of International Economics*, 66, 325-348.

[2] Aggarwal, R. and Zong, S. (2008) Behavioral Biases in Forward Rates as Forecasts of Future Exchange Rates: Evidence of Systematic Pessimism and Under-Reaction, *Multinational Finance Journal*, 12, 241-277.

[3] Aggarwal, R., Lucey, B. M. and Mohanty, S. K. (2009) The Forward Exchange Rate Bias Puzzle is Persistent: Evidence from Stochastic and Nonparametric Cointegration Tests, *Financial Review*, 44, 625-645.

[4] Ahsan, M., Kwan, A. C. C. and Sahni, B. S. (1996) Cointegration and Wagner's Hypothesis: Time Series Evidence for Canada, *Applied Economics*, 28, 1055-1058.

[5] Alexander, C. (1999) Optimal Hedging Using Cointegration, *Philosophical Transactions of the Royal Society*, Series A, 357, 2039-2085.

[6] Allen, R. G. D. and Bowley, A. L. (1935) *Family Expenditure*, London: P. S. King.

[7] Almon, S. (1965) The Distributed Lag between Capital Appropriations and Net Expenditures, *Econometrica*, 33, 178-196.

[8] Al-Nakeeb, B. (2016) *Two Centuries of Parasitic Economics: The Struggle for Economic and Political Democracy on the Eve of the Financial Collapse of the West*, New York (Private Publication).

[9] Alquist, R. and Arbatli, E. (2010) Crude Oil Futures: A Crystal Ball?, *Bank of Canada Review*, Spring, 3-11.

[10] Alquist, R. and Kilian, L. (2010) What Do We Learn From the Price of Crude Oil Futures?, *Journal of Applied Econometrics*, 25, 539-573.

[11] Amemiya, T. (1983) Nonlinear Regression Models, in Z. Griliches and M.

参考文献

D. Intriligator (eds) *Handbook of Econometrics*, Vol. 1, Amsterdam: North-Holland, 333-389.

[12] Anderson, R. G., Hoffman, D. L. and Rasche, R. H. (2002) A Vector Autoregression Forecasting Model of the US Economy, *Journal of Macroeconomics*, 24, 569-598.

[13] Anderson, T. W. and Rubin, H. (1949) Estimation of the Parameters of a Single Equation in a Complete System of Stochastic Equations, *Annals of Mathematical Statistics*, 20, 46-63.

[14] Andreou, E., Ghyles, E. and Kourtellos, A. (2010) Regression Models with Mixed Sampling Frequencies, *Journal of Econometrics*, 158, 246-261.

[15] Andrews, D. W. K. (1993) Tests for Parameter Instability and Structural Change with Unknown Change Point, *Econometrica*, 61, 821-856.

[16] Angrist, J. and Pischke, J. S. (2010) The Credibility Revolution in Empirical Economics: How Better Research Design isTaking the Con out of Econometrics, NBER Working Paper, No. w15794.

[17] Ansari, M. I., Gordon, D. V. and Akuamoah, C. (1997) Keynes versus Wagner: Public Expenditure and National Income for Three African Countries, *Applied Economics*, 29, 543-550.

[18] Anthony, R. N. (1960) The Trouble with Profit Maximization, *Harvard Business Review*, 38, 126-134.

[19] Antoine, B. and Lavergne, P. (2014) Conditional Moment Models under Semi-Strong Identification, *Journal of Econometrics*, 182, 59-69.

[20] Ardeni, P. G. (1989) Does the Law of One Price Really Hold for Commodity Prices? *American Journal of Agricultural Economics*, 71, 661-669.

[21] Ashley, R., Granger, C. W. J. and Schmalensee, R. (1980) Advertising and Aggregate Consumption: An Analysis of Causality, *Econometrica*, 48, 1149-1167.

[22] Assenmacher-Wesche, K. and Pesaran, M. H. (2008) Forecasting the Swiss Economy Using VECX* Models and Observation Windows, *National Institute Economic Review*, 203, 91-108.

[23] Avetisov, V. A., Bikulov, A. K, Vasilyev, O. A., Nechaev, S. K. and Chertovich, A. V. (2009) Some Physical Applications of Random Hierarchical Matrices, *Journal of Experimental and Theoretical Physics*, 109,

485-504.

[24] Bacchetta, P. and van Wincoop, E. (2006) Can Information Heterogeneity Explain the Exchange Rate Determination Puzzle?, *American Economic Review*, 96, 552-576.

[25] Bachelier, L. J. (1900) *Théorie de la Speculation*, Paris: Gauthier-Villars. Reprinted in Paul H. Cootner (ed.) *The Random Character of Stock Market Prices*, Cambridge: MIT Press (1964), 17-78.

[26] Bachmeier, L. and Swanson, N. R. (2005) Predicting Inflation: Does The Quantity Theory Help? *Economic Inquiry*, 43, 570-585.

[27] Bahmani-Oskooee, M. and Alse, J. (1994) Short-Run versus Long-Run Effects of Devaluation: Error Correction Modelling and Cointegration, *Eastern Economic Journal*, 20, 453-464.

[28] Bahmani-Oskooee, M. and Hegerty, S. W. (2010) The J- and S-Curves: A Survey of the Recent Literature, *Journal of Economic Studies*, 37, 580-596.

[29] Bahmani-Oskooee, M. and Ratha, A. (2004) The J-Curve: A Literature Review, *Applied Economics*, 36, 1377-1398.

[30] Bahmani-Oskooee, M., Xu, J. and Saha, S. (2015) Commodity Trade between the US and Korea and the J-Curve Effect, *New Zealand Economic Papers* (published online 19 October).

[31] Bai, J. and Perron, P. (1998) Estimating and Testing Linear Models with Multiple Structural Changes, *Econometrica*, 66, 47-78.

[32] Baillie, R. T., Bollerslev, T. and Mikkelsen, H. O. (1996) Fractionally Integrated Generalized Autoregressive Conditional Heteroskedasticity, *Journal of Econometrics*, 74, 3-30.

[33] Baltagi, B. H. (2002) *Econometrics* (3rd edition), New York: Springer.

[34] Baltagi, B. H., Feng, Q. and Kao, C. (2016) Estimation of Heterogeneous Panels with Structural Breaks, *Journal of Econometrics*, 191, 176-195.

[35] Banerjee, A. and Marcellino, M. (2009) Factor-Augmented Error Correction Models, in J. Castle and N. Shepard (eds) *The Methodology and Practice of Econometrics: A Festschrift for David Hendry*, Oxford: Oxford University Press, 227-254.

[36] Banerjee, A., Marcellino, M. and Masten, I. (2013) Forecasting with Factor-Augmented Error Correction Models, *International Journal of*

Forecasting, 30, 589-612.

[37] Banerjee, A., Dolado, J. J., Galbraith, J. W. and Hendry, D. F. (1993) *Cointegration, Error Correction, and the Econometric Analysis of Nonstationary Data*, Oxford: Oxford University Press.

[38] Banerjee, A., Dolado, J. J., Hendry, D. F. and Smith, G. W. (1986) Exploring Equilibrium Relationships in EconometricsThrough Static Models: Some Monte Carlo Evidence, *Oxford Bulletin of Economics and Statistics*, 48, 253-277.

[39] Barrell, R. (2001) Forecasting the World Economy, in D. F. Hendry and N. R. Ericsson (eds) *Understanding Economic Forecasts*, Cambridge (MA): MIT Press, 152-173.

[40] Basmann, R. L. (1957) A Generalized Classical Method of Linear Estimation of Coefficients in a Structural Equation, *Econometrica*, 25, 77-83.

[41] Baum, C. F., Barkoulas, J. T. and Caglayan, M. (2001) Nonlinear Adjustment to Purchasing Power Parity in the Post-Bretton Woods Era, *Journal of International Money and Finance*, 20, 379-399.

[42] Baxter, J. L. and Moosa, I. A. (1996) The Consumption Function: A Basic Needs Hypothesis, *Journal of Economic Behavior and Organization*, 31, 85-100.

[43] Beard, T. R., Ford, G. S., Kim, H. and Spiwak, L. J. (2011) Regulatory Expenditures, Economic Growth and Jobs: An Empirical Study, Phoenix Center Policy Bulletin No. 28. http://www.phoenix-center.org/PolicyBulletin/PCPB28Final.pdf (accessed 3 May 2016).

[44] Bekker, P. A. and Crudu, F. (2015) Jackknife Instrumental Variable Estimation with Heteroscedasticity, *Journal of Econometrics*, 185, 332-342.

[45] Benini, R. (1907) Sull'uso delle Formole Empiriche a Nell'economia Applicata, *Giornale Degli Economisti*, 2nd series, 35, 1053-1063.

[46] Bentolila, S. and Saint-Paul, G. (2003) Explaining Movements in the Labor Share, *Contributions to Macroeconomics*, 3, 1-31.

[47] Bera, A. K., Higgins, M. L. and Lee, S. (1992) InteractionBetween Auto-Correlation and Conditional Heteroskedasticity: A Random-Coefficient Approach, *Journal of Business and Economic Statistics*, 10, 133-142.

[48] Bergmann, B. (1999) Abolish the Nobel Prize for Economics, *Challenge*,

42, 52-67.

[49] Bernanke, B. (1986) Alternative Explanations of the Money-Income Correlation, *Carnegie Rochester Conference Series on Public Policy*, 25, 49-101.

[50] Bhabra, H. S., Liu, T. and Tirtiroglu, D. (2008) Capital Structure Choice in a Nascent Market: Evidence from Listed Firms in China, *Financial Management*, 37, 341-364.

[51] Billio, M., Caporin, M. and Gobbo, M. (2006) Flexible Dynamic Conditional Correlation Multivariate GARCH Midels for Asset Allocation, *Applied Financial Economics Letters*, 2, 123-130.

[52] Biswal, B., Dhawan, U. and Lee, H. (1999) Testing Wagner versus Keynes Using Disaggregated Public Expenditure Data for Canada, *Applied Economics*, 31, 1283-1291.

[53] Bjerkholt, O. (1995) Ragnar Frisch, Editor of Econometrica, *Econometrica*, 63, 755-765.

[54] Black, D. and Nagin, D. (1998) Do Right-to-Carry Laws Deter Violent Crime? *Journal of Legal Studies*, 27, 209-219.

[55] Blanchard, O. J. (1989) A Traditional Interpretation of Macroeconomic Fluctuations, *American Economic Review*, 79, 1146-1164.

[56] Blanchard, O. J. and Quah, D. (1989) The Dynamic Effects of Aggregate Demand and Supply Disturbances, *American Economic Review*, 79, 1146-1164.

[57] Blanchard, O. J. andSummers, L. H. (1986) Hysteresis and the European Unemployment Problem, *NBER Macroeconomic Annual*, 1, 15-90.

[58] Blinder, A. B. (1991) Why Are Prices Sticky? Preliminary Results from an Interview Study, *American Economic Review*, 81 (Papers and Proceedings), 89-96.

[59] Blommestein, H. J. (2009) The Financial Crisis as a Symbol of the Failure of Academic Finance (A Methodological Digression), *Journal of Financial Transformation*, 27, 3-8.

[60] Blumstein, A. and Wallman, J. (eds) (2000) *The Crime Drop in America*, New York: Cambridge University Press.

[61] Bollerslev, T. (1986) Generalised Autoregressive Conditional Heteroskedasticity,

Journal of Econometrics, 51, 307-327.

[62] Bollerslev, T. (1987) A Conditionally Heteroskedastic Time Series Model for Speculative Prices and Rates of Return, *Review of Economics and Statistics*, 69, 542-547.

[63] Bollerslev, T. (2008) Glossary to ARCH (GARCH), CREATES Research Papers, No. 2008-49.

[64] Bollerslev, T. and Ghysels, E. (1996) Periodic Autoregressive Conditional Heteroskedastcity, *Journal of Business and Economic Statistics*, 14, 139-151.

[65] Bollerslev, T. and Mikkelsen, H. O. (1996) Modeling and Pricing Long Memory in Stock Market Volatility, *Journal of Econometrics*, 73, 151-184.

[66] Bollerslev, T., Engle, R. F. and Wooldridge, J. M. (1988) A Capital Asset Pricing Model with Time Varying Covariances, *Journal of Political Economy*, 96, 116-131.

[67] Bonhomme, S. (2012) Functional Differencing, *Econometrica*, 80, 1337-1385.

[68] Bonner, B. (2007) 25 Standard Deviations in a Blue Moon. www.moneyweek.com.

[69] Booth, L., Aivazian, V., Demirguc-Kunt, A. and Maksimovic, V. (2001) Capital Structure in Developing Countries, *Journal of Finance*, 56, 87-130.

[70] Bopp, A. E. and Lady, G. M. (1991) A Comparison of Petroleum Futures versus Spot Prices as Predictors of Prices in the Future, *Energy Economics*, 13, 274-282.

[71] Bowers, W. J. and Pierce, G. L. (1975) The Illusion of Deterrence in Isaac Ehrlich's Research on Capital Punishment, *Yale Law Journal*, 85, 187-208.

[72] Box, G. E. P. and Jenkins, G. M. (1970) *Time Series Analysis, Forecasting and Control*, San Francisco: Holden-Day.

[73] Brandt, M. W. and Jones C. S. (2006) Volatility Forecasting with Range-Based EGARCH Models, *Journal of Business and Economic Statistics*, 24, 470-486.

[74] Brenner, R. J., Harjes, R. H. and Kroner, K. F. (1996) Another Look at Models of the Short-Term Interest Rate, *Journal of Financial and Quantitative Analysis*, 31, 85-107.

[75] Breusch, T. S. and Pagan, A. R. (1980) The Lagrange Multiplier Test and

its Applications to Model Specification in Econometrics, *Review of Economic Studies*, 47, 239-253.

[76] Brockes, E. (2009) He Told Us So, *The Guardian*, 24 January.

[77] Broll, U., Chow, K. W. and Wong, K. P. (2001) Hedging and Nonlinear Risk Exposure, *Oxford Economic Papers*, 53, 281-296.

[78] Brooks, C. and Chong, J. (2001) The Cross-Currency Hedging Performance of Implied versus Statistical Forecasting Models, *Journal of Futures Markets*, 21, 1043-1069.

[79] Brooks, D. (2008) The Behavioral Revolution, *New York Times*, 28 October.

[80] Brown, B. W. (2010) Econometrics. http://www.ruf.rice.edu/~bwbwn/econ400_files/ch1-ch5.pdf (accessed 19 August 2016).

[81] Brown, T. M. (1952) Habit Persistence and Lags in Consumer Behaviour, *Econometrica*, 20, 355-371.

[82] Brundy, J. M. and Jorgenson, D. N. (1971) Efficient Estimation of Simultaneous Equations by Instrumental Variables, *Review of Economics and Statistics*, 53, 207-224.

[83] Brunner, A. D. (1997) On the Dynamic Properties of Asymmetric Models of Real GNP, *Review of Economics and Statistics*, 79, 321-326.

[84] Buckley, J. and James, I. (1979) Linear Regression with Censored Data, *Biometrika*, 66, 429-436.

[85] Burney, N. A. (2002) Wagner's Hypothesis: Evidence from Kuwait Using Cointegration Tests, *Applied Economics*, 34, 49-57.

[86] Burns, A. F. and Mitchell, W. C. (1947) *Measuring Business Cycles*, New York: Columbia University Press.

[87] Burns, P. (2005) Multivariate GARCH with Only Univariate Estimation. http://www.burns-stat.com (accessed 17 June 2016).

[88] Burns, W. C. (1997) Spurious Correlations. https://hbr.org/2015/06/bewarespurious-correlations (accessed 12 April 2016).

[89] Bushaw, D. W. and Clower, R. W. (1957) *Introduction to Mathematical Economics*, New York: Irwin.

[90] Cagan, P. (1956) The Monetary Dynamics of Hyperinflation, in M. Friedman (ed.) *Studies in the Quantity Theory of Money*, Chicago: University of Chicago Press, 25-117.

[91] Cai, J. (1994) A Markov Model of Switching-Regime ARCH, *Journal of Business and Economic Statistics*, 12, 309-316.

[92] Cameron, A. C. and Trivedi, P. K. (1986) Econometric Models Based on Count Data: Comparisons and Applications of some Estimators and Tests, *Journal of Applied Econometrics*, 1, 29-53.

[93] Caporin, M. and McAleer, M. (2006) Dynamic Asymmetric GARCH, *Journal of Financial Econometrics*, 4, 385-412.

[94] Cappiello, L., Engle, R. F. and Sheppard, K. (2006) Asymmetric Dynamics in the Correlations of Global Equity and Bond Returns, *Journal of Financial Econometrics*, 4, 537-572.

[95] Cassidy, J. (2010) After the Blowup: Laissez-Faire Economists Do Some Soul-Searching - and Finger-Pointing, *The New Yorker*, 11 January.

[96] Castiglione, C. (2011) Verdoorn-Kaldor's Law: An Empirical Analysis with Time Series Data in the United States, *Advances in Management and Applied Economics*, 1, 135-151.

[97] Castle, J. F., Doornik, J. A. and Hendry, D. F. (2012) Model Selection whenThere are Multiple Breaks, *Journal of Econometrics*, 169, 239-246.

[98] Cavaliere, G., Nielsen, H. B. and Rahbek, A. (2015) Bootstrap Testing of Hypotheses on Co-Integration Relations in Vector Autoregressive Models, *Econometrica*, 83, 813-831.

[99] Chait, B. (1949) *Sur l'conomtrie*, Brussels: J. Lebeque and Co.

[100] Chambers, J. C. (2016) The Econometric Analysis of Mixed Frequency Data Sampling, *Journal of Econometrics*, 193, 390-404.

[101] Champernowne, D. G. (1960) An Experimental Investigation of the Robustness of Certain Procedures for Estimating Means and Regressions Coefficients, *Journal of the Royal Statistical Society*, 123, 398-412.

[102] Chan, E. (2006) Cointegration is Not the Same as Correlation, TradingMarkets. Com, 13 November. http://www.tradingmarkets.com/.

[103] Chang, H. J. and Aldred, J. (2014) After the Crash, We Need a Revolution in the Way We Teach Economics, *The Guardian*, 11 May.

[104] Chen, J. J. (2004) Determinants of Capital Structure of Chinese-Listed Companies, *Journal of Business Research*, 57, 1341-1351.

[105] Chen, S. and Zhou, X. (2011) Semiparametric Estimation of a Bivariate

Tobit Model, *Journal of Econometrics*, 165, 266-274.

[106] Chernenko, S., Schwarz, K. and Wright, J. (2004) The Information Content of Forward and Futures Prices: Market Expectations and the Price of Risk, Board of Governors of the Federal Reserve System, International Finance Discussion Paper No. 808.

[107] Chernozhukov, V., Fernandez-Val, I. and Melly, B. (2013) Inference on Counterfactual Distributions, *Econometrica*, 81, 2205-2268.

[108] Chesher, A. (2010) Instrumental Variable Models for Discrete Outcomes, *Econometrica*, 78, 575-601.

[109] Cheung, Y. and Chinn, M. (1998) Integration, Cointegration, and the Forecast Consistency of Structural Exchange Rate Models, *Journal of International Money and Finance*, 17, 813-830.

[110] Chinn, M. and Coibion, O. (2009) The Predictive Content of Commodity Futures, La Follette School of Public Affairs, University of Wisconsin (Madison), Working Paper No. 2009-2016.

[111] Chinn, M., LeBlanc, M. and Coibion, O. (2005) The Predictive Content of Energy Futures: An Update on Petroleum, Natural Gas, Heating Oil and Gasoline, NBER Working Papers, No. 11033.

[112] Cho, J. S. and White, H. (2007) Testing for Regime Switching, *Econometrica*, 75, 1671-1720.

[113] Cho, J. S., Kim, T. and Shin, Y. (2015) Quantile Cointegration in the Autoregressive Distributed-Lag Modeling Framework, *Journal of Econometrics*, 188, 281-300.

[114] Chou, R. Y. (2005) Forecasting Financial Volatilities with Extreme Values: The Conditional Autoregressive Range (CARR) Model, *Journal of Money, Credit and Banking*, 37, 561-582.

[115] Chow, G. C. (1960) Tests of Equality between Sets of Coefficients in two Linear Regressions, *Econometrica*, 28, 591-605.

[116] Chow, Y., Cotsomitis, J. A. and Kwan, A. C. C. (2002) Multivariate Cointegration and Causality Tests of Wagner's Hypothesis: Evidence from the UK, *Applied Economics*, 34, 1671-1677.

[117] Christiano, L. J., Eichenbaum, M. and Evans, C. (2005) Nominal Rigidities and the Dynamic Effects of a Shock to Monetary Policy, *Journal of*

Political Economy, 113, 1-45.

[118] Christodoulakis, G. A. and Satchell, S. E. (2002) Correlated ARCH (CorrARCH): Modelling Time-Varying Conditional CorrelationBetween Financial Asset Returns, *European Journal of Operational Research*, 139, 351-370.

[119] Christoffersen, P. F. and Diebold, F. X. (1998) Cointegration and Long-Horizon Forecasting, *Journal of Business and Economic Statistics*, 16, 450-458.

[120] Chung, E. Y. and Romano, J. P. (2016) Multivariate and Multiple Permutation Tests, *Journal of Econometrics*, 193, 76-91.

[121] Clements, M. P. and Hendry, D. F. (1996) Intercept Corrections and Structural Change, *Journal of Applied Econometrics*, 11, 475-494.

[122] Clements, M. P. and Hendry, D. F. (1998) *Forecasting Economic Time Series: The Marshall Lectures on Economic Forecasting*, Cambridge: Cambridge University Press.

[123] Clements, M. P. and Hendry, D. F. (1999) *Forecasting Non-Stationary Economic Time Series*, Cambridge (MA): MIT Press.

[124] Clements, M. P. and Hendry, D. F. (2001) An Historical Perspective on Forecast Errors, *National Institute Economic Review*, 177, 100-112.

[125] Cochrane, P. and Orcutt, G. H. (1949) Application of Least Squares Regression to Relationships Containing Autocorrelated Error Terms, *Journal of the American Statistical Association*, 44, 32-61.

[126] Coffey, B. K., Anderson, J. D. and Parcell, J. L. (2000) Optimal Hedging Ratios and Hedging Risk for Grain Co-Products, Paper presented at the annual meeting of the American Economic Association, January.

[127] Colander, D., Föllmer, H., Haas, A., Goldberg, M., Juselius, K., Kirman, A. Lux, T. and Sloth, B. (2009) The Financial Crisis and the Systemic Failure of Academic Economics, Kiel Working Papers, No. 1489.

[128] Confederation of British Industry (2013) Our Global Future: The Business Vision for Reformed EU. http://news.cbi.org.uk/reports/our-globalfuture/our-global-future/ (accessed 28 May 2016).

[129] Congdon, T. (2014) How Much Does the European Union Cost Britain? UKIP. http://www.timcongdon4ukip.com/docs/EU2014.pdf (accessed

7 January 2016).

[130] Cooley, T. F. and LeRoy, S. F. (1981) Identification and Estimation of Money Demand, *American Economic Review*, 71, 825-844.

[131] Cooley, T. F. and LeRoy, S. F. (1986) What will Take the Con Out of Econometrics? A Reply to McAleer, Pagan, and Volker, *American Economic Review*, 76, 504-507.

[132] Cosslett, S. R. (1983) Distribution Free Maximum Likelihood Estimation of the Binary Choice Model, *Econometrica*, 51, 765-782.

[133] Courakis, A. S., Moura-Roque, F. and Tridimas, G. (1993) Public Expenditure Growth in Greece and Portugal: Wagner's Law and Beyond, *Applied Economics*, 25, 125-134.

[134] Cox, D. R. (1961) Tests of Separate Families of Hypotheses, *Proceedings of the Fourth Berkeley Symposium on Mathematical Statistics and Probability*, Vol. 1, Berkeley: University of California Press, 105-123.

[135] Cox, D. R. (1962) Further Results of Tests of Separate Families of Hypotheses, *Journal of the Royal Statistical Society*, Series B, 24, 406-424.

[136] Cox, D. R. (1972) Regression Models and Life Tables, *Journal of the Royal Statistical Society*, Series B, 34, 187-220.

[137] Crawford, D. (2016) The Legacy of Joan Robinson, 4 May. http://angrybearblog.com/2016/05/the-legacy-of-joan-robinson.html (accessed 10 August 2016).

[138] Crouhy, H. and Rockinger, M. (1997) Volatility Clustering, Asymmetry and Hysteresis in Stock Returns: International Evidence, *Financial Engineering and the Japanese Markets*, 4, 1-35.

[139] Darolles, S., Fan, Y., Florens, J. P. and Renault, E. (2011) Nonparametric Instrumental Regression, *Econometrica*, 79, 1541-1565.

[140] Davenant, C. (1698) *Discourses on the Public Revenues and on the Trade of England*, London: James Capton.

[141] Davidson, J. (2004) Moment and Memory Properties of Linear Conditional Heteroskedasticity Models, and a New Model, *Journal of Business and Economic Statistics*, 22, 16-29.

[142] Davis, H. T. (1941) *The Theory of Econometrics*, Bloomington (IN): The Principia Press.

[143] Deaton, A. (1985) Panel Data from Time Series of Cross-Sections, *Journal of Econometrics*, 30, 109-126.

[144] Debreu, G. (1991) The Mathematization of Economic Theory, *American Economic Review*, 81, 1-7.

[145] Dehnad, K. (2009) Efficient Market Hypothesis: Another Victim of the Great Recession, *Journal of Financial Transformation*, 27, 35-36.

[146] Den Hertog, R. G. J. (1994) Pricing of Permanent and Transitory Volatility for US Stock Returns: A Composite GARCH Model, *Economics Letters*, 44, 421-426.

[147] Dharmapala, D. and McAleer, M. (1996) Econometric Methodology and the Philosophy of Science, *Journal of Statistical Planning and Inference*, 49, 9-37.

[148] Dhrymes, P. (1971) A Simplified Estimator for Large-Scale Econometric Models, *Australian Journal of Statistics*, 13, 168-175.

[149] Dickey, D. A. and Fuller, W. (1979) Distribution of the Estimators for Autoregressive Time Series with a Unit Root, *Journal of the American Statistical Association*, 74, 427-431.

[150] Dickey, D. A. and Fuller, W. (1981) Likelihood Ratio Statistics for Autoregressive Time Series with a Unit Root, *Econometrica*, 49, 1057-1072.

[151] Dickey, D. A., Jansen, D. W. and Thornton, D. L. (1991) A Primer on Cointegration with an Application to Money and Income, *Federal Reserve Bank of St. Louis Economic Review*, March/April, 58-78.

[152] Diebold, F. X. and Mariano, R. S. (1995) Comparing Predictive Accuracy, *Journal of Business and Economic Statistics*, 13, 253-263.

[153] Diebold, F. X. and Nerlove, M. (1989) The Dynamics of Exchange Rate Volatility: A Multivariate Latent Factor ARCH Model, *Journal of Applied Econometrics*, 4, 1-21.

[154] Ding, Z., Granger, C. W. J. and Engle, R. F. (1993) A Long Memory Property of Stock Market Returns and a New Model, *Journal of Empirical Finance*, 1, 83-106.

[155] Doan, T., Litterman, R. and Sims, C. A. (1984) Forecasting and Conditional Projections Using Realistic Prior Distributions, *Econometric Reviews*, 3, 1-100.

[156] Doerig, H. U. (2003) Operational Risks in Financial Services: An Old Challenge in a New Environment, Credit Suisse Group, Working Paper.

[157] Donaldson, R. G. and Kamstra, M. (1997), An Artificial Neural Network GARCH Model for International Stock Return Volatility, *Journal of Empirical Finance*, 4, 17-46.

[158] Donohue, J. J. and Wolfers, J. (2005) Uses and Abuses of Empirical Evidence in the Death Penalty Debate, *Stanford Law Review*, 58, 791-845.

[159] Dovonon, P. and Renault, E. (2013) Testing for Common Conditionally Heteroskedastic Factors, *Econometrica*, 81, 2561-2586.

[160] Dowd, K. (2009) The Failure of Capital Adequacy Regulation, in P. Booth (ed.) *Verdict on the Crash Causes and Policy Implications*, London: Institute of Economic Affairs, 73-80.

[161] Dowd, K. (2014) Math Gone Mad: Regulatory Risk Modeling by the Federal Reserve, The Cato Institute, *Policy Analysis*, Number 754.

[162] Dowd, K., Cotter, J., Humphrey, C. and Woods, M. (2008) How Unlucky is 25-Sigma? *Journal of Portfolio Management*, Summer, 1-5.

[163] Dowd, K., Hutchinson, M., Ashby, S. and Hinchcliffe, J. M. (2011) Capital Inadequacies: The Dismal Failure of the Basel Regime of Capital Regulation, *Policy Analysis*, No. 681.

[164] Drost, F. C. and Nijman, T. E. (1993) Temporal Aggregation of GARCH Processes, *Econometrica*, 61, 909-927.

[165] Duan, J. (1997) Augmented GARCH (p, q) Process and its Diffusion Limit, *Journal of Econometrics*, 79, 97-127.

[166] Durbin, J. and Watson, G. S. (1950) Testing for Serial Correlation in Least Squares Regression I, *Biometrika*, 37, 409-428.

[167] Durbin, J. and Watson, G. S. (1951) Testing for Serial Correlation in Least Squares Regression II, *Biometrika*, 38, 159-178.

[168] Echenique, F. and Komunjer, I. (2009) Testing ModelsWith Multiple Equilibria by Quantile Methods, *Econometrica*, 77, 1281-1297.

[169] Efron, B. (1979) Bootstrap Methods: Another Look at the Jackknife, *Annals of Statistics*, 7, 1-26.

[170] Ehrbar, H. G. (2000) Irrealist Lines of Defense in Econometrics, Working Paper, Economics Department, University of Utah.

[171] Ehrlich, I. (1975a) The Deterrent Effect of Capital Punishment: A Question of Life and Death, *American Economic Review*, 65, 397-417.

[172] Ehrlich, I. (1975b) Deterrence: Evidence and Inference, *Yale Law Journal*, 85, 209-227.

[173] Ehrlich, I. (1977a) The Deterrent Effect of Capital Punishment: Reply, *American Economic Review*, 67, 452-458.

[174] Ehrlich, I. (1977b) Capital Punishment and Deterrence: Some Further Thoughts and Additional Evidence, *Journal of Political Economy*, 85, 741-788.

[175] Ehrlich, I. and Liu, Z. (1999) Sensitivity Analyses of the Deterrence Hypothesis: Let's Keep the Econ in Econometrics, *Journal of Law and Economics*, 42, 455-487.

[176] Eisner, R. and Strotz, R. H. (1963) *Determinants of Business Investment*, Commission on Money and Credit, Impacts of Monetary Policy, Englewood Cliffs (NJ): Prentice Hall, 59-337.

[177] Elliott, G., Gargano, A. and Timmerman, A. (2013) Complete Subset Regressions, *Journal of Econometrics*, 177, 357-373.

[178] Elliott, R. J., van der Hoek, J. and Malcolm, W. P. (2005) Pairs Trading, *Quantitative Finance*, 5, 271-276.

[179] Elsby, M. W., Hobin, B. and Sahin, A. (2013) The Decline of the US Labor Share, *Brookings Papers on Economic Activity*, Fall, 1-63.

[180] Enders, W. (1988) ARIMA and Cointegration Tests of PPP under Fixed and Flexible Exchange Rate Regimes, *Review of Economics and Statistics*, 70, 504-508.

[181] Engel, C., Mark, N. and West, K. (2007) Exchange Rate Models areNot as Bad as You Think, *NBER Macroeconomics Annual*, 22, 381-441.

[182] Engle, R. F. (1982) Autoregressive Conditional Heteroscedasticity, with Estimates of the Variance of United Kingdom Inflation, *Econometrica*, 50, 987-1007.

[183] Engle, R. F. (1990), Discussion: Stock Market Volatility and the Crash of '87, *Review of Financial Studies*, 3, 103-106.

[184] Engle, R. F. (2002a), Dynamic Conditional Correlation: A Simple Class of Multivariate GARCH Models, *Journal of Business and Economic Statistics*,

20, 339-350.

[185] Engle, R. F. (2002b), New Frontiers for ARCH Models, *Journal of Applied Econometrics*, 17, 425-446.

[186] Engle, R. F. and Bollerslev, T. (1986) Modeling the Persistence of Conditional Variances, *Econometric Reviews*, 5, 1-50.

[187] Engle, R. F. and Gonzalez-Rivera, G. (1991) Semiparametric ARCH Models, *Journal of Business and Economic Statistics*, 9, 345-359.

[188] Engle, R. F. and Granger, C. W. J. (1987) Cointegration and Error-Correction: Representation, Estimation and Testing, *Econometrica*, 55, 251-276.

[189] Engle, R. F. and Lee, G. G. J. (1999) A Permanent and Transitory Component Model of Stock Return Volatility, in R. F. Engle and H. White (eds) *Cointegration, Causality, and Forecasting: A Festschrift in Honor of Clive W. J. Granger*, Oxford: Oxford University Press, 475-497.

[190] Engle, R. F. and Manganelli, S. (2004) CAViaR: Conditional Autoregressive Value-at-Risk by Regression Quantiles, *Journal of Business and Economic Statistics*, 22, 367-381.

[191] Engle, R. F. and Ng, V. K. (1993) Measuring and Testing the Impact of News on Volatility, *Journal of Finance*, 48, 1749-1778.

[192] Engle, R. F. and Rangel, J. G. (2008) The Spline-GARCH Model for Low Frequency Volatility and its Global Macroeconomic Causes, *Review of Financial Studies*, 21, 1187-1221.

[193] Engle, R. F. and Rosenberg, J. (1995) GARCH Gamma, *Journal of Derivatives*, 17, 229-247.

[194] Engle, R. F. and Russell, J. R. (1998) Autoregressive Conditional Duration: A New Model for Irregularly Spaced Transaction Data, *Econometrica*, 66, 1127-1162.

[195] Engle, R. F., Hendry D. F. and Richard, J. F. (1983) Exogeneity, *Econometrica*, 51, 277-304.

[196] Engle, R. F., Lilien, D. M. and Robbins, R. P. (1987) Estimating Time Varying Risk Premia in the Term Structure: The ARCH-M Model, *Econometrica*, 55, 391-407.

[197] Engle, R. F., Lilien, D. M. and Watson, M. (1985) A Dymimic Model of

Housing Price Determination, *Journal of Econometrics*, 28, 307-326.

[198] Engle, R. F., Ng, V. K. and Rothschild, M. (1990) Asset Pricing with a Factor-ARCH Covariance Structure: Empirical Estimates for Treasury Bills, *Journal of Econometrics*, 45, 213-238.

[199] Escanciano, J. C. and Velasco, C. (2010) Specification Tests of Parametric Dynamic Conditional Quantiles, *Journal of Econometrics*, 159, 209-221.

[200] Eun, C. S. and Shin, S. (1989) International Transmission of Stock Market Movements, *Journal of Financial and Quantitative Analysis*, 24, 41-56.

[201] Evans, G. W. (1989) Output and Unemployment Dynamics in the United States: 1950-1985, *Journal of Applied Econometrics*, 4, 213-238.

[202] Evans, M. and Lyons, R. (2005) Meese-Rogoff Redux: Micro-Based Exchange Rate Forecasting, *American Economic Review*, 965, 405-414.

[203] Fair, R. (1970) The Estimation of Simultaneous Equation Models with Lagged Endogenous Variables and First Order Serially Correlated Errors, *Econometrica*, 3, 507-516.

[204] Fair, R. (2008) Estimating Exchange Rate Equations Using Estimated Expectations, Yale University ICF Working Paper No. 07-18.

[205] Falk, G. (1995) How Does Econometrics Contribute, if at all, to the Scientific Status of Economics? https://www.tcd.ie/Economics/assets/pdf/SER/1995/Gavin_Falk.html (accessed 5 March 2016).

[206] Farmer, J. D. and Foley, D. (2009) The Economy Needs Agent-Based Modelling, *Nature*, 460, 685-686.

[207] Fatás, A. and Summers, L. H. (2015) Macroeconomics and Growth and Monetary Economics and Fluctuations, CEPR Discussion Papers, No. 10902.

[208] Fauver, L. and McDonald, M. B. (2015) Culture, Agency Costs, and Governance: International Evidence on Capital Structure, *Pacific Basin Finance Journal*, 34, 1-23.

[209] Fergusson, A. (2010) *When Money Dies* (revised edition), New York: Public Affairs.

[210] Fisher, F. M. (1966) *The Identification Problem in Econometrics*, New York: McGraw-Hill.

[211] Fisher, I. (1892) *Mathematical Investigations in the Theory of Value and*

Prices, New York: Augustus M. Kelley (Reprinted in 2016 by Cosimo, New York).

[212] Fisher, I. (1930) *The Theory of Interest*, New York: Macmillan.

[213] Fisher I. (1933) Statistics in the Service of Economics, *Journal of the American Statistical Association*, 28, 1-13.

[214] Fisher, I. (1937) Note on a Short-Cut Method for Calculating Distributed Lags, *Bulletin de l'Institut International de Statistique*, 29, 323-327.

[215] Flaherty. J. C., Gourgey, G. and Natarajan, S. (2013) Five Lessons Learned: Risk Management After the Crisis, *European Financial Review*, 30 April.

[216] Flood, R. and Rose, A. (2008) Why so Glum? The Meese-Rogoff Methodology Meets the Stock Market, CEPR Discussion Papers, No. 6714.

[217] Florens, J. P. and van Bellegem, S. (2015) Instrumental Variable Estimation in Functional Linear Models, *Journal of Econometrics*, 186, 465-476.

[218] Focardi, S. and Fabozzi, F. (2010) The Reasonable Effectiveness of Mathematics in Economics, *American Economist*, 49, 3-15.

[219] Folger, J. (2014) Guide to Pairs Trading, Investopedia. http://www.investopedia.com/university/guide-pairs-trading/ (accessed 1 September 2016).

[220] Fornari, F. and Mele, A. (1996) Modeling the Changing Asymmetry of Conditional Variances, *Economics Letters*, 50, 197-203.

[221] Fox, J. (2009) *The Myth of the Rational Market*, New York: Harper Collins.

[222] Francq, C., Wintenberger, O. and Zakoian, J. M. (2013) GARCH Models without Positivity Constraints: Exponential or Log GARCH? *Journal of Econometrics*, 177, 34-46.

[223] Frankel, J. and Rose, A. (1995) Empirical Research on Nominal Exchange Rates, *Handbook of International Economics*, Vol. 3, Amsterdam: Elsevier.

[224] Friedman, B. M., Laibson, D. I. and Minsky, H. P. (1989) Economic Implications of Extraordinary Movements in Stock Prices, *Brookings Papers on Economic Activity*, 137-189.

[225] Friedman, M. (1957) *A Theory of the Consumption Function*, Princeton:

Princeton University Press.

[226] Frisch, R. (1933a) Editorial, *Econometrica*, 1, 1-4.

[227] Frisch, R. (1933b) *Pitfalls in the Statistical Construction of Demand and Supply Curves*, Leipzig: Hans Buske Verlag.

[228] Frydenberg, S. (2008) Theory of Capital Structure: A Review. http://papers.ssrn.com/sol3/papers.cfm?abstract_id = 556631 (accessed 5 March 2016).

[229] Gallant, A. R. and Tauchen G. (1998) SNP: A Program for Nonparametric Time Series Analysis. www.econ.duke.edu/~get/wpapers/index.html (accessed 10 June 2016).

[230] Galvao, A. F. (2009) Unit Root Quantile Autoregression Testing Using Covariates, *Journal of Econometrics*, 152, 165-178.

[231] Galvao, A. F. (2011) Quantile Regression for Dynamic Panel Data with Fixed Effects, *Journal of Econometrics*, 164, 142-157.

[232] Galvao, A. F. and Kato, K. (2016) Smoothed Quantile Regression for Panel Data, *Journal of Econometrics*, 193, 92-112.

[233] Garratt, A., Lee, K., Pesaran, M. H. and Shin, Y. (2003) Forecast Uncertainty in Macroeconometric Modelling: An Application to the UK Economy, *Journal of the American Statistical Association*, 98, 829-838.

[234] Garratt, A., Lee, K. Pesaran, M. H. and Shin, Y. (2006) *Global and National Macroeconometric Modelling: A Long-Run Structural Approach*, Oxford: Oxford University Press.

[235] Garrone, G. and Marchionatti, R. (2004) Keynes on Econometric Method: A Reassessment of his Debate with Tinbergen and other Econometricians (1938-1943), Universita di Torino, Working Paper No. 01/2004.

[236] Gatev, E., Goetzmann, W. N. and Rouwenhorst, K. G. (2006) Pairs Trading: Performance of a Relative-Value Arbitrage Rule, *Review of Financial Studies*, 19, 797-827.

[237] Gautier, E. and Kitamura, Y. (2013) Nonparametric Estimation in Random Coefficients Binary Choice Models, *Econometrica*, 81, 581-607.

[238] Geary, R. C. (1949) Studies in Relations between Economic Time Series, *Journal of the Royal Statistical Society*, Series B, 10, 140-158.

[239] Gelman, A. and Stern, H. (2006) The Difference Between "Significant"

and "Not Significant" is Not Itself Statistically Significant, *American Statistician*, 60, 328-331.

[240] Georgopoulos, G. (2008) The J-Curve Revisited: An Empirical Analysis for Canada, *Atlantic Economic Journal*, 36, 315-332.

[241] Geweke, J. F. (1986) Modeling the Persistence of Conditional Variances: A Comment, *Econometric Reviews*, 5, 57-61.

[242] Geweke, J. F., Horowitz, J. L. and Pesaran, M. H. (2006) Econometrics: A Bird's Eye View, IZA Discussion Papers, No. 2458.

[243] Ghali, K. L. (1999) Government Size and Economic Growth: Evidence from a Multivariate Cointegration Analysis, *Applied Economics*, 31, 975-987.

[244] Ghosh, A. (1993) Hedging with Stock Index Futures: Estimation and Forecasting with Error Correction Model, *Journal of Futures Markets*, 13, 743-752.

[245] Gilbert, C. L. (1986) Professor Hendry's Econometric Methodology, *Oxford Bulletin of Economics and Statistics*, 48, 283-307.

[246] Glosten, L. R., Jagannathan, R. and Runkle, D. (1993) On the Relation Between the Expected Value and the Volatility of the Nominal Excess Return on Stocks, *Journal of Finance*, 48, 1779-1801.

[247] Godfrey, L. G. and Wickens, M. R. (1982) Tests of Mis-Specification Using Locally Equivalent Alternative Models, in G. C. Chow and P. Corsi (eds) *Evaluation and Reliability of Macro-economic Models*, New York: Wiley, 71-99.

[248] Goertzel, T. (2002) Econometric Modeling as Junk Science, *The Skeptical Inquirer*, 26, 19-23.

[249] Gonzalez-Rivera, G. (1998) Smooth Transition GARCH Models, *Studies in Nonlinear Dynamics and Econometrics*, 3, 61-78.

[250] Gonzalo, J. (1994) Comparison of Five Alternative Methods of Estimating Long-Run Equilibrium Relationships, *Journal of Econometrics*, 60, 203-233.

[251] Gordon, R. J. (1984) Unemployment and Potential Output in the 1980s, *Brooking Papers on Economic Activity*, 15, 537-564.

[252] Gordon, R. J. (2010) The Demise of Okun's Law and of Procyclical

Fluctuations in Conventional and Unconventional Measures of Productivity, Presentation at the CREI/CEPR Macro-Labor Conference, Barcelona, 5 November.

[253] Gospodinov, N. and Otsu, T. (2012) Local GMM Estimation of Time Series Models with Conditional Moment Restrictions, *Journal of Econometrics*, 170, 476-490.

[254] Gourieroux, C. and Jasiak, J. (2008) Dynamic Quantile Models, *Journal of Econometrics*, 147, 198-205.

[255] Gourieroux, C. and Monfort, A. (1992) Qualitative Threshold ARCH Models, *Journal of Econometrics*, 52, 159-199.

[256] Granger, C. W. J. (1969) Investigating Causal Relations by Econometric Models and Cross-Spectral Methods, *Econometrica*, 37, 424-438.

[257] Granger, C. W. J. (1986) Developments in the Study of Co-Integrated Economic Variables, *Oxford Bulletin of Economics and Statistics*, 48, 213-228.

[258] Granger, C. W. J. and Newbold, P. (1974) Spurious Regression in Econometrics, *Journal of Econometrics*, 2, 111-120.

[259] Gray, S. F. (1996) Modeling the Conditional Distribution of Interest Rates as a Regime-Switching Process, *Journal of Financial Economics*, 42, 27-62.

[260] Griliches, Z. (1986) Economic Data Issues, in Z. Griliches and M. D. Intriligator (eds) *Handbook of Econometrics*, Vol. III, Amsterdam: North Holland, 1465-1514.

[261] Guégan, D. and Diebolt, J. (1994) Probabilistic Properties of the ARCH Model, *Statistica Sinica*, 4, 71-87.

[262] Guidotti, P. E. and Rodriguez, C. A. (1992) Dollarization in Latin America-Gresham Law in Reverse, *International Monetary Fund Staff Papers*, 39, 518-544.

[263] Guisan, M. C. (2001) Causality and Cointegration between Consumption and GDP in 25 OECD Countries: Limitations of the Cointegration Approach, *Applied Econometrics and International Development*, 1, 39-61.

[264] Gulen, S. G. (1998) Efficiency in the Crude Oil Futures Market, *Journal of Energy Finance and Development*, 3, 13-21.

[265] Guscina, A. (2006) Effects of Globalization on Labor's Share in National

Income, *IMF Working Papers*, WP/06/294.

[266] Haavelmo, T. (1943) Statistical Testing of Business Cycle Theories, *Review of Economics and Statistics*, 25, 13-18.

[267] Haavelmo, T. (1944) The Probability Approach in Econometrics, *Econometrica*, Supplement to Volume 12: 1-118.

[268] Hall, R. L. and Hitch, C. J. (1939) Price Theory and Business Behaviour, *Oxford Economic Papers*, 2, 12-45.

[269] Hamilton, J. and Jordá, O. (2002) A Model of the Federal Funds Rate Target, *Journal of Political Economy*, 110, 1135-1167.

[270] Hansen, B. E. (1994) Autoregressive Conditional Density Estimation, *International Economic Review*, 35, 705-730.

[271] Hansen, B. E. (2007) Least Squares Model Averaging, *Econometrica*, 75, 1175-1189.

[272] Hansen, B. E. (2011) *Econometrics*, University of Wisconsin. http://www.ssc.wisc.edu/~bhansen/econometrics/Econometrics2011.pdf (accessed 7 April 2016).

[273] Hansen, L. P. (1982) Large Sample Properties of Generalized Method of Moments, *Econometrica*, 50, 1029-1054.

[274] Hansen, L. P. and Singleton, K. J. (1982) Generalized Instrumental Variables Estimation of Nonlinear Rational Expectations Models, *Econometrica*, 50, 1269-1286.

[275] Hansen, L. P. and Singleton, K. J. (1983) Stochastic Consumption, Risk Aversion, and the Temporal Behavior of Asset Returns, *Journal of Political Economy*, 91, 249-265.

[276] Harris, M. and Raviv, A. (1991) The Theory of Capital Structure, *Journal of Finance*, 46, 297-355.

[277] Harris, R. D. F., Stoja, E. and Tucker, J. (2007) A Simplified Approach to Modeling the Comovement of Asset Returns, *Journal of Futures Markets*, 27, 575-598.

[278] Harris, R. I. D. (1995) *Using Cointegration Analysis in Econometric Modelling*, London: Prentice Hall.

[279] Harvey, A. (1989) *Forecasting, Structural Time Series Models and Kalman Filter*, Cambridge: Cambridge University Press.

[280] Harvey, A., Ruiz, E. and Sentana, E. (1992) Unobserved Component Time Series Models with ARCH Disturbances, *Journal of Econometrics*, 52, 129-157.

[281] Harvey, C. R., Liu, Y. and Zhu, H. (2016) ... and the Cross-Section of Expected Returns, *Review of Financial Studies*, 29, 5-68.

[282] Haug, S. and Czado, C. (2007) An Exponential Continuous-Time GARCH Process, *Journal of Applied Probability*, 44, 960-976.

[283] Hausman, J. A. (1978) Specification Tests in Econometrics, *Econometrica*, 46, 1251-1272.

[284] Hausman, J. A., Hall, B. H. and Griliches, Z. (1984) Econometric Models for Count Data with Application to the Patents-R&D Relationship, *Econometrica*, 52, 909-1038.

[285] Heckman, J. J. (2001) Econometrics and Empirical Economics, *Journal of Econometrics*, 100, 3-5.

[286] Heckman, J. J. and Singer, B. (1984) Econometric Duration Analysis, *Journal of Econometrics*, 24, 63-132.

[287] Hendricks, K. and Porter, R. H. (1988) An Empirical Study of an Auction with Asymmetric Information, *American Economic Review*, 78, 865-883.

[288] Hendry, D. F. (1980) Econometrics - Alchemy or Science?, *Economica*, 47, 387-406.

[289] Hendry, D. F. (2004) The ET Interview: Professor David F. Hendry: Interviewed by Neil R. Ericsson, *Econometric Theory*, 20, 743-804.

[290] Hendry, D. F. and Clements, M. P. (2001) Economic Forecasting: Some Lessons from Recent Research, European Central Bank, Working Paper No. 82.

[291] Hendry, D. F. and Ericsson, N. (1991) An Econometric Analysis of UK Money Demand in Monetary Trends in the United States and the United Kingdom by Milton Friedman and Anna J. Schwartz, *American Economic Review*, 81, 8-38.

[292] Hendry, D. F. and Richard, J. F. (1982) On the Formulation of Empirical Models in Dynamic Econometrics, *Journal of Econometrics*, 20, 3-33.

[293] Henrekson, M. (1992) *An Economic Analysis of Swedish Government Expenditure*, Aldershot: Avebury.

[294] Hentschel, L. (1995) All in the Family: Nesting Symmetric and Asymmetric GARCH Models, *Journal of Financial Economics*, 39, 71-104.

[295] Heston, S. L. and Nandi, S. (2000) A Closed-Form GARCH Option Valuation Model, *Review of Financial Studies*, 13, 585-625.

[296] Higgins, M. L. and Bera, A. K. (1992) A Class of Nonlinear ARCH Models, *International Economic Review*, 33, 137-158.

[297] Hilsenrath, J. E. (2004) Stock Characters: As Two Economists Debate Markets, the Tide Shifts, *Wall Street Journal*, 18 October.

[298] Hjalmarsson, E. and Österholm, P. (2007) Testing for Cointegration Using the Johansen Methodology when Variables are Near-Integrated, IMF Working Papers, June.

[299] Hoffman, D. L. and Rasche, R. H. (1996) Assessing Forecast Performance in a Cointegrated System, *Journal of Applied Econometrics*, 11, 495-517.

[300] Hood, W. C. and Koopmans, T. C. (eds) (1953) *Studies in Econometric Method*, Cowles Commission for Research in Economics, Monograph No. 14, New York: Wiley.

[301] Hooker, R. H. (1901) Correlation of the Marriage Rate with Trade, *Journal of the Royal Statistical Society*, 44, 485-492.

[302] Horn, K. (2009) The Serendipity of Genius, Standpoint, October. http://www.standpointmag.co.uk/node/2164/full (accessed 14 February 2016).

[303] Horwitz, S. (2012) The Empirics of Austrian Economics, *Cato Unbound*, 5 September. http://www.cato-unbound.org/2012/09/05/steven-horwitz/empirics-austrian-economics (accessed 5 September 2016).

[304] Hsiao, C., and Pesaran, M. H. (2006) Random Coefficient Panel Data Models, in L. Matyas and P. Sevestre (eds) *The Econometrics of Panel Data*, London: Kluwer Academic Publishers, 185-213.

[305] Huang, R. and Ritter, J. R. (2005) Testing the Market Timing Theory of Capital Structure, Working Paper. http://bear.warrington.ufl.edu/ritter/TestingOct2805 (1).pdf (accessed 3 January 2016).

[306] Huang, S. and Song, F. M. (2002) The Determinants of Capital Structure: Evidence from China. http://papers.ssrn.com/sol3/papers.cfm?abstract_id=320088 (accessed 23 May 2017).

[307] Hussain, M. and Brookins, O. S. (2001) On the Determinants of National Saving: An Extreme Bounds Analysis, *Weltwirtschaftliches Archiv*, 137, 151-174.

[308] Hwang, S. and Satchell, S. E. (2005) GARCH Model with Cross-Sectional Volatility: GARCHX Models, *Applied Financial Economics*, 15, 203-216.

[309] Im, K. S., Pesaran, M. H. and Shin, Y. (2003) Testing for Unit Roots in Heterogenous Panels, *Journal of Econometrics*, 115, 53-74.

[310] Imai, S., Jain, N. and Ching, A. (2009) Bayesian Estimation of Dynamic Discrete Choice Models, *Econometrica*, 77, 1865-1899.

[311] IMF (2010) Unemployment DynamicsDuring Recessions and Recoveries: Okun's Law and Beyond, *World Economic Outlook*, April.

[312] Islam, A. M. (2001) Wagner's Law Revisited: Cointegration and Exogeneity Tests for USA, *Applied Economics*, 8, 509-515.

[313] Jensen, M. (1978) Some Anomalous Evidence Regarding Market Efficiency, *Journal of Financial Economics*, 6, 95-101.

[314] Jensen, M. and Maheu, J. M. (2013) Bayesian Semiparametric Multivariate GARCH Modeling, *Journal of Econometrics*, 176, 3-17.

[315] Jevons, W. S. (1871) *The Theory of Political Economy*, London: Macmillan.

[316] Jin, X. and Maheu, J. M. (2016) Modeling Covariance Breakdowns in Multivariate GARCH, *Journal of Econometrics*, 194, 1-23.

[317] Johansen, S. (1988) Statistical Analysis of Cointegration Vectors, *Journal of Economic Dynamics and Control*, 12, 231-254.

[318] Johansen, S. (1991) Estimation and Hypothesis Testing of Cointegrating Vectors in Gaussian Vector Autoregressive Models, *Econometrica*, 59, 1551-1580.

[319] Jorgenson, D. W. (1966) Rational Distributed Lag Functions, *Econometrica*, 34, 135-149.

[320] Kalli, M. and Griffin, J. E. (2014) Time-Varying Sparsity in Dynamic Regression Models, *Journal of Econometrics*, 178, 779-793.

[321] Karabell, Z. (2013) The " Laws of Economics" Don't Exist, *The Atlantic*, 11 April.

[322] Karabournis, L. and Neiman, B. (2014) The Global Decline of the Labor

Share, *Quarterly Journal of Economics*, 129, 61-103.

[323] Kasahara, H. and Shimotsu, K. (2012) Sequential Estimation of Structural Models with a Fixed Point Constraint, *Econometrica*, 80, 2303-2319.

[324] Kasparis, I. and Phillips, P. C. B. (2012) Dynamic Misspecification in Nonparametric Cointegrating Regression, *Journal of Econometrics*, 168, 270-284.

[325] Kaufman, H. (2009) *The Road to Financial Reformation: Warnings, Consequences, Reforms*, New York: Wiley.

[326] Kawakatsu, H. (2006) Matrix Exponential GARCH, *Journal of Econometrics*, 134, 95-128.

[327] Kearns, A. (1995) Econometrics and the Scientific Status of Economics: A Reply. https://www.tcd.ie/Economics/assets/pdf/SER/1995/Allan _ Kearns. html (accessed 6 May 2016).

[328] Keuzenkamp, H. A. (1995) Keynes and the Logic of Econometric Method, Working Paper, Department of Economics, Tilburg University.

[329] Keuzenkamp, H. A. (2000) *Probability, Econometrics and Truth: The Methodology of Econometrics*, Cambridge: Cambridge University Press.

[330] Keuzenkamp, H. A. and Magnus, J. R. (1995) On Tests and Significance in Econometrics, *Journal of Econometrics*, 67, 5-24.

[331] Keynes, J. M. (1936) *The General Theory of Employment, Interest, and Money*, London: Macmillan.

[332] Keynes, J. M. (1939) Professor Tinbergen's Method, *Economic Journal*, 49, 558-568.

[333] Keynes, J. M. (1940) Comment, *Economic Journal*, 154-156.

[334] Kilian, L. and Taylor, M. P. (2003) Why is it so Difficult to Beat the Random Walk Forecast of Exchange Rates?, *Journal of International Economics*, 60, 85-107.

[335] Kim, J. H. (2016) Stock Returns and Investors' Mood: Good Day Sunshine or Spurious Correlation, Working Paper, La Trobe University.

[336] Kim, J. H. and Choi, I. (2016) Unit Roots in Economic and Financial Time Series: A Re-Evaluation at the Optimal Level of Significance, Working Paper, La Trobe University.

[337] Kim, J. H. and Ji, P. I. (2015) Significance Testing in Empirical Finance:

A Critical Review and Assessment, *Journal of Empirical Finance*, 34, 1-14.

[338] Kim, K. and Pagan, A. R. (1995) The Econometric Analysis of Calibrated Macroeconomic Models, in M. H. Pesaran and M. Wickens (eds) *Handbook of Applied Econometrics: Macroeconomics*, Oxford: Basil Blackwell, 356-390.

[339] Klein, D. B. and Romero, P. P. (2007) Model Building versus Theorizing: The Paucity of Theory in the Journal of Economic Theory, *Economics in Practice*, 4, 241-271.

[340] Klein, L. R. (1947) The Use of Econometric Models as a Guide to Economic Policy, *Econometrica*, 15, 111-151.

[341] Klein, L. R. (1950) *Economic Fluctuations in the United States* 1921-1941, Cowles Commission Monograph No. 11, New York: Wiley.

[342] Klein, L. R. (1951) The Life of J. M. Keynes, *Journal of Political Economy*, 59, 443-451.

[343] Klein, L. R. (1971) Whither Econometrics, *Journal of the American Statistical Association*, 66, 415-421.

[344] Kling, A. (2010) Macroeconometrics: The Lost History, Unpublished Paper. http://arnoldkling.com/essays/macroeconometrics.doc (accessed 3 July 2016).

[345] Kling, A. (2011) Macroeconometrics: The Science of Hubris, *Critical Review*, 23, 123-133.

[346] Klüppelberg, C., Lindner, A. and Maller, R. (2004) A Continuous Time GARCH Process Driven by a Lévy Process: Stationarity and Second Order Behaviour, *Journal of Applied Probability*, 41, 601-622.

[347] Knetsch, T. A. (2007) Forecasting the Price of Crude Oil via Convenience Yield Prediction, *Journal of Forecasting*, 26, 273-306.

[348] Kodres, L. E. (1993) Test of Unbiasedness in Foreign Exchange Futures Markets: An Examination of Price Limits and Conditional Heteroskedasticity, *Journal of Business*, 66, 463-490.

[349] Kolluri, B. R., Panik, M. J. and Wahab, M. S. (2000) Government Expenditure and Economic Growth: Evidence from G7 Countries, *Applied Economics*, 32, 1059-1068.

[350] Koop, G., Leon-Gonzalez, R. and Strachan, R. W. (2011) Bayesian Inference in a Time Varying Cointegration Model, *Journal of Econometrics*,

165, 210-220.

[351] Koopmans, T. C. (1937) *Linear Regression Analysis of Economic Time Series*, Haarlem: De Erven F. Bohn for the Netherlands Economic Institute.

[352] Koopmans, T. C. (1949) Identification Problems in Economic Model Construction, *Econometrica*, 17, 125-144.

[353] Koopmans, T. C. (ed.) (1950) *Statistical Inference in Dynamic Economic Models*, Cowles Commission Monograph No. 10, New York: Wiley.

[354] Koopmans, T. C., Rubin, H. and Leipnik, R. B. (1950) Measuring the Equation Systems of Dynamic Economics, in T. C. Koopmans (ed.) *Statistical Inference in Dynamic Economic Models*, Cowles Commission Monograph No. 10, New York: Wiley, 54-237.

[355] Kourlas, J. (2012) Lessons Not Learned From the Housing Crisis, *The Atlas Society*, 12 April.

[356] Koutsoyiannis, A. (1977) *Theory of Econometrics: An Introductory Exposition of Econometric Methods*, London: Macmillan.

[357] Koyck, L. M. (1954) *Distributed Lags and Investment Analysis*, Amsterdam: North-Holland.

[358] Krämer, H. M. (2011) Bowley's Law: The Diffusion of an Empirical Supposition into Economic Theory, *Papers in Political Economy*, 61, 19-49.

[359] Kremers, J. J. M., Ericsson, N. R. and Dolado, J. J. (1992) The Power of Cointegration Tests, *Oxford Bulletin of Economics and Statistics*, 54, 325-348.

[360] Kroner, K. F. and Sultan, J. (1993) Time-Varying Distributions and Dynamic Hedging with Foreign Currency Futures, *Journal of Financial and Quantitative Analysis*, 28, 535-551.

[361] Krugman, P. (2009) How Did Economists Get it So Wrong, *New York Times Magazine*, September 6. http://www.nytimes.com/2009/09/06/magazine/06Economic-t.html (accessed April 9, 2016).

[362] Krugman, P. (2015) Demand Creates its Own Supply, *New York Times*, 3 November.

[363] Kuersteiner, G. M. (2012) Kernel-Weighted GMM Estimators for Linear Time Series Models, *Journal of Econometrics*, 170, 399-421.

[364] Kumar, M. (1992) The Forecasting Accuracy of Crude Oil Futures Prices,

IMF Staff Papers, 39, 432-461.

[365] Kumar, S., Webber, D. and Fargher, S. (2010) Wagner's Law Revisited: Cointegration and Causality Tests for New Zealand, Department of Business Economics, Auckland University of Technology.

[366] Kydland, F. E. and Prescott, E. C. (1996) The Computational Experiment: An Econometric Tool, *Journal of Economic Perspectives*, 10, 69-85.

[367] Laffont, J. J., Ossard, H. and Vuong, Q. (1995) Econometrics of First-Price Auctions, *Econometrica*, 63, 953-980.

[368] Lasak, K. (2010) Likelihood Based Testing for no Fractional Cointegration, *Journal of Econometrics*, 158, 67-77.

[369] Lavoie, M. (2000) A Post Keynesian View of Interest Parity Theorems, *Journal of Post Keynesian Economics*, 23, 163-179.

[370] Lawson, T. (2015) *Essays on the Nature and State of Modern Economics*, London: Routledge.

[371] Leamer, E. (1978) *Specification Searches: Ad Hoc Inference with Nonexperimental Data*, New York: John Wiley.

[372] Leamer, E. (1983) Let's Take the Con out of Econometrics, *American Economic Review*, 73, 31-43.

[373] Leamer, E. and Leonard, H. (1983) Reporting the Fragility of Regression Estimates, *Review of Economics and Statistics*, 65, 307-317.

[374] LeBaron, B. (1992) Some Relations between Volatility and Serial Correlation in Stock Market Returns, *Journal of Business*, 65, 199-219.

[375] Ledoit, O., Santa-Clara, P. and Wolf, M. (2003) Flexible Multivariate GARCH Modeling with an Application to International Stock Markets, *Review of Economics and Statistics*, 85, 735-747.

[376] Lee, J. and Robinson, P. M. (2015) Panel Nonparametric Regression with Fixed Effects, *Journal of Econometrics*, 188, 346-362.

[377] Lee, S. and Taniguchi, M. (2005) Asymptotic Theory for ARCH-SM Models: LAN and Residual Empirical Processes, *Statistica Sinica*, 15, 215-234.

[378] Lee, T. H. (1994) Spread and Volatility in Spot and Forward Exchange Rates, *Journal of International Money and Finance*, 13, 375-382.

[379] Lenoir, M. (1913) *Etudes sur la formation et le mouvement des prix*, Paris: Giard et Brière.

[380] Leonard, J. (2014) Torture the Data, and it will Confess to Anything. https://www.linkedin.com/pulse/20140908144907-4149707--torture-thedata-and-it-will-confess-to-anything-ronald-coase (accessed 26 April 2016).

[381] Leontief, W. (1971) Theoretical Assumptions and Nonobserved Facts, *American Economic Review*, 61, 1-7.

[382] Levin, A., Lin, C. and Chu, C. J. (2002) Unit Root Tests in Panel Data: Asymptotic and Finite Sample Properties, *Journal of Econometrics*, 108, 1-24.

[383] Levine, D. K. (2012) Why Economists are Right: Rational Expectations and the Uncertainty Principle in Economics, *Huffington Post*, 26 January.

[384] Levinovitz, A. J. (2016) The New Astrology. https://aeon.co/essays/how-economists-rode-maths-to-become-our-era-s-astrologers (accessed 11 September 2018).

[385] Li, C. W. and Li, W. K. (1996) On a Double Threshold Autoregressive Heteroskedastic Time Series Model, *Journal of Applied Econometrics*, 11, 253-274.

[386] Li, M., Li, W. K. and Li, G. (2015) A New Hyperbolic GARCH Model, *Journal of Econometrics*, 189, 428-436.

[387] Li, K., Yue, H. and Zhao, L. (2009) Ownership, Institutions, and Capital Structure: Evidence from China, *Journal of Comparative Economics*, 37, 471-490.

[388] Lien, D. D. (1996) The Effect of the Cointegration Relationship on Futures Hedging: A Note, *Journal of Futures Markets*, 16, 773-780.

[389] Lin, J. L. and Tsay, R. S. (1996) Cointegration Constraint and Forecasting: An Empirical Examination, *Journal of Applied Econometrics*, 11, 519-538.

[390] Lin, Z. and Brannigan, A. (2003) Advances in the Analysis of Non-Stationary Time Series: An Illustration of Cointegration and Error Correction Methods in Research on Crime and Immigration, *Quality and Quantity*, 37, 151-168.

[391] Litterman, R. B. (1985) Forecasting with Bayesian Vector Autoregressions: Five Years of Experience, *Journal of Business and Economic Statistics*, 4, 25-38.

[392] Liu, S. M. and Brorsen, B. W. (1995) Maximum Likelihood Estimation of a GARCH Stable Model, *Journal of Applied Econometrics*, 10, 272-285.

[393] Liu, Y., Ren, J. and Zhuang, Y. (2009) An Empirical Analysis on the Capital Structure of Chinese Listed IT Companies, *International Journal of Business and Management*, 4, 46-51.

[394] Lopez-Iturriaga, F. J. and Rodriguez-Sanz, J. A. (2008) Capital Structure and Institutional Setting: A Decompositional and International Analysis, *Applied Economics*, 40, 1851-1864.

[395] Lott, J. (2000) *More Guns, Less Crime: Understanding Crime and Gun Control Laws*, Chicago: University of Chicago Press.

[396] Lott, J. and Mustard, D. (1997) Crime, Deterrence and the Right to Carry Concealed Handguns, *Journal of Legal Studies*, 26, 1-68.

[397] Lubik, T. A. and Surico, P. (2006) The Lucas Critique and the Stability of Empirical Models, Federal Reserve Bank of Richmond, Working Papers, No. 06-05.

[398] Lucas, R. E. (1976) Econometric Policy Evaluation: A Critique, *Carnegie Rochester Conference Series on Public Policy*, 1, 19-46.

[399] Lucas, R. E. and Sargent, T. J. (eds) (1981) *Rational Expectations and Econometric Practice*, London: Allen and Unwin.

[400] Lyttkens, E. (1970) Symmetric and Asymmetric Estimation Methods, in E. Mosback and H. Wold (eds) *Interdependent Systems*, Amsterdam: North-Holland, 434-459.

[401] Ma, C. (1989) Forecasting Efficiency of Energy Futures Prices, *Journal of Futures Markets*, 9, 393-419.

[402] Maddala, G. S. (1983) *Limited Dependent and Qualitative Variables in Econometrics*, Cambridge: Cambridge University Press.

[403] Maddala, G. S. (1986) Disequilibrium, Self-Selection, and Switching Models, in Z. Griliches and M. D. Intriligator (eds) *Handbook of Econometrics*, Vol. 3, Amsterdam: North-Holland, 1633-1688.

[404] Maddala, G. S. (1999) Econometrics in the 21st Century, in C. R. Rao

and R. Szekeley (eds) *Statistics for the 21st Century*, New York: Marcel Dekker, 265-284.

[405] Magableh, M. A. (2006) A Theoretical and Empirical Analysis of the Wagner Hypothesis of Public Expenditure Growth, PhD Thesis, School of Economics and Finance, University of Western Sydney.

[406] Magnus, J. R. (1999) The Success Of Econometrics, *De Economist*, 147, 55-71.

[407] Maharaj, E. A, Moosa, I. A., Dark, J. and Silvapulle, P. (2008) Wavelet Estimation of Asymmetric Hedge Ratios: Does Econometric Sophistication Boost Hedging Effectiveness? *International Journal of Business and Economics*, 7, 213-230.

[408] Maheu, J. M. and McCurdy, T. H. (2004) News Arrival, Jump Dynamics, and Volatility Components for Individual Stock Returns, *Journal of Finance*, 59, 755-793.

[409] Malinvaud, E. (1966) *Statistical Methods of Econometrics*, Amsterdam: North-Holland.

[410] Malliaris, A. G. and Urrutia, J. L. (1992) The International Crash of October 1987: Causality Tests, *Journal of Financial and Quantitative Analysis*, 27, 353-364.

[411] Manski, C. F. (1975) Maximum Score Estimation of the Stochastic Utility Model of Choice, *Journal of Econometrics*, 3, 205-228.

[412] Manski, C. F. (1985) Semiparametric Analysis of Discrete Response: Asymptotic Properties of the Maximum Score Estimator, *Journal of Econometrics*, 27, 313-334.

[413] Manski, C. F. (1995) *Identification Problems in the Social Sciences*, Cambridge (MA): Harvard University Press.

[414] Manski, C. F. (2003) *Partial Identification of Probability Distributions*, New York: Springer.

[415] Manski, C. F. and McFadden, D. (1981) *Structural Analysis of Discrete Data with Econometric Applications*, Cambridge (MA): MIT Press.

[416] Mason, P. M., Steagall, J. W. and Fabritiust, M. M. (1992) Publication Delays in Articles in Economics: What to Do about Them?, *Applied Economics*, 24, 859-874.

[417] Mathur, T. and Subrahmanyam, V. (1990) Interdependencies among the Nordic and US Stock Markets, *Scandinavian Journal of Economics*, 92, 587-597.

[418] Matzkin, R. L. (2015) Estimation of Nonparametric Models with Simultaneity, *Econometrica*, 83, 1-66.

[419] McAleer, M. (1994) Sherlock Holmes and the Search for Truth: A Diagnostic Tale, *Journal of Economic Surveys*, 8, 317-370.

[420] McAleer, M., Pagan, A. R. and Volker, P. A. (1985) What will Take the Con out of Econometrics? *American Economic Review*, 75, 293-307.

[421] McCloskey, D. N. (1985) The Loss Function has beenMislaid: the Rhetoric of Significance Tests, *American Economic Review*, 75, 201-205.

[422] McCloskey, D. N. (1998) *The Rhetoric of Economics*, Madison (WI): University of Wisconsin Press.

[423] McCulloch, J. H. (1985) Interest-Risk Sensitive Deposit Insurance Premia: Stable ARCH Estimates, *Journal of Banking and Finance*, 9, 137-156.

[424] McFadden, D. (1989) A Method of Simulated Moments for Estimation of Multinomial Probits without Numerical Integration, *Econometrica*, 57, 995-1026.

[425] McNeil, A. J. and Frey, R. (2000) Estimation of Tail-Related Risk Measures for Heteroskedastic Financial Time Series: An Extreme Value Approach, *Journal of Empirical Finance*, 7, 271-300.

[426] McWilliams, A. and Siegel, D. (2001) Corporate Social Responsibility: A Theory of the Firm Perspective, *Academy of Management Review*, 26, 117-127.

[427] Medeiros, M. C. and Veiga, A. (2009) Modeling Multiple Regimes in Financial Volatility with a Flexible Coefficient GARCH (1, 1) Model, *Econometric Theory*, 25, 117-161.

[428] Meese, R. and Rogoff, K. (1983a) Empirical Exchange Rate Models of the Seventies: Do They Fit Out-of-Sample? *Journal of International Economics*, 14, 3-24.

[429] Meese, R. and Rogoff, K. (1983b) The Out-of-Sample Failure of Empirical Exchange Rate Models: Sampling Error or Misspecification?, in J. Frenkel (ed.) *Exchange Rates and International Macroeconomics*, Chicago (IL):

University of Chicago Press, 67-112.

[430] Meyer, B. and Tasci, M. (2012) An Unstable Okun's Law, Not the Best Rule of Thumb, Federal Reserve Bank of Cleveland, *Economic Commentary*, 7 June.

[431] Mihm, S. (2008) Dr Doom, *New York Times Magazine*, 15 August.

[432] Mills, F. C. (1940) Quantification: The Quest for Precision, in L. Wirth (ed.) *Eleven Twenty-Six: A Decade of Social Science Research*, Chicago (IL): University of Chicago Press, 153-193.

[433] Mitchell, W. C. (1928) *Business Cycles: The Problem in its Setting*, New York: National Bureau of Economic Research.

[434] Mitchell, W. C. (1937) *Quantitative Analysis in Economic Theory*, New York: McGraw-Hill.

[435] Mizon, G. (1995) A Simple Message for Autocorrelation Correctors: Don't, *Journal of Econometrics*, 69, 267-288.

[436] Moon, H. R. and Schorfheide, F. (2009) Estimation with Overidentifying Inequality Moment Conditions, *Journal of Econometrics*, 153, 136-154.

[437] Moore, H. L. (1914) *Economic Cycles: Their Law and Cause*, New York: Macmillan.

[438] Moore, H. L. (1917) *Forecasting the Yield and the Price of Cotton*, New York: Macmillan.

[439] Moosa, I. A. (1994) The Monetary Model of Exchange Rates Revisited, *Applied Financial Economics*, 4, 279-287.

[440] Moosa, I. A. (1997) A Cross-Country Comparison of Okun's Coefficient, *Journal of Comparative Economics*, 24, 335-356.

[441] Moosa, I. A. (2000) *Exchange Rate Forecasting: Techniques and Applications*, London: Macmillan.

[442] Moosa, I. A. (2002) *Foreign Direct Investment: Theory, Evidence and Practice*, London: Palgrave.

[443] Moosa, I. A. (2003) The Sensitivity of the Optimal Hedge Ratio to Model Specification, *Finance Letters*, 1, 15-20.

[444] Moosa, I. A. (2004) Is Covered Interest Parity an Arbitrage or a Hedging Condition? *Economia Internazionale*, 57, 189-194.

[445] Moosa, I. A. (2011a) The Failure of Financial Econometrics: Estimation of

the Hedge Ratio as an Illustration, *Journal of Financial Transformation*, 31, 67-72.

[446] Moosa, I. A. (2011b) The Failure of Financial Econometrics: Assessing the Cointegration "Revolution", *Journal of Financial Transformation*, 32, 113-122.

[447] Moosa, I. A. (2011c) Undermining the Case for a Trade War between the US and China, *Economia Internazionale*, 64, 365-388.

[448] Moosa, I. A. (2011d) On the US-Chinese Trade Dispute, *Journal of Post Keynesian Economics*, 34, 85-111.

[449] Moosa, I. A. (2012) The Failure of Financial Econometrics: "Stir-Fry" Regressions as an Illustration, *Journal of Financial Transformation*, 34, 43-50.

[450] Moosa, I. A. (2013) Why is it so Difficult to Outperform the Random Walk in Exchange Rate Forecasting?, *Applied Economics*, 45, 3340-3346.

[451] Moosa, I. A. (2014) Direction Accuracy, Forecasting Error and the Profitability of Currency Trading: Simulation-Based Evidence, *Economia Internazionale*, 68, 413-423.

[452] Moosa, I. A. (2016a) Blaming Suicide on NASA and Divorce on Margarine: the Hazard of Using Cointegration to Derive Inference on Spurious Correlation, *Applied Economics* (Published online, 16 August).

[453] Moosa, I. A. (2016b) Covered Interest Parity: The Untestable Hypothesis, School of Economics, Finance and Marketing, RMIT, Working Paper.

[454] Moosa, I. A. (2016c) Futures Crude Oil Prices as Predictors of Spot Prices: Lessons from the Foreign Exchange Market, School of Economics, Finance and Marketing, RMIT, Working Paper.

[455] Moosa, I. A. and Al-Loughani, N. E (1994) Unbiasedness and Time-Varying Risk Premia in the Crude Oil Futures Market, *Energy Economics*, 16, 99-105.

[456] Moosa, I. A. and Burns, K. (2012) Can Exchange Rate Models Outperform the Random Walk? Magnitude, Direction and Profitability as Criteria, *Economia Internazionale*, 65, 473-490.

[457] Moosa, I. A. and Burns, K. (2014a) Error Correction Modelling and Dynamic Specifications as a Conduit to Outperforming the Random Walk in

Exchange Rate Forecasting, *Applied Economics*, 46, 3107-3118.

[458] Moosa, I. A. and Burns, K. (2014b) A Reappraisal of the Meese-Rogoff Puzzle, *Applied Economics*, 46, 30-40.

[459] Moosa, I. A. and Burns, K. (2014c) The Unbeatable Random Walk in Exchange Rate Forecasting: Reality or Myth? *Journal of Macroeconomics*, 40, 69-81.

[460] Moosa, I. A. and Burns, K. (2015) *Demystifying the Meese-Rogoff Puzzle*, London: Palgrave.

[461] Moosa, I. A. and Cardak, B. A. (2006) The Determinants of Foreign Direct Investment: An Extreme Bounds Analysis, *Journal of Multinational Financial Management*, 16, 199-211.

[462] Moosa, I. A. and Ma, M. (2015) Is the Chinese Currency Undervalued?, *International Journal of Economics*, 9, 81-99.

[463] Moosa, I. A. and Ma, M. (2017) Linear and Nonlinear Attractors in Purchasing Power Parity, School of Economics, Finance and Marketing, *Economia Internazionale* (forthcoming).

[464] Moosa, I. A. and Vaz, J. J. (2015) Why is it so Difficult to Outperform the Random Walk? An Application of the Meese-Rogoff Puzzle to Stock Prices, *Applied Economics*, 47, 398-407.

[465] Moosa, I. A. and Vaz, J. J. (2016a) Cointegration as an Explanation for the Meese-Rogoff Puzzle, *Applied Economics*, 48, 4201-4209.

[466] Moosa, I. A. and Vaz, J. J. (2016b) Cointegration, Error Correction and Exchange Rate Forecasting, *Journal of International Financial Markets, Institutions and Money*, 44, 21-34.

[467] Moosa, I. A., Li, L. and Naughton, T. (2011) Robust and Fragile Determinants of the Capital Structure of Chinese Firms, *Applied Financial Economics*, 21, 1331-1343.

[468] Müller, U. A. and Watson, M. W. (2008) Testing Models of Low-Frequency Variability, *Econometrica*, 76, 979-1016.

[469] Müller, U. A., Dacorogna, M. M., Davé, R. D. Olsen, R. B., Puctet, O. V. and von Weizsäcker, J. (1997) Volatilities of Different Time Resolutions-Analyzing the Dynamics of Market Components, *Journal of Empirical Finance*, 4, 213-239.

[470] Mundlak, Y. (1961) Empirical Production Function Free of Management Bias, *Journal of Farm Economics*, 43, 44-56.

[471] Mundlak, Y. (1978) On the Pooling of Time Series and Cross Section Data, *Econometrica*, 46, 69-85.

[472] Murphy, R. P. (2002) Econometrics: A Strange Process, *Mises Daily Articles*, 15 July. https://mises.org/library/econometrics-strange-process (accessed 26 April 2016).

[473] Musgrave, R. A. and Peacock, A. T. (1958) *Classics in the Theory of Public Finance*, London: Macmillan.

[474] Myers, S. and Majluf, N. S. (1984) Corporate Financing and Investment Decisions when Firms have Information that Investors Do not Have, *Journal of Financial Economics*, 13, 187-221.

[475] Nam, K., Pyun, C. S. and Arize, A. C. (2002) Asymmetric Mean-Reversion and Contrarian Profits: ANST-GARCH Approach, *Journal of Empirical Finance*, 9, 563-588.

[476] Nassar, I. A., Almsafir, M. K. and Al-Mahrouq, M. H. (2014) The Validity of Gibrat's Law in Developed and Developing Countries (2008-2013): Comparison Based Assessment, *Social and Behavioral Sciences*, 129, 266-273.

[477] Neely, C. and Sarno, L. (2002) How Well Do Monetary Fundamentals Forecast Exchange Rates, *Economic Review of the Federal Reserve Bank of St. Louis*, September, 51-74.

[478] Neftci, S. N. (1984) Are Economic Time Series Asymmetric over the Business Cycle? *Journal of Political Economy*, 92, 307-318.

[479] Nelson, D. B. (1991) Conditional Heteroskedasticity in Asset Returns: A New Approach, *Econometrica*, 59, 347-370.

[480] Nelson, D. B. (1996) Asymptotically Optimal Smoothing with ARCH Models, *Econometrica*, 64, 561-573.

[481] Nelson, R. H. (2001) *Economics as Religion: From Samuelson to Chicago and Beyond*, State College (PA): Penn State University Press.

[482] Nerlove, M. (1958a) Adaptive Expectations and the Cobweb Phenomena, *Quarterly Journal of Economics*, 72, 227-240.

[483] Nerlove, M. (1958b) *Distributed Lags and Demand Analysis*, USDA,

Agriculture Handbook No. 141, Washington, DC.

[484] Nevo, A. and Whinston, M. D. (2010) Taking the Dogma out of Econometrics: Structural Modeling and Credible Inference, *Journal of Economic Perspectives*, 24, 69-82.

[485] Nocera, J. (2009) Poking Holes in a Theory on Markets, *New York Times*, 5 June.

[486] Noureldin, D., Shephard, N. and Sheppard, K. (2014) Multivariate Rotated ARCH Models, *Journal of Econometrics*, 179, 16-30.

[487] Nowicka-Zagrajek J. and Weron, A. (2001) Dependence Structure of Stable R-GARCH Processes, *Probability and Mathematical Statistics*, 21, 371-380.

[488] Nyblom, J. (1989) Testing for the Constancy of Parameters over Time, *Journal of the American Statistical Association*, 84, 223-230.

[489] Okui, R. (2011) Instrumental Variable Estimation in the Presence of Many Moment Conditions, *Journal of Econometrics*, 165, 70-86.

[490] Okun, A. (1962) Potential GNP: Its Measurement and Significance, *Proceedings of the Business and Economic Statistics Section of the American Statistical Association*, 89-104.

[491] Orcutt, G. H. (1948) A Study of the Autoregressive Nature of the Time Series Used for Tinbergen's Model of the Economic System of the United States, 1919-1932, *Journal of the Royal Statistical Society*, Series B, 10, 1-45.

[492] Pagan, A. R. (1984) Econometric Issues in the Analysis of Regressions with Generated Regressors, *International Economic Review*, 25, 221-247.

[493] Pagan, A. R. (1987) Twenty Years After: Econometrics, 1966-1986, Paper presented at CORE's 20th Anniversary Conference, Louvain-la-Neuve.

[494] Pakes, A. and Pollard, D. (1989) Simulation and the Asymptotics of Optimization Estimators, *Econometrica*, 57, 5 1027-1058.

[495] Palley, T. I. (1993) Okun's Law and the Asymmetric and Changing Cyclical Behaviour of the USA Economy, *International Review of Applied Economics*, 7, 144-162.

[496] Park, B. J. (2002) An Outlier Robust GARCH Model and Forecasting Volatility of Exchange Rate Returns, *Journal of Forecasting*, 21, 381-393.

[497] Passell, P. and Taylor, J. B. (1977) The Deterrent Effect of Capital Punishment: Another View, *American Economic Review*, 67, 445-451.

[498] Patinkin, D. (1976) Keynes and Econometrics: On the Interaction between the Macroeconomics Revolutions in the Interwar Period, *Econometrica*, 44, 1091-1123.

[499] Pesaran, B. and Pesaran, M. H. (2009) *Time Series Econometrics: Using Microfit 5. 0*, Oxford: Oxford University Press.

[500] Pesaran, M. H. (1990) Econometrics, in J. Eatwell, M. Milgate and P. Newman (eds) *The New Palgrave: Econometrics*, New York: Norton, 25-26.

[501] Pesaran, M. H. and Shin, Y. (1995) Long Run Structural Modelling, Working Paper, University of Cambridge.

[502] Pesaran, M. H. and Shin, Y. (1996) Cointegration and the Speed of Convergence to Equilibrium, *Journal of Econometrics*, 71, 117-143.

[503] Pesaran, M. H. and Smith, R. (1985) Keynes on Econometrics, in T. Lawson and M. H. Pesaran (eds) *Keynes' Economics: Methodological Issues*, London: Croom Helm, 134-150.

[504] Pesaran, M. H. and Smith, L. V. (2013) Panel Unit Root Tests in the Presence of a Multifactor Error Structure, *Journal of Econometrics*, 175, 94-115.

[505] Pesaran, M. H. and Timmermann, A. (2005) Small Sample Properties of Forecasts from Autoregressive Models under Structural Breaks, *Journal of Econometrics*, 129, 183-217.

[506] Pesaran, M. H. and Timmermann, A. (2007) Model Instability and Choice of Observation Window, *Journal of Econometrics*, 137, 134-161.

[507] Pesaran, M. H. and Weeks, M. (2001) Non-Nested Hypothesis Testing: An Overview, in B. H. Baltagi (ed.) *Companion to Theoretical Econometrics*, Oxford: Basil Blackwell, 279-309.

[508] Pesaran, M. H., Schuermann, T. and Smith, V. (2009) Forecasting Economic and Financial Variables with Global VARs, *International Journal of Forecasting*, 25, 642-675.

[509] Pesaran, M. H., Shin, Y. and Smith, R. J. (2001) Bounds Testing Approaches to the Analysis of Level Relationships, *Journal of Applied*

Econometrics, 16, 289-326.

[510] Phillips, P. C. B. (1983) Exact Small Sample Theory in the Simultaneous Equations Model, in Z. Griliches and M. D. Intrilgator (eds) *Handbook of Econometrics*, Vol. 1, Amsterdam: North-Holland, 449-516.

[511] Phillips, P. C. B. (1986) Understanding Spurious Regression in Econometrics, *Journal of Econometrics*, 33, 311-340.

[512] Phillips, P. C. B. (1991) Optimal Inference in Cointegrated Systems, *Econometrica*, 59, 283-306.

[513] Phillips, P. C. B. and Hansen, B. E. (1990) Statistical Inference in Instrumental Variables Regression withI (1) Processes, *Review of Economic Studies*, 57, 99-125.

[514] Pollock, S. (2014) Econometrics: An Historical Guide for the Uninitiated, University of Leicester, Department of Economics, Working Paper No. 14/05.

[515] Powell, J. L. (1984) Least Absolute Deviations Estimation for the Censored Regression Model, *Journal of Econometrics*, 25, 303-325.

[516] Powell, J. L. (1986) Censored Regression Quantiles, *Journal of Econometrics*, 32, 143-155.

[517] Powell, J. L. (1994) Estimation of Semiparametric Models, in R. F. Engle and D. McFadden (eds) *Handbook of Econometrics*, Vol. 4, Amsterdam: North Holland, 2443-2521.

[518] Prachowny, M. F. J. (1993) Okun's Law: Theoretical Foundations and Revised Estimates, *Review of Economics and Statistics*, 75, 331-336.

[519] Prasad, S. J., Green, C. J., and Murinde, V. (2001) Company Financing, Capital Structure, and Ownership: A Survey and Implications for Developing Economies, *SUERF Studies*, No. 12, February.

[520] Qian, Y., Tian, Y. and Wirjanto, T. S. (2009) Do Chinese Publicly Listed Companies Adjust their Capital StructureToward a Target Level? *China Economic Review*, 20, 662-676.

[521] Quan, J. (1992) Two-Step Testing Procedure for Price Discovery Role of Futures Prices, *Journal of Futures Markets*, 12, 139-149.

[522] Quandt, R. E. (1982) Econometric Disequilibrium Models, *Econometric Reviews*, 1, 1-63.

[523] Ram, R. (1987) Wagner's Hypothesis in Time-Series and Cross-Section Perspectives: Evidence from "Real" Data for 115 Countries, *Review of Economics and Statistics*, 69, 194-204.

[524] Ramsey, J. B. (1969) Tests for Specification Errors in Classical Linear Least Squares Regression Analysis, *Journal of the Royal Statistical Society*, Series B, 31, 350-371.

[525] Rashid, S. (2007) The "Law" of One Price: Implausible, yet Consequential, *Quarterly Journal of Austrian Economics*, 10, 79-90.

[526] Reiersol, O. (1941) Confluence Analysis by Means of Lag Moments and other Methods of Confluence Analysis, *Econometrica*, 9, 1-24.

[527] Reiersol, O. (1945) *Confluence Analysis by Means of Instrumental Sets of Variables*, Stockholm: Almqvist and Wiksells Boktryckeri.

[528] Reimers, H. E. (1991) Comparison of Tests for Multivariate Cointegration, Christian-Alberchts University, Discussion Paper No. 58.

[529] Relander, P. (2011) Gibrat's Law Revisited - A Study on Gibrat's Law with Models of Industry Dynamics, Department of Economics, Aalto University. http://epub.lib.aalto.fi/en/ethesis/pdf/12487/hse_ethesis_12487.pdf (accessed 15 May 2016).

[530] Rigobon, R. (2002) The Curse of Non-Investment Grade Countries, *Journal of Development Economics*, 69, 423-449.

[531] Ritholtz, B. (2009) The Hubris of Economics, *EconoMonitor*, 4 November. http://www.economonitor.com/blog/2009/11/the-hubris-of-economics/ (accessed 4 June 2016).

[532] Robinson, P. M. (1991) Testing for Strong Serial Correlation and Dynamic Conditional Heteroskedasticity in Multiple Regression, *Journal of Econometrics*, 47, 67-84.

[533] Rogoff, K., Froot, K. A. and Kim, M. (2001) The Law of One Price over 700 Years, IMF Working Papers, No. WP/01/174.

[534] Rolnick, A. J. and Weber, W. E. (1986) Gresham's Law or Gresham's Fallacy, *Journal of Political Economy*, 94, 185-199.

[535] Romer, C. and Bernstein, J. (2009) The Job Impact of the American Recovery and Reinvestment Plan, 9 January. http://otrans.3cdn.net/45593e8ecbd339d074_l3m6bt1te.pdf (accessed 17 August 2016).

[536] Romer, P. M. (2015) Mathiness in the Theory of Economic Growth, *American Economic Review*, 105, 89-93.

[537] Rothenberg, T. J. (1984) Approximating the Distributions of Econometric Estimators and Test Statistics, in Z. Griliches and M. D. Intriligator (eds) *Handbook of Econometrics*, Vol. 2, Amsterdam: North-Holland, 881-935.

[538] Rothman, P. (1991) Further Evidence on the Asymmetric Behaviour of Unemployment Rates over the Business Cycle, *Journal of Macroeconomics*, 13, 291-298.

[539] Rowley, R. (1988) The Keynes-Tinbergen Exchange in Retrospect, in O. F. Hamouda and J. N. Smithin (eds) *Keynes and Public Policy after Fifty Years*, Vol. 2, Aldershot, UK and Brookfield (VT): Edward Elgar Publishing, 23-31.

[540] Samii, M. V. (1992) Oil Futures and Spot Markets, *OPEC Review*, 4, 409-417.

[541] Samuels, J. M. (1965) Size and the Growth of Firms, *Review of Economic Studies*, 32, 105-112.

[542] Samuelson, P. A. (1946) Lord Keynes and the General Theory, *Econometrica*, 14, 187-200.

[543] Samuelson, P. A. (1947) *Foundations of Economic Analysis*, Cambridge (MA): Harvard University Press.

[544] Samuelson, P. A. (1952) Economic Theory and Mathematics: An Appraisal, *American Economic Review*, 42 (Papers and Proceedings), 56-66.

[545] Samuelson, P. A. (1965) Proof that Properly Anticipated Prices Fluctuate Randomly, *Industrial Management Review*, 6, 41-49.

[546] Samuelson, P. A., Koopmans T. C. and Stone, R. (1954) Report of the Evaluative Committee for Econometrica, *Econometrica*, 22, 141-146.

[547] Samuelson, R. J. (2011) Reckless Optimism, *Claremont Review of Books*. http://www.claremont.org/crb/article/reckless-optimism/ (accessed 27 May 2017).

[548] Sargan, J. D. (1958) The Estimation of Economic Relationships Using Instrumental Variables, *Econometrica*, 26, 393-415.

[549] Sargan, J. D. (1964) Wages and Prices in the United Kingdom: A Study in

Econometric Methodology, in P. E. Hart, G. Mills and J. K. Whitaker (eds) *Econometric Analysis for National Economic Planning*, London: Butterworths, 25-63.

[550] Sargent, T. J. and Wallace, N. (1976) Rational Expectations and the Theory of Economic Policy, *Journal of Monetary Economics*, 2, 169-183.

[551] Savin, N. E. (1973) Systems k-Class Estimators, *Econometrica*, 41, 1125-1136.

[552] Say, J. B. (1834) *A Treatise on Political Economy*, Philadelphia (PA): Grigg and Elliot.

[553] Scarpa, E. and Manera, M. (2006) Pricing and Hedging: An Application to the JCC Index, Working Paper 130. 2006, Nota Dilavoro.

[554] Schinasi, G. J. and Swamy, P. A. (1989) The Out-of-Sample Forecasting Performance of Exchange Rate Models when Coefficients are Allowed to Change, *Journal of International Money and Finance*, 8, 375-390.

[555] Schmidt, A. D. (2008) Pairs Trading: A Cointegration Approach, Honours Thesis, University of Sydney. http://ses.library.usyd.edu.au/bitstream/2123/4072/1/Thesis_Schmidt.pdf (accessed 7 September 2016).

[556] Schneider, E. (1952) Okonometrie, *Weltwirtschaftliches Archiv*, 68, 59-70.

[557] Scholes, M. and Williams, J. (1977) Estimating Betas for Nonsynchronous Data, *Journal of Financial Economics*, 5, 309-327.

[558] Schultz, H. (1938) *The Theory and Measurement of Demand*, Chicago (IL): University of Chicago Press.

[559] Schumpeter, J. A. (1954) *History of Economic Analysis*, London: Allen and Unwin.

[560] Schumpeter, J. A. (1978) Economic Methodology, in F. Machlup (ed.) *Methodology of Economics and Other Social Sciences*, New York: Academic Press, 461-474.

[561] Schwert, G. W. (1989) Why Does Stock Market Volatility Change Over Time?, *Journal of Finance*, 44, 1115-1153.

[562] Schwert, G. W. (1990) Stock Volatility and the Crash of '87, *Review of Financial Studies*, 3, 77-102.

[563] Sellin, T. (1959) *The Death Penalty*, Philadelphia (PA): American Law Institute.

[564] Sentana, E. (1995) Quadratic ARCH Models, *Review of Economic Studies*, 62, 639-661.

[565] Serletis, A. (1991) Rational Expectations, Risk and Efficiency in Energy Futures Markets, *Energy Economics*, 13, 11-115.

[566] Serletis, A. and Banack, D. (1990) Market Efficiency and Cointegration: An Application to Petroleum Markets, *Review of Futures Markets*, 9, 373-385.

[567] Shen, G. (2008) The Determinants of Capital Structure in Chinese Listed Companies, PhD Thesis, University of Ballarat.

[568] Shiller, R. J. (2007) Bubble Trouble, *Project Syndicate*, 7 July.

[569] Shojai, S. (2009) Economists' Hubris: The Case of Mergers and Acquisitions, *Journal of Financial Transformation*, 26, 4-12.

[570] Shojai, S. and Feiger, G. (2009) Economists' Hubris: The Case of Asset Pricing, *Journal of Financial Transformation*, 27, 9-13.

[571] Shojai, S. and Feiger, G. (2010) Economists' Hubris: The Case of Risk Management, *Journal of Financial Transformation*, 28, 25-35.

[572] Shojai, S., Feiger, G. and Kumar, R. (2010) Economists' Hubris: The Case of Equity Asset Management, *Journal of Financial Transformation*, 29, 9-16.

[573] Sideris, D. (2007) Wagner's Law in 19th Century Greece: A Cointegration and Causality Analysis, Bank of Greece Working Papers, No. 64.

[574] Sills, D. L. and Merton, R. K. (2000) *Social Science Quotations: Who Said What, When and Where*, New Brunswick (NJ): Transaction Publishers.

[575] Sims, C. A. (1972) Money, Income and Causality, *American Economic Review*, 62, 540-552.

[576] Sims, C. A. (1980) Macroeconomics and Reality, *Econometrica*, 48, 1-48.

[577] Sims, C. A. (1982) Policy Analysis with Econometric Models, *Brookings Papers on Economic Activity*, 1, 107-164.

[578] Sinha, D. (2007) Does Wagner's Law hold for Thailand? A Time Series

Study. http://econpapers.repec.org/paper/pramprapa/2560.htm (accessed 12 February 2016).

[579] Smets, F. and Wouters, R. (2003) An Estimated Stochastic Dynamic General Equilibrium Model of the Euro Area, *Journal of the European Economic Association*, 1, 1123-1175.

[580] Smith, Y. (2010) *Econned: How Unenlightened Self Interest Undermined Democracy and Corrupted Capitalism*, New York: Palgrave Macmillan.

[581] Solow, R. M. (1960) On a Family of Lag Distributions, *Econometrica*, 28, 393-406.

[582] Solow, R. M. (1988) The Wide, Wide WorldOf Wealth, in J. Eatwell and M. Milgate (eds) *The New Palgrave: A Dictionary of Economics*, New York: Stockton Press, 3251-3252.

[583] Soros, G. (2008) The Worst Market Crisis in 60 Years, *Financial Times*, 22 January.

[584] Spanos, A. (1986) *Statistical Foundations of Econometric Modelling*, Cambridge (MA): MIT University Press.

[585] Srivastava, V. K. (1971) Three-Stage Least-Squares and Generalized Double k-Class Estimators: A Mathematical Relationship, *International Economic Review*, 12, 312-316.

[586] Stigler, G. J. (1939) The Limitations of Statistical Demand Curves, *Journal of the American Statistical Association*, 34, 469-481.

[587] Stigler, G. J. (1962) Henry L. Moore and Statistical Economics, *Econometrica*, 30, 1-21.

[588] Stigler, G. J., Stephen, J., Stigler, M. and Friedland, C. (1995) The Journals of Economics, *Journal of Political Economy*, 103, 331-359.

[589] Stock, J. H. and Watson, M. W. (1996) Evidence on Structural Instability in Macroeconomic Time Series Relations, *Journal of Business and Economic Statistics*, 14, 11-30.

[590] Stock, J. H., Wright, J. H. and Yogo, M. (2002) A Survey of Weak Instruments and Weak Identification in Generalized Method of Moments, *Journal of Business and Economic Statistics*, 20, 518-529.

[591] Stone, R. (1945) The Analysis of Market Demand, *Journal of the Royal*

Statistical Society, Series A, 108, 286-382.

[592] Stone, R. (1978) Keynes, Political Arithmetic and Econometrics, *Proceedings of the British Academy*, Vol. 64, Oxford: Oxford University Press.

[593] Strachan R. W. and van Dijk, H. K. (2006) Model Uncertainty and Bayesian Model Averaging in Vector Autoregressive Processes, Discussion Papers in Economics, No. 06/5, Department of Economics, University of Leicester.

[594] Stroe-Kunold, E. and Werner, J. (2009) A Drunk and her Dog: A Spurious Relation? Cointegration Tests as Instruments to Detect Spurious Correlations between Integrated Time Series, *Quality and Quantity*, 43, 913-940.

[595] Summers, L. (1991) The Scientific Illusion in Empirical Macroeconomics, *Scandinavian Journal of Economics*, 93, 129-148.

[596] Sutter, D and Pjesky, R. (2007) Where Would Adam Smith Publish Today? The Near Absence of Math-Free Research in Top Journals, *Economics in Practice*, 4, 230-240.

[597] Swamy, P. A. (1970) Efficient Inference in a Random Coefficient Regression Model, *Econometrica*, 38, 311-323.

[598] Swanson, N. R. (2002) Comments on "A Vector Error-Correction Forecasting Model of the US Economy", *Journal of Macroeconomics*, 24, 599-606.

[599] Syll, L. P. (2012a) David K Levine is Totally Wrong on the Rational Expectations Hypothesis, 14 February. https://rwer.wordpress.com/2012/02/16/david-k-levine-is-totally-wrong-on-the-rational-expectationshypothesis/ (accessed 14 May 2016).

[600] Syll, L. P. (2012b) Keynes's Critique of Econometrics, 4 July. https://larspsyll.wordpress.com/2012/07/04/keyness-critique-of-econometrics/ (accessed 14 May 2016).

[601] Syll, L. P. (2012c) Randomization is a Poor Substitute for Real Science, 3 July. https://larspsyll.wordpress.com/2012/07/03/randomization-is-apoor-substitute-for-real-science/ (accessed 14 May 2016).

[602] Syll, L. P. (2012d) Probabilistic Econometrics-Science without Foundations

(part I), 21 February. https://larspsyll. wordpress. com/2012/02/21/probabilistic-econometrics-science-without-foundations-part-i/ (accessed 14 May 2016).

[603] Taleb, N. N. (2009) Ten Principles for a Black Swan Proof World, *Financial Times*, 7 April. http://www. ft. com/cms/s/0/5d5aa24e-23a4-11de-996a-00144feabdc0. html # axzz360kcijDN (accessed 8 February 2016).

[604] Tawadros, G. (2001) The Predictive Power of the Monetary Model of Exchange Rate Determination, *Applied Financial Economics*, 11, 279-286.

[605] Taylor, M. P. (1988) An Empirical Examination of Long-Run Purchasing Power Parity Using Cointegration Techniques, *Applied Economics*, 20, 1369-1381.

[606] Taylor, M. P. (1995) The Economics of Exchange Rates, *Journal of Economic Literature*, 33, 13-47.

[607] Taylor, M. P. and Tonks, I. (1989) The Internationalisation of Stock Markets and the Abolition of UK Exchange Control, *Review of Economics and Statistics*, 71, 332-336.

[608] Taylor, S. J. (1986) *Modeling Financial Time Series*, Chichester: Wiley.

[609] The Economist (2008) Joseph and the Amazing Technicalities, 26 April, 16-18.

[610] The Economist (2012) The Mathematics of Markets, 14 January.

[611] The Economist (2013) Labour Pains, 2 November.

[612] The Economist (2015) What's Wrong with Finance, 1 May.

[613] Theil, H. (1954) Estimation of Parameters of Econometric Models, *Bulletin of International Statistics Institute*, 34, 122-128.

[614] Theil, H. (1958) *Economic Forecasts and Policy*, Amsterdam: North-Holland.

[615] Thompson, J. R., Baggetts, L. S., Wojciechowski, W. C. and Williams, E. E. (2006) Nobels for Nonsense, *Journal of Post Keynesian Economics*, 29, 3-18.

[616] Tinbergen, J. (1930) Bestimmung und Deutung von Angebotskurven: ein Beispiel, *Zeitschrift für Nationalökonomie*, 1, 669-679.

[617] Tinbergen, J. (1937) *An Econometric Approach to Business Cycle Problems*, Paris: Herman and Cie Editeurs.

[618] Tinbergen, J. (1939a) *Statistical Testing of Business-Cycle Theories*, Vol. I: *A Method and Its Application in Investment Activity*, Geneva: League of Nations.

[619] Tinbergen, J. (1939b) *Statistical Testing of Business-Cycle Theories*, Vol. II: *Business Cycles in the USA*, 1919-1932, Geneva: League of Nations.

[620] Tinbergen, J. (1951) *Econometrics*, London: Allen and Unwin.

[621] Tintner, G. (1953) The Definition of Econometrics, *Econometrica*, 21, 31-40.

[622] Titman, S, and Wessels, R. (1988) The Determinants of Capital Structure Choice, *Journal of Finance*, 43, 1-19.

[623] Tobin, J. (1958) Estimation of Relationships for Limited Dependent Variables, *Econometrica*, 26, 24-36.

[624] Treadway, A. B. (1971) On the Multivariate Flexible Accelerator, *Econometrica*, 39, 845-855.

[625] Tse, Y. K. (1998) The Conditional Heteroskedasticity of the Yen-Dollar Exchange Rate, *Journal of Applied Econometrics*, 13, 49-55.

[626] Tse, Y. K. and Tsui A. K. C. (2002) A Multivariate GARCH Model with Time-Varying Correlations, *Journal of Business and Economic Statistics*, 20, 351-362.

[627] Turner, D. S. (1990) The Role of Judgement in Macroeconomic Forecasting, *Journal of Forecasting*, 9, 315-345.

[628] van Dam, L. (2012) Why I Won't Teach Pair Trading to my Students, *Market Watch*, 1 October. http://www.marketwatch.com/story/why-i-wont-teachpair-trading-to-my-students-2012-10-01 (accessed 22 April 2016).

[629] van der Weide, R. (2002) GO-GARCH: A Multivariate Generalized Orthogonal GARCH Model, *Journal of Applied Econometrics*, 17, 549-564.

[630] Varian, H. R. (2014) Big Data: New Tricks for Econometrics. http://people.ischool.berkeley.edu/~hal/Papers/2013/ml.pdf (accessed 28 July 2016).

[631] Velupillai, K. V. (2005) The Unreasonable Ineffectiveness of Mathematics in Economics, *Cambridge Journal of Economics*, 29, 849-872.

[632] Verdoorn, P. J. (1980) Verdoorn's Law in Retrospect: A Comment, *Economic Journal*, 90, 382-385.

[633] Vogelsang, T. J. and Wagner, M. (2014) Integrated Modified OLS Estimation and Fixed-Inference for Cointegrating Regressions, *Journal of Econometrics*, 178, 741-760.

[634] von Mises, L. (1978) The Inferiority Complex of the Social Sciences, in F. Machlup (ed.) *Methodology of Economics and Other Social Sciences*, New York: Academic Press, 333-344.

[635] von Mises, L. (1998) *Human Actions: A Treatise on Economics*, Auburn (AL): Ludwig von Mises Institute.

[636] Wallis, K. F., and Whitley, J. D. (1991) Sources of Error in Forecasts and Expectations: UK Economic Models, 1984-1988, *Journal of Forecasting*, 10, 231-253.

[637] Wang, Q. and Phillips, P. C. B. (2009) Structural Nonparametric Cointegrating Regression, *Econometrica*, 77, 1901-1948.

[638] Weber, C. E. (1995) Cyclical Output, Cyclical Unemployment and Okun's Coefficient: A New Approach, *Journal of Applied Econometrics*, 10, 433-445.

[639] Wegge, L. L. (1965) Identifiability Criteria for a System of Equations as a Whole, *Australian Journal of Statistics*, 7, 67-77.

[640] White, H. L. (1980) A Heteroskedasticity-Consistent Covariance Matrix Estimator and a Direct Test for Heteroskedasticity, *Econometrica*, 48, 817-838.

[641] Wickens, M. R. (1996) Interpreting Cointegrating Vectors and Common Stochastic Trends, *Journal of Econometrics*, 74, 255-271.

[642] Wold, H. O. A. (1949) Causality and Econometrics, *Econometrica*, 22, 162-177.

[643] Wong, C. S. and Li, W. K. (2001) On a Mixture Autoregressive Conditional Heteroskedastic Model, *Journal of the American Statistical Association*, 96, 982-995.

[644] Wood, D. (1991) Corporate Social Performance Revisited, *Academy of Management Review*, 16, 691-718.

[645] Wood, D. (2008) A Model Model?, *OpRisk & Compliance*, March, 35-37.

[646] Working, E. J. (1927) What Do Statistical 'Demand Curves' Show?, *Quarterly Journal of Economics*, 41, 212-235.

[647] Wright, P. G. (1915) Review of Economic Cycles by Henry Moore, *Quarterly Journal of Economics*, 29, 631-641.

[648] Wright, P. G. (1928) *The Tariff on Animal and Vegetable Oils*, London: Macmillan.

[649] Wu, D. (1973) Alternatives Tests of Independence between Stochastic Regressor and Disturbances, *Econometrica*, 41, 733-750.

[650] Wu, T. and McCallum, A. (2005) Do Oil-Futures Prices Help Predict Future Oil Prices?, *Federal Reserve Bank of San Francisco Economic Letter*, No. 2005-38.

[651] Xiao, Z. (2009a) Functional-Coefficient Cointegration Models, *Journal of Econometrics*, 152, 81-92.

[652] Xiao, Z. (2009b) Quantile Cointegrating Regression, *Journal of Econometrics*, 150, 248-260.

[653] Yan, H. (2008) The Determinants of Capital Structure of the SMEs: An Empirical Study of Chinese Listed Manufacturing Companies, School of Management, Beijing Union University, Working Paper.

[654] Yang, M. and Bewley, R. (1995) Moving Average Conditional Heteroskedastic Processes, *Economics Letters*, 49, 367-372.

[655] Young, C. and Kroeger, K. (2015) Model Uncertainty and Robustness: A Computational Framework for Multi-Model Analysis, Working Paper, Stanford University. http://web.stanford.edu/~cy10/public/mrobust/Model_Robustness.pdf (accessed 30 June 2016).

[656] Yule, G. U. (1895) On the Correlation of Total Pauperism with Proportion of Out-Relief, *Economic Journal*, 5, 603-611.

[657] Zakoïan, J. M. (1994) Threshold Heteroskedastic Models, *Journal of Economic Dynamics and Control*, 18, 931-955.

[658] Zellner, A. (1962) An Efficient Method of Estimating Seemingly Unrelated

Regressions and Tests for Aggregation Bias, *Journal of the American Statistical Association*, 57, 348-368.

[659] Zellner, A. and Theil, H. (1962) Three-Stage Least Squares: Simultaneous Estimation of Simultaneous Equations, *Econometrica*, 30, 54-78.

[660] Zimring, F. and Hawkins, G. (1997) Concealed Handguns: The Counterfeit Deterrent, *The Responsive Community*, 7, 46-60.

译 后 记

中国计量经济学的系统性教学始于 20 世纪 80 年代。经过近四十年的发展，计量经济学已经成为国内经济学专业学生的必修课程之一。到目前为止，国内已经出版的计量经济学教材已达数百种之多。但与之形成鲜明对比的是，与计量经济学相关的辅助读物甚为欠缺。尤其是计量经济学发展史方面的著作，无论是国内学者的原创书目还是外文译本，目前都较为少见。

这本《计量经济学反思：计量方法的局限与滥用》，正是填补这一空白的上乘之作。本书立足于计量经济学的起源，对计量经济学发展过程中的一些关键人物和领域作了历史性回顾。阅读本书，能够帮助经济学专业的教师和学生了解计量经济学这门学科的局限性，从而在进行研究时，能够合理地使用相应的计量方法，而不是"为了计量而计量"。阅读本书需要一定的计量经济学基础，因此，本书的适用对象是经济学专业的高年级本科生、研究生及教师。

中南财经政法大学统计与数学学院、财政与税务学院的部分学生参与了本书初稿的翻译。本书各章的具体分工如下：

章节	翻译	校对
前言	彭哲、徐娟、杨丽娜	徐娟、刘寅
第 1 章	彭哲、张伟、钱淑娟	彭哲、徐娟
第 2 章	彭哲、刘寅、钱淑娟	彭哲、徐娟
第 3 章	彭哲、张莹、钱淑娟	彭哲、徐娟
第 4 章	彭哲、刘佳玮、钱淑娟	彭哲、徐娟
第 5 章	彭哲、杨丽娜、钱淑娟	徐娟、彭哲
第 6 章	徐娟、刘佳玮、钱淑娟	徐娟、彭哲
第 7 章	徐娟、刘佳玮、杨丽娜	徐娟、彭哲
第 8 章	徐娟、周若瑜、杨丽娜	徐娟、彭哲
第 9 章	徐娟、周若瑜、张晴雯	彭哲、刘寅
第 10 章	刘寅、周若瑜、张晴雯	彭哲、刘寅
第 11 章	刘寅、周若瑜、杨丽娜	彭哲、刘寅

译 后 记

第 12 章　　　刘寅、周若瑜、杨丽娜　　　彭哲、刘寅

鉴于书中存在大量的经济学人名和计量经济学术语，译本酌情增加了一些注释，便于读者理解及查证；原文中的疏漏也一并在译者注中标出。另外，本书的部分判断和观点可能是作者的一家之言，希望读者在阅读时能够加以甄别。

最后，希望本书能对计量经济史的研究起到抛砖引玉的作用。在本书翻译过程中，译者就原文中一些不易理解的地方，与本书作者伊沙·穆萨教授进行了反复沟通，教授均给予了详细的解答，在此谨对穆萨教授表示衷心的感谢。若译文有任何疏漏之处，恳请读者不吝指正。

徐娟、刘寅
于湖北武汉

彭哲
于加拿大滑铁卢
2019 年 5 月